大学生法律教育问题研究
——以公民意识养成为视角

DAXUESHENG FALÜ JIAOYU WENTI YANJIU

YI GONGMIN YISHI YANGCHENG WEI SHIJIAO

蔡卫忠◎著

中国政法大学出版社

2019·北京

图书在版编目（ＣＩＰ）数据

大学生法律教育问题研究/蔡卫忠著. —北京:中国政法大学出版社,2019.9
ISBN 978-7-5620-9208-7

Ⅰ.①大… Ⅱ.①蔡… Ⅲ.①社会主义法制－法制教育－教学研究－高等学校 Ⅳ.①G641.5

中国版本图书馆CIP数据核字(2019)第193648号

出　版　者　　中国政法大学出版社

地　　　址　　北京市海淀区西土城路25号

邮寄地址　　北京 100088 信箱 8034 分箱　邮编 100088

网　　　址　　http://www.cuplpress.com（网络实名：中国政法大学出版社）

电　　　话　　010-58908586(编辑部) 58908334(邮购部)

编辑邮箱　　zhengfadch@126.com

承　　　印　　固安华明印业有限公司

开　　　本　　880mm×1230mm　1/32

印　　　张　　9.25

字　　　数　　230 千字

版　　　次　　2019 年 9 月第 1 版

印　　　次　　2019 年 9 月第 1 次印刷

定　　　价　　49.00 元

目 录

# 摘　要

随着我国现代化进程的不断推进，公民意识的价值得到提升并且正在发挥日益显著的作用。提高大学生的公民意识，是我国民主政治建设的基础工程，也是大学生法律教育的重要内容。党的十七大报告在社会主义民主政治的论述中第一次明确提出了"加强公民意识教育，树立社会主义民主法治、自由平等、公平正义理念"的重要论断，将公民意识的重要性提到了一个前所未有的高度。

本书以公民意识养成为视角，系统梳理了公民意识养成与大学生法律教育的概念、相互关系等理论基础，通过对大学生法律教育与公民意识养成进行全面、系统、历史、比较的考察，在借鉴国外大学生法律教育在公民意识养成过程中的经验的基础上，对大学生法律教育的主体建设、内容和途径等进行了较为深入的研究。

首先，着重阐明公民意识养成视阈下的大学生法律教育问题的研究缘起、研究意义、研究现状和研究方法，为本书的研究提供指向。以公民意识养成为视角的大学生法律教育问题研究体现了时代价值，是建设社会主义法治国家的内在要求，契合了大学生法律课程的教学需要，是构建适合中国特点的大学生法律教育体系的需要，是促进大学生成才的需要，是做好大

学生思想政治工作的需要，是构建和维护和谐校园的需要。

其次，正文部分包括以下几个方面的内容：

第一，大学生法律教育与公民意识养成的基本问题。首先需要界定的是大学生法律教育与公民意识养成的概念，本书中的大学生法律教育是指对高等院校非法律专业的大学生进行的，以法律基本知识，国家颁布的法律、法规和校规、校纪等为主要内容，以提高大学生的法律素质为目标的教育实践活动的总称，属于广义的思想政治教育工作范畴。通过对公民概念的历史梳理以及对公民意识概念的法律解读，将公民意识养成的含义理解为培养社会成员的公民意识，即培养其与民主政治和法治社会发展相适应的公民意识并使之成为合格公民的实践过程。本书所研究的公民意识养成仅限于大学生的公民意识养成。界定大学生法律教育与公民意识养成的概念，同时对二者与相关概念的关系进行分析，为后面探讨二者的关系、明确大学生法律教育在公民意识养成中的重要作用打下基础。

第二，大学生法律教育与公民意识养成的关系。这一部分主要阐述了大学生法律教育与公民意识养成之间的哲学基础、法理基础和政治基础，以及二者之间互为手段与目的、相互依存、相互影响的关系。以公民意识养成为目标可以使大学生法律教育的内容更加贴近生活，更有利于大学生在实践中潜移默化地接受。二者是联系密切的范畴，大学生法律教育与公民意识养成在目标、内容、途径等方面是有机统一的。

第三，大学生法律教育与公民意识养成的历史考察。我国的大学生法律教育与公民意识养成经历了一个并不平坦的发展历程，真正意义上的法律教育与公民意识养成实际上始于改革开放以后。改革开放以后，中国的法制建设迎来重大转机，重新确认了法律在国家和社会生活中的重要地位，高校大学生法律教育由此也进入了新的发展阶段。自 1949 年新中国成立以来，我国的大学生法律教育与公民意识养成大体上可被分为大学生法律常识教育阶段、大学生法律意识教育阶段和大学生法律素质教育阶段。伴随着大学生法律教育的这几个阶段，公民意识养成也经历了从缺失、觉醒、培养到重视的过程。

第四，公民意识养成视阈下的大学生法律教育问题及成因分析。就其发展而言，目前的高校大学生法律教育是符合社会发展潮流的，高校能够充分认识到大学生法律教育与公民意识养成的重要性。但是，由于受种种因素的影响，当前大学生法律教育教学从对公民意识养成的认识到教学内容和教学方法仍存在一些问题，使公民意识养成在法律教学中没有得到很好的落实。究其原因，包括教育理念、基础教育阶段公民意识培养以及我国传统行政化的教育制度和体制等方面。

第五，国外大学生法律教育在公民意识养成过程中的经验借鉴。通过对美国、英国、德国、日本和新加坡五国的大学生法律教育和公民意识养成渠道及方式进行比较研究，我们可以发现，教育理念较为先进国家的大学生公民意识养成并不仅仅停留在书本上，而是贯穿于日常生活之中。课外活动以及志愿者服务活动会直接影响高校大学生的公民意识培养。反观我国高校大学生的公民意识教育，多数都是涉及德育方面的教育，主要通过理论或概念灌输，不够重视大学生自身的社会参与和社会实践。公民意识的养成不单单是对法律赋予其自身的权利的了解，也包括公民突破对个体自身水平的限制，积极参与社会化管理活动的过程。

第六，公民意识养成视阈下大学生法律教育的主体建设。教师是法律教育的主体。通过对大学生法律教育主体的自身素质建设、大学生法律教育主体的培养和优秀法律教育者的引进这三个方面的讨论，笔者认为，只有发挥教师的主体性才能对学生进行有的放矢的引导和指导。以公民意识养成为目标的大学生法律教育必然要求教育者担负起传播法律精神、培育公民意识的重任，同时决定了作为教育主体的教师必须要加强自身建设，应对新的挑战。

第七，公民意识养成视阈下大学生法律教育的内容。大学生法律教育在内容上应增加宪法教育、法律意识教育、纪律教育和实践教育。大学生法律教育的内容是由法律教育的目标确定的，它决定着法律教育的实施效果，是实现法律教育目标和任务的重要保证。法律教育内容是广泛而具体的，是随着时代和社会要求及具体对象的变化而变化的。

第八，公民意识养成视阈下大学生法律教育的途径和方法。在大学法律教育中，所有教育内容的更新，最后都要依靠法律教育途径和方法得以实现。科学有效的途径和方法将会大大促进学生公民意识的增强，最终实现高校法律教育的育人目标。就大学这一相对于社会具有一定特性的环境而言，大学生法律教育的途径和方法可以分为课堂内、课堂外两个方面。

最后，总结本书观点与明确下一步研究方向。笔者在此详细论述了三个创新点：其一，分析角度独特。现有的研究资料显示，从公民意识视角出发，系统探讨大学生法律教育与公民意识养成的研究成果尚不多见。本书将"公民意识养成视阈下的大学生法律教育"作为专门的讨论方向，希望能有所创新。其二，研究内容有创新。本书以当代大学生的法律教育和公民意识养成现状为背景，从公民意识养成出发，为大学生法律教育提供新视野，力图实现大学生法律教育和公民意识养成的"双赢"。其中，本书重点关注了大学生法律教育和公民意识养成的社会历史条件，并结合多个国家的情况进行了比较借鉴，认为科技发展和全球化等因素会直接影响大学生的公民意识培养，因此，科技发展和全球化等因素应被融入高校大学生法律教育的过程中，对于这点，以往的研究鲜有提及。其三，研究结论有新意。本书立足于我国大学生法律教育和公民意识养成的历史考察和现实依据，对大学生法律教育和公民意识养成进行辨析和界定，提出了公民意识养成视阈下的大学生法律教育的主体建设、内容、途径和方法的设想；提出了大学生法律教育不仅要提高教师的素质，而且还要拓展教育主体的范畴，应将法律实践领域的专家引入大学生法律教育系统，以提高法律教育的真实性、生动性和时效性。

导 言

法治作为一种现代国家治理的模式，越来越成为世界各国的共识，而公民意识则是建立法治社会和民主治理社会的前提，没有现代公民意识，也就没有真正意义上的法治社会。大学生作为我国依法治国与建设和谐社会的重要力量，其公民意识的养成会直接影响到广大公民的公民意识养成。公民意识养成应当成为大学生法律教育的目标，大学生法律教育作为教育的重要组成部分，对于大学生公民意识的养成具有不可推卸的责任。

一、问题的提出

公民意识养成是使公民认识到自己在社会中的主体身份，明确其在社会中的法律地位、认知公民与其他公民之间的关系、理解公民的权利和义务的教育活动。党的十七大报告提出："加强公民意识教育，树立社会主义民主法治、自由平等、公平正义理念。"[1]随着市场经济的发展和民主政治的推进，积极构建一个成熟的法治社会已成为不可逆转的趋势，这就需要每一位公民培养公民意识，实现自身的现代化。公民是社会生活中最基本、最普遍的主体，公民意识的养成能促进现代社会的进步及和谐发展。大学生是青年中的精英群体，是社会中最有朝气、

---

〔1〕 中共中央文献研究室编：《十七大以来重要文献选编》（上），中央文献出版社 2009 年版，第 910 页。

最具有创新精神的群体，作为我国未来社会建设的主力军，是我国依法治国与建设和谐社会的重要力量。大学生接受过良好的教育，具有较高的文化素养。这决定了大学生既是普通公民又是特殊公民。正在接受教育的大学生公民的素质将直接影响社会主义建设事业的成效。对大学生进行公民意识的培养能够引导他们逐渐养成健康、文明的生活方式，对他们的就业取向、工作方式、生活理念等都会产生直接或间接的影响。大学生是否具有公民意识，也必将直接影响整个社会的建设和发展。因此，当代大学生要肩负起历史使命，具备良好的公民意识。

依法治国和建设社会主义法治国家是我国宪法确定的治国方略和目标。2012 年，党的十八大又提出了"全面推进依法治国"，"加快建设社会主义法治国家"，[1]习近平总书记在十八届三中全会上的工作报告中强调"推进法治中国建设"，[2]将依法治国方略提到了一个更新的高度。依法治国，提高全民族的法治水平有赖于成功的法律教育。法律教育是实行法治、实现现代化的基础性、先导性工程。"一国法制的面貌、法律在调整社会事务方面所发挥作用的强弱以及一般大众对于法律以及法律机构的态度等等都与法律教育有着深刻的和多方面的联系。在一定程度上，我们完全可以说，法律教育乃是一国法律制度最基本的造型因素之一。"[3]大学生法律教育是对大学生进行的以法律基本知识、国家颁布的法律和法规、校规和校纪等为主

---

〔1〕　胡锦涛：《坚定不移沿着中国特色社会主义道路前进　为全面建成小康社会而奋斗——在中国共产党第十八次全国代表大会上的报告》，人民出版社 2012 年版，第 25、27 页。

〔2〕　习近平总书记于 2013 年 11 月 9 日至 12 日在北京举行的十八届三中全会上做的工作报告。

〔3〕　贺卫方编：《中国法律教育之路》，中国政法大学出版社 1997 年版，序言第 2 页。

要内容，以公民意识养成为目标的教育实践活动的总称。大学生法律教育的目标是大学生公民意识的养成，大学生公民意识的养成也决定了全体公民的公民意识养成，进而促进法治社会的建设。可以说，公民意识养成是大学生法律教育的根本目标。在法治现代化的进程中，为适应社会现代化发展的要求，公民意识成了当代大学生法律教育的题中应有之义。所以，大学生法律教育在公民意识养成中有着特别的地位与作用，对于大学生的公民意识养成具有不可推卸的责任。大学生公民意识的养成需要以大学生法律教育为途径，大学生法律教育的进一步深化也要受到公民意识养成的影响，二者相辅相成、相互作用。对大学生进行法律教育是高校的责任和使命，也是公民意识养成的重要组成部分。

公民的身份决定了他们应当在法律秩序的范畴内进行社会行为，甚至是思想方式。也就是说，他们首先必须认同和信仰法律。对法律的无条件遵照，可以从两方面来理解，即权利和义务。公民在享受法律赋予的权利的同时，也要谨记个体的法律义务。但在生活中，部分公民尚未树立借助正当法律手段维护自己合法权益的观念。如我国法律明确指出，公民可以以各种形式或途径参与政治决策、监督党政官员的各种权力，只不过部分公民并没能有效地通过合理、正当的手段和工具发挥自身的作用，进而使得该权利被忽视。此外，由于观念薄弱或者水平不高，部分公民不知道可以通过哪些合法途径捍卫自身权益，这种情况下形成的意识必然有一定的缺陷，不能很好地帮助他们认清自身所处的立场并树立主人翁意识，不能形成统一的价值观念，使得个体和社会、自身和他人之间的界限模糊，不能正确享受权利和履行相关义务。在飞速变化的现代社会，公民意识缺乏将导致民主法治建设成为一句空话，建设社会主义现代化国家也只能是空中楼阁。大学生作为现代公民中的精英群体，对公民意识的养成负有不可推卸的责任，但由于大学生法律教育的滞后，很多大学生并没有认识到自己享有哪些法律赋予的权利，更谈不上实现这些权利了。这是由他们缺乏法律意识或公民意识造成的，根本上也是思维方式的问题。因此，对大学生进行以公民意识养成为目标的法律教育就成了建设和推进社会主义民主法治国家的一项重要而紧迫的任务。

近年来，随着对公民意识的重视，大学生法律教育也在不断地健全和完善，经过广大高校法律教育工作者的努力，大学生法律教育正逐步由知识本位的教学培养模式，向素质本位的现代法律素质培养模式转变，并开始取得一定的成效和社会影响。然而，当前大学生法律教育的现状与公民意识养成的目标还有一定的差距。

在法律教育理念上，传统法律教育理念重实体法、轻程序法，强调义务本位、忽视对权利意识的养成，对大学生的法律教育往往停留在"了解基本法律常识""遵法守法不犯法"的层面，对于学生的公民意识养成没有进行系统、有效的引导和培养，导致在此种模式下成长起来的大学生的法律运用能力不强、公民意识薄弱、缺乏主动参与性，难以实现自身素质的全面发展。

在法律教育内容上，法律教育内容是广泛而具体的，是随着时代和社会要求及具体对象的变化而变化的。所以，根据公民意识养成的要求，依照教育目标和任务合理构建大学生法律教育内容体系，也成了广大高校法律教育工作者努力要解决的问题。

在法律教育主体建设上，大学生法律教育活动的教育者担负着传播法律精神、培育公民意识的重任。受教育的大学生是当代中国法治建设中最广大的群体，他们在一定程度上需要法律精神的启蒙、法律思维的训练以及公民意识的培养。所以，提高教育者法律专业素养、培养高素质的教师队伍是公民意识养成、提高教育效果的重要保证。

在法律教育的途径方法上，存在着公民意识养成形式的多样化需求与现行大学生法律教育单一化之间的矛盾，大学生的个性培养在教学过程中常常被忽视，公民意识的养成要求渗透式、创新式的教学方式，而传统的学科性教学很难从根本上提高大学生的公民意识。

本书将基于公民意识养成视阈下大学生法律教育研究的目的，从理论的角度进行深入分析和科学论证，在对现有研究成果加以梳理和吸收的基础上，厘清大学生法律教育与公民意识养成的内涵及关系，探索大学生法律教育在公民意识养成中的价值和作用，并在以公民意识养成为目标的前提下，在大学生法律教育的主体建设、内容和途径方法等方面提出相关建议。

二、研究的意义

法律教育在建设社会主义法治国家中居于极其重要的战略地位，大学生法律教育是高校大学生学习法律知识、养成公民法律意识的主要途径。党的十八大报告和十八届三中全会精神也对高校大学生自身的知识结构和综合素质提出了新的要求，对大学生法律教育提出了新的挑战。在我国当前的时代背景下，公民意识的养成还没有得到充分重视，探究公民意识养成视阈下的大学生法律教育的研究意义可以明确大学生法律教育的历史使命和责任，对于增强大学生法律教育的目的性、时效性、建设发展成熟的法治国家具有重要的意义。

（一）研究公民意识养成视阈下的大学生法律教育体现了时
代价值

大学生法律教育总是与时代的发展联系在一起的，以公民
意识养成为视角研究大学生法律教育顺应了时代的发展，在发
展中国特色社会主义、科学发展观以及实现中国梦的过程中体
现了其时代的价值。

1. 公民意识养成对发展中国特色社会主义的价值

世界各国都有自己的文化传统，因此也沉积了各具特色的
公民意识。人类社会的发展，总体上是实现从奴隶到臣民再到
公民的转化。公民意识代表了一种个人自由，也表征着个人参
与社会事务的动机和能力。因此，公民本身就是现代社会的产
物，公民意识也必然是文明社会所必需的。因为公民是国家的
基本构成元素，所以公民意识与国家意识形态是不可分割的。
资本主义文明中的公民意识有其独特的内容，而我国走的是有
中国特色的社会主义道路，中国特色体现的是中国文化、中国
道路和中国传统，这与民族传统和群体意识密切关联。2012 年
11 月，党的十八大报告首次以 24 个字概括了社会主义核心价值
观："倡导富强、民主、文明、和谐，倡导自由、平等、公正、
法治，倡导爱国、敬业、诚信、友善，积极培育和践行社会主
义核心价值观。"[1]该价值观体现了社会主义社会人与人之间的
关系。在社会主义初级阶段，我国的基本经济制度是以公有制
为主体、多种所有制经济共同发展的经济制度，这就决定了中
国的法律制度必然是社会主义的法律制度，所构建的法律体系
必然是中国特色社会主义性质的法律体系。坚持从中国特色社

---

[1] 胡锦涛：《坚定不移沿着中国特色社会主义道路前进　为全面建成小康社
会而奋斗——在中国共产党第十八次全国代表大会上的报告》，人民出版社 2012 年
版，第 31 页。

会主义的本质要求出发，符合我国的社会特色。要以服务人民为根本出发点和宗旨，义无反顾地走中国特色道路，将实现好、维护好、发展好最广大人民的根本利益作为根本出发点和落脚点。

2. 公民意识养成对科学发展观的价值

科学发展观"坚持以人为本，树立全面、协调、可持续的发展观，促进经济社会和人的全面发展"，[1]"统筹城乡发展、统筹区域发展、统筹经济社会发展、统筹人与自然和谐发展、统筹国内发展和对外开放"，[2]在"五个统筹"的原则指导下，以人为本，向全面建设小康社会迈进。科学发展观作为一项成功的哲学观或思想论，浓缩了中国人的伟大智慧。其核心是以人为本，这是因为发展的手段是人，发展的目标也是人。科学发展观中不仅体现了人与人之间的关系，而且体现了人与自然之间的关系。这其中渗透着各种法律关系，只有在法律规范的调整和约束之下，科学发展观才能得到更好的实现。公民意识是指公民个人对自己在国家中地位的自我认识，也就是在遵守国家宪法、法律法规的前提下，以人民当家做主的身份为思想来源，把国家主人的责任感、使命感和权利义务观融为一体的自我认识。它围绕公民的权利与义务关系，反映公民对待个人与国家、个人与社会、个人与他人之间的道德观念、价值取向、行为规范等。它强调了公民的多种道德观，比如，公德、责任、民主观念等。显而易见，公民意识本身蕴含着人本价值，体现了人的社会价值，因此也充分展示了以人为本的核心价值。另外，公民意识体系中也内含着人与环境之间的关系。在马克思

---

[1] 中共中央文献研究室编：《十六大以来重要文献选编》（上），中央文献出版社 2005 年版，第 465 页。

[2] 中共中央文献研究室编：《十六大以来重要文献选编》（下），中央文献出版社 2008 年版，第 428 页。

那里，作为实践对象的环境是人化的环境，自然是人生存的基本条件，这种基本条件是具有公共性的。因此，关心爱护自然环境也就是关心其他社会成员的生存条件，这本身就是公民意识的重要方面。一个不关心自然环境，只是为了私利从自然环境中攫取超额利润的人，必然是自私的、狭隘的、低级趣味的人，因而也是缺乏公民意识的人。所以，对于自然环境的爱护是一个法律层面的问题，在这方面，公民意识的养成要从娃娃抓起，在大学生的法律教育体系中更是不可或缺。只有在一个社会中公民意识基本养成的前提下，以人为本的可持续发展理念才会真正具有坚实的基础。

3. 公民意识养成对实现中国梦的价值

中国梦的基本内涵是实现国家富强、民族振兴、人民幸福。近代以来，中国人民蒙受了外国侵略和内部战乱的百年苦难，深知和平的宝贵，最需要在和平环境中进行国家建设，以不断改善人民生活。中国梦是国家的梦，也是人民的梦。对中国梦进行解读，首先要从中国梦中的国家和民族意识开始。民族精神是反映在长期的历史进程和积淀中形成的民族意识、民族文化、民族习俗、民族性格、民族信仰、民族宗教、民族价值观念和价值追求等共同特质，是指民族传统文化中维系、协调、指导、推动民族生存和发展的精粹思想，是一个民族生命力、创造力和凝聚力的集中体现，是一个民族赖以生存、共同生活、共同发展的核心和灵魂。民族精神是公民意识的核心组成部分，没有了民族精神的寄托，个人也就谈不上公民意识的存在。中国近代革命的胜利实现了人民当家做主，把中国人民从半殖民地半封建中解放出来，唤醒了广大人民的公民意识。公民获得了应有的权利和自由，可以为自己作为一个中国人而自豪。在这个层次上，民族复兴与个人的公民意识是统一的。中国梦的

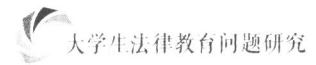

实现需要无数人的努力奋斗，个人的梦想与国家的梦想是一致的。正是由于无数个人的努力，实现了自己的梦想，才能推动民族复兴梦想的实现。中华民族的伟大复兴，需要大批能走上国际舞台的杰出人才，这更要求我们要具备全球化的意识。公民意识和法治意识是全球化意识中不可或缺的。

(二) 研究公民意识养成视阈下的大学生法律教育是建设社会主义法治国家的内在要求

党的十五大报告指出，依法治国"就是广大人民群众在党的领导下，依照宪法和法律规定，通过各种途径和形式管理国家事务，管理经济文化事业，管理社会事务，保证国家各项工作都依法进行，逐步实现社会主义民主的制度化、法律化"。[1] 十七大报告明确提出："加强公民意识教育，树立社会主义民主法治、自由平等、公平正义理念。"[2] 这些理念是中国特色法治社会建设的必要因素，体现了法律教育对于公民意识养成的关键作用。中国是一个有着自己特殊国情的国家。大学生作为具有较丰富文化知识的群体，是社会中文化辐射力最强的群体。他们的法律观念和公民意识如何，关系到整个社会和全民的法律观念和公民意识。大学生法律教育通过培育大学生的法律素养，以促成这一群体公民意识的提升，从而营造良好的法治氛围，为我国法治国家的构建奠定基础。大学生法律素质的高低影响着我国法治化的进程，其公民意识的养成在法治社会的建设中具有重要的地位。

---

[1] 中共中央文献研究室编：《十六大以来重要文献选编》（上），中央文献出版社 2005 年版，第 72 页。

[2] 中共中央文献研究室编：《十七大以来重要文献选编》（上），中央文献出版社 2009 年版，第 910 页。

1. 公民意识养成是法治国家对大学生法律教育的要求

"公民意识的养成是建设社会主义法治国家的一个内在要求。"〔1〕中国现代化环境培养的大学生，应该在法律范畴内具有较强的理性思想以支配其行为活动。具体而言，在大学生法律教育普及的前提下，要树立和培养公民意识，形成大学生普遍推崇、认知、信仰法律的集体荣誉观。在合法的情况下，利用正当手段和工具捍卫个体权益，同时勇于承担法律规定的相关责任和义务。实践表明，当代大学生还不具备完善或者相对应的法律知识结构来处理集体利益与个人利益等冲突。不仅如此，法律意识薄弱会导致大学生在享受权利的过程中出现盲目或者错误思想。大学生的法律观念不强将导致其权利得不到正确的关注和守护。

在建设社会主义法治国家的进程中，个人是法治社会的最基本单位，同时也是最活跃、最关键的因素，因此，必须加强包括高校学生在内的全体公民的法律素质。高校大学生是社会生活中的特殊群体，其整体精神风貌和个体素质的好坏和水平的高低会直接影响当代青年的行为规范和社会对青年群体的行为评价，也会间接地对整个国家的文明氛围的形成发挥不可磨灭的作用。在形成这种文明的过程中，众多的专业、全面、素质良好的个体是必不可少的。但是，仅仅依靠有限的法律专业学生去填补目前社会千万法律人才的空缺简直是杯水车薪。要解决这个问题，就只能通过加强高校学生整体的法律素质，由非法律专业但是同样具备较高法律素质的学生来填补。高等学校培养出的人才都是接受了系统的专业知识培训的高级专门人才，在社会群体中属于知识较多、层次较高的一类，他们对社

---

〔1〕 宋新海："公民意识的养成及其当代意义"，载《当代世界与社会主义》2009 年第 2 期。

会的发展进步起着极为重要的积极作用。如果一大批既掌握专业知识同时又具备公民意识的高校学生投身于当前社会主义法治国家的建设之中，奋战在各行各业的领域之中，那么其言谈举止和行为规范势必会带动和感染周围的其他个体自觉地学法、守法、护法、用法，进而对整个法治建设环境起到极大的催化和推动作用。

2. 公民意识养成是实现依法治国基本方略的重要工作

"依法治国"作为治国方略已经被写进宪法，依法治国要求政府依法行政，公民遵守宪法与相关法规，积极参与到社会生活、政治生活、经济事务的相关活动中。至于渠道与方法，只要正当合理即可，为法治建设服务，不断规范民主决策，真正实现法治环境。法治建设的对象应该是全体公民，所以法治建设的成果和程度在很大程度上取决于全体公民的公民意识水平。不可否认，参与水平高、素质好，便能够有效地促进法治建设。可见，提高公民意识是实现法治建设战略的重要工作和主要内容，是贯彻法治战略的主要途径。也可以从这个方面来理解：公民意识养成类似于"造个体为公民"，从根本上说，是要把群众个体所处的立场客观地展示出来，正确引导群众的理解，促使群众参与到社会活动之中。任何的个体都有着至关重要的作用，其自身道德观念、平等自由思想、民主素质的高低等都事关法治建设的失败或者成功。毫不夸张地说，由"个体成为公民"产生的矛盾如果不被重视或不能被很好地处理，完美的"法律规范"便会如同一纸空文，形式会远远大于实质内容。加之在很多时候，如果没能使群众蜕变为公民，亦无法建立完善的法律规定，如同空谈法治建设。唯通过提高公民意识的养成，借助法律观念形成公民的法律推崇和信仰，促进规范化的法律条文转化为公民的价值取向，将个人的利益融入社会公共利益、集体利益当中，将法律当作一种有效的保障机制，维护个体利益、解决矛盾的衡量标准和工具，通过法律程序手段来实现社会价值与个人价值，在向法治、民主社会迈进的过程当中，方能巩固和加深法治建设的基础，从而真正有力、有效地开展法治建设。

3. 以公民意识养成为目标的大学生法律教育是建立法治社会的重要基石

在仍处于社会主义初级阶段，法律意识相对薄弱的情况下，我国提出了法治战略。可见，如果要促进市场经济的发展，建立有序的法治秩序，就应该从法律教育着手，树立和培养公民的公民意识。

第一，基于法律教育形成的公民意识是建立法治社会的必要条件。与"人治"国家不同，"法治"国家必须借助法律手段才能维护社会秩序。当代法治应该迎合大多数公民的普遍价值观、世界观，符合他们的共同利益。在树立和培养公民意识的过程中，适当地融合法律观念，引导功能的价值取向，从而促进法律的推崇和认可。一是立足于社会全员，在国家和社会层面完成价值制度化的过程；二是公民个人理性观念的树立，开展法律教育，培育公民意识。在法律教育的前提下，养成公民意识，有助于形成自由自主、自律自控的氛围。得益于公民意识的培养，社会成员能够在社会生活、政治生活等活动中严格规范个体的行为意志，坚持在法律范畴内活动。因此，公民意识的养成是法律理论向实践过渡的纽带。

第二，公民意识的主要构成要素是法治建设不可或缺的内容，这些主要构成要素的健全、完善势必会推动法治建设的进程。主要体现在以下四个方面：一是主体观念。受我国市场经济的影响，公民以主人翁的身份参与经济、政治活动。主体的观念要求公民个体的立场或者意识不受别人控制和左右，自由自主地参加国家和社会活动事务。二是权利观念。这种观念作为公民意识的最重要的要求，同时作为法律意识的本质形态，绝大部分的法律动力均源于其赋予个体的权利。当然，最终目的亦为"权利"二字。这种观念使得公民个体了解其拥有的各方面的相关权利，同时赋予公民个体合法的工具和手段以维护和拥护自身的正当利益，激发个体的保护观念。三是程序观念。这种观念从不同的角度让公民了解：绝对权利或者公正不是时刻都有效的。在很多利益冲突的场合和环境中，应该坚守大多数人的权益规范，以此判别应该秉持或舍弃某些自身利益，在一定范畴内维护和捍卫个体权益。没有正当程序，便没有法治社会。四是规则观念。公民作为主体对象，可以要求、主张人权、自由等，同时，他们对自己的行为和思想要做到自控自律，理性和感性相结合，勇于或敢于承担法律责任。作为法律意识的必要构成，上述四种观念亦构成了公民意识的主要组成部分。通过对大学生的法律教育，确立法律思维养成的法律意识，促进市场经济成长的法治秩序才能建立，最终实现法治社会。

（三）研究公民意识养成视阈下的大学生法律教育契合了大学生法律基础课的教学需要

高等教育机构必须开设必修的法律基础课，主要是针对非法学专业的学生，课程要求这些学生必须掌握法律的相关常识，提高自身的法律观念，了解自身的权利义务，争取成为高素质人才。自高等学校开设《法律基础》课程以来，它内在的整体性和理论性一直备受大学生的关注和欢迎，促进和提高了大学生的法律意识和公民意识。现如今，受益于法治国家战略的推进，素质教育备受青睐和关注，《思想道德修养与法律基础》课程也面临着很多新问题、新情况的挑战。为了迎接这些挑战，适应新的变化，必须要进行《思想道德修养与法律基础》课程的教学改革和建设。公民意识养成视阈下的大学生法律教育研究就是《思想道德修养与法律基础》课程中"教育教学改革与建设的一项带有基础性的工作",[1]是包括该课程以及法律教育主体建设、法律教育内容、法律教育途径方法在内的一项长期性的工作。研究的目的之一就是以研究促进教学，以教学增强研究，增强《思想道德修养与法律基础》课程的实效性，对改革和完善课程教学起到深远作用。

1. 公民意识养成是法律基础课教学的主线

根据教育部的规定，法律基础教育的内容主要为尊法、学法、守法、用法，该内容又被分为"社会主义法律的特征和运行""以宪法为核心的中国特色社会主义法律体系""建设中国特色社会主义法治体系""坚持走中国特色社会主义法治道路""培养法治思维""依法行使权利与履行义务"六个部分。在前三部分中，主要是学习宪法和社会主义法律体系。在法律规定繁杂、课时较少的情况下，只可能讲授最基本的常识性规定。怎样切实提高大学生的法律思维能力，激发大学生对法律的兴趣呢？还得从公民意识养成说起。总体看来，社会主义法律体系中最核心的是公民与国家、公民与公民之间的权利义务关系。只有树立正确的权利义务观念，才能真正把握各个部门法的调整对象，才能加深对所学法律常识的理解和认识，进而为今后自学法律知识打下基础。在后三部分中，公民的法治思维、依法行使权利与履行义务等都与公民意识直接相关。强调公民的主体意识教育，让公民切实意识到自己是国家和社会的主人，积极参与公共生活，才能充分享受公民权利，自觉履行公民义

---

〔1〕　陈翔云："2002 年全国高校'两课'教学部主任研讨会纪要"，载《教学与研究》2002 年第 8 期。

务，积极尽到应有的责任，真正体会到按法律办事能切实维护自身的权益，才能逐步形成法律思维，自觉维护宪法和法律的权威，增强对社会主义法治的信心。综上，在大学生法律教育中无论是对法学理论的学习还是对法律具体制度的学习，都离不开公民意识的养成。在法律基础课教学内容十分庞杂的情况下，公民意识养成可以作为贯穿其中的主线，绝大多数重要法律知识都可以围绕公民意识而展开。

2. 公民意识养成是当前大学生法律基础课肩负的使命

当前，我国市场经济发展快速，体制不断健全，中国特色法治建设加快推进，公民文化正在慢慢兴起，社会现代化正在发生巨大而深刻的变革。这些都要求公民作为独立的个体，不仅享有权利，还要承担义务。与一些具有先进经验的国家相比，我国对基础教育中的公民教育投入不够，并未设置特定的公民教育课程，造成了如今大学生的公民意识不强的局面。

在法治化和多元化的新时代，人们最一般、最共同的身份是国家的公民，最普遍遵循的权威规则是法律。国家的现代化需要现代化的公民，健全的社会需要合格的公民。"公民意识是衡量一个社会公民素质水平的重要指标，也是衡量一个社会现代化水平的重要指标。公民意识对一个社会的文明水准和发展状况具有十分重要的意义。"[1]随着近些年高校的大规模扩招，越来越多的学生得以进入高校学习，高等教育已经进入大众化阶段，几年后将有大批的高学历人才步入社会，这些高学历人才将成为我国民主法治国家的核心主力。"建立现代法治国家是一个总体性的进程，公民意识作为一个关键的结构性要素，必

---

〔1〕 朱晓宏：《公民教育》，教育科学出版社 2003 年版，第 17 页

将发挥重要的内在动力机制作用。"[1]所以，高校中的大学生法律基础课应当肩负起公民意识养成的使命。

（四）研究公民意识养成视阈下的大学生法律教育是构建适合中国特点的大学生法律教育体系的需要

法律不仅是规范化的制度，同时也是一种文化模式。法治制度要得到全体公民的认同和拥护，就要使公民发自内心地信仰和推崇法律，在法治理念、法律制度、法律行为、法律意识等有机整合的基础上建立法治社会的秩序。法律的强制力得益于大多数公民的推崇，而不是单单地依赖国家暴力获取。因此，法律政治化存在正式制度条件和非正式制度条件，前者主要是依赖法律文件的规定，而后者则主要是从公民观念的感性加理性认知，包含公民的自由平等理念、理智思考和自觉自控等。实现这两种制度条件的统一，方能保证在民主、自由的社会环境中展示一定的法律规定和原则。所以，我们应该要清楚地认识到法律教育是公民意识养成的基础环节之一。

现如今，我国高等教育机构的大学生法律教育还未对公民意识养成给予足够重视，大学生对于法律的权威还没有深刻认识，也缺乏对法律的信仰，对于在社会生活里享有的权利与履行的义务尚不明确。因此，我国一定要明确我国大学生法律教育的方向，清理在大学生法律教育上的误区，在我国大学生法律教育的目标、理念、主体建设、内容和途径上突出公民意识养成，构建适合中国特点的大学生法律教育体系，这也是我们研究公民意识养成视阈下的大学生法律教育的意义所在。

---

[1]　李洁珍："公民意识对法治进程的内在驱动"，载《江西社会科学》2007年第5期。

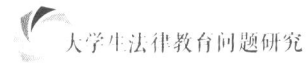

（五）研究公民意识养成视阈下的大学生法律教育是促进大学生成才的需要

现代法治理念教育、法律认知能力教育、法律情感教育以及法律参与行为的培养教育等都属于大学生法律教育的内容，大学生法律教育的重点是丰富大学生的法律知识，帮助学生增强法律观念，纠正现存的法律误区，注重他们的内心感受，形成法律信仰，帮助他们积极投身到法治进程之中，借助多种手段和方法（如社会实践、情节互动、言传身教），把法治思想和观念传达并植入他们的内心深处，逐步内化成他们的公民意识；注重学生全面发展，提高全体国民的综合素质，促使法治建设的有效、快速发展。加强大学生法律教育、注重公民意识的养成、全面提高大学生素质已经成为高等教育的重任，也是大学生法律教育的目标要求，而公民意识养成视阈下的大学生法律教育研究是直接为教育过程服务的，也是实现教育目标要求的重要手段。所以，研究公民意识养成视阈下的大学生法律教育对于促进大学生成才具有重要意义。

（六）研究公民意识养成视阈下的大学生法律教育是做好大学生思想政治工作的需要

《中共中央关于改进和加强高等学校思想政治工作的决定》指出，改进高校思想政治工作要"把发扬民主与加强法制纪律教育结合起来"，[1]高校思想政治工作的任务就是用马列主义、毛泽东思想、邓小平理论、"三个代表"重要思想、科学发展观、习近平新时代中国特色社会主义思想教育学生，使之成为有理想、有道德、有文化、有纪律的"四有"新人。其中，"四有"中的有纪律就是"遵纪守法"。同时，"没有很强的法律意

〔1〕 中共中央文献研究室编：《十二大以来重要文献选编》（下），人民出版社1988年版，第1415页。

识就难有鲜明的政治意识",[1]要把公民意识养成和思想政治教育工作结合起来，共同服务于学生工作。加强公民意识养成视阈下的大学生法律教育研究，系统总结和探讨大学生法律教育的特点和规律，有利于引导大学生树立正确的法治观念和公民意识，增强思想政治工作的针对性。

（七）研究公民意识养成视阈下的大学生法律教育是构建和
　　　维护和谐校园的需要

和谐校园意味着校园各类关系的合理有序、和睦融洽，公民意识养成视阈下的大学生法律教育这一教育主题提出了依法治校、照章治校、尊重大学生权利、维护大学生合法利益的要求，依法妥善处理校园中的多重关系，如学校与学生之间的关系、教师与学生之间的关系、学生与学生之间的关系等。唯有依法权衡校园各方关系当事人的合法利益、依规范按程序协调存在的冲突矛盾，才能实现校园错综复杂的关系的有序发展，为大学生培养良好、和谐的校园文化氛围。

三、研究述评

随着我国社会主义市场经济的蓬勃发展、民主法治建设的深入推进和现代文明理念的发展转变，大学生法律教育取得了长足发展。同时，关于公民、公民意识、公民教育等课题的研究也呈现快速发展之势。但总体来看，无论是大学生法律教育研究还是公民意识研究，因起步较晚，整体上还处于初期阶段，研究者的研究方法和研究内容仍比较单一。与其他研究角度相比，以公民意识养成为视角的大学生法律教育研究是一个新的研究维度和方法。目前，从这个视角研究大学生法律教育的成

---

〔1〕　刘胜题、杨和文："理工科大学发展法学教育的若干思考"，载《上海电力学院学报》2001 年第 2 期。

果也很少，所以，本书将分别对大学生法律教育研究和公民意识研究现状给予总结评述。

（一）大学生法律教育研究的现状

法律教育从其本来的内涵来看，包括法律的职业教育和法律的非职业教育，本书中的法律教育主要是指后者。法律的职业教育与整个国家的快速发展几乎是同步的，特别是从党的十一届三中全会以来，中国的法律职业教育发展放诸整个中国历史都是空前的。在我国法律职业教育大发展、大繁荣的背后，我们可以明显地看到法律职业教育与法律教育发展的不同步、不平衡，法律职业教育的步子更大，比重更大。事实上，在当代中国，能够被冠以"法律教育"的学术编著不多，学术专著更少。而在这些有限的"法律教育"著作中，著者、编者的重心几乎都集中在对"法律职业教育"的研究和思考上，对"法律教育"问题则并未表现出足够的学术兴趣。

在我国，与高校法律职业教育的发展不同，真正意义上的高校法律的非职业教育（即非法律专业大学生的法律教育）开始于1986年。当时，国家教委规定高等教育机构必须于学生的培养规划里增加《法律基础》这一学科，并规定其为必修课程。1987年，国家进一步规定《思想道德修养》与《法律基础》为公共必修课并正式将之纳入各高等学校的教学计划。在这之后，在法律教育工作者的积极努力下，我国的法律教育又经历了近三十多年的发展，取得了不少经验，收到了较好的法律教育效果，有关大学生法律教育的一些科研成果不断发表。根据"中国知网"的检索信息，1999年至2018年这19年间，以"大学生法律教育"为主题词的文章共计326篇。其中，博硕士论文有52篇，发表在期刊上的学术论文有174篇。关于大学生法律教育的论著几乎都以教材的形式出现，如高校思想政治理论课教材《思想道德修养与法律基础》，高宝营主编的《大学生法律基础》，刘和平、邢金岭编著的《大学生法律教育与权益保护》等。这些法律教育研究成果主要集中在：

1. 关于高校大学生法律教育的调查分析研究

一些学者通过问卷或座谈等调查方式了解当前大学生的法律知识水平和法律意识程度，在此基础上进行分析研究，进而对高校大学生法律教育提出建议。

陈建新、袁贵礼于 2001 年对全国 6 大区的 1 万余名在校大学生做了随机抽样调查。[1]张淑玲对理工科已经学过法律基础课程的在校高年级大学生进行了大学生现有的法律知识水平、对法律的认知程度、对现行法律教育的评价以及大学生对法律的需求三个问题的调查。[2]叶朱对上海复旦、财经等 5 所高校11 个系近 300 名大学生（以大三为主）进行了问卷调查和座谈。[3]陈大文等对上海、天津、湖北等省市 3916 名本科生的问卷调查统计进行了分析。[4]学者们的调查结果显示，大学生具备一定的法律知识和法律意识，但有些大学生的法律观出现了偏差，现有的大学生法律教育体系尚不能满足大学生对法律的需求，因此必须对大学生法律教育的教育理念、教育内容和教育方法等进行全面的改革。

2. 关于大学生法律教育不同角度的研究

大多数学者均会选取某一个角度对大学生法律教育进行分

---

〔1〕 陈建新、袁贵礼："中国当代大学生的法律意识透视"，载《社会科学论坛》2002 年第 4 期。

〔2〕 张淑玲："大学生法律教育的调查与分析"，载《法学杂志》2002 年第 1 期。

〔3〕 叶朱："大学生法律素质的调查和思考"，载《当代青年研究》1998 年第 1 期。

〔4〕 陈大文、陈锦文、吕新："关于大学生法律素质教育的调查与思考"，载《武汉科技大学学报（社会科学版）》2005 年第 4 期。

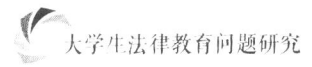

析研究，研究涉及面较多，内容也相对丰富。

在大学生法律教育的作用与价值方面，切实培育和提高大学生的法律精神，将具有十分重要的现实意义，[1]尤其是对当代大学生的思想政治教育具有不可替代的作用。[2]同时，应摸索和分析大学生法律教育在公民意识方面发挥作用的途径。[3]

在大学生法律意识与法律教育关系方面，必须合理建构大学法律知识课程内容，开创法律知识教学新方法，引导大学生进行法律实践，营造对大学生进行法律意识教育的学校环境；[4]应着重从培养学生正确的义务权利共存观、推崇和信仰法律思想、摒弃绝对权力观、遵纪守法原则及培养用法意识五个方面来提高大学生的法律意识，以促进我国法治的进步与发展。[5]

在法律信仰与法律教育关系方面，社会公众对法律信仰的缺失是我国推行法治的一大障碍，而高校的法律教育必将成为培养公众法律信仰的主阵地；[6]法律教育的最高目标是培育法律人的法律信仰；[7]发挥法律教育在培养法律信仰中的作用，

〔1〕 姚文丹："大学生思想政治教育中的法律精神及其构建"，载《理论观察》2009年第2期。

〔2〕 王颖："法的理性魅力对大学生思想政治教育的作用"，载《教学研究》2007年第5期。

〔3〕 符成成："法律教育在培养当代大学生公民意识方面的作用探析"，载《法制与社会》2007年第9期。

〔4〕 吕途、杨贺男："高校法制教育与大学生法律意识的培养"，载《法制与经济（中旬刊）》2008年第12期。

〔5〕 黄艳群："高校法制教育中大学生法律意识的培养问题"，载《法制与社会》2008年第32期。

〔6〕 李艳馨："法律信仰缺失的原因透视——兼论高校法制教育的开展"，载《山西高等学校社会科学学报》2010年第11期。

〔7〕 戴激涛："法律教育中的德育与法律信仰"，载《江西社会科学》2008年第4期。

法律教育改革成为必然。[1]

在大学生法律教育的改革建议方面，我国法律教育由于受我国教育制度某些固有弊端的影响，并没有体现出法律教育所应有的特色，由此，从内容到形式方面调整我国的法律教育，是我国发展教育的当务之急；[2]必须帮助大学生正确理解社会主义法治理念，健全和完善大学生社会主义法治理念教育体系，改进教育教学方法，走法律教育与道德教育相结合的道路；[3]应当从社会生活实际的角度来丰富大学生法律教育的内容，对大学生进行维权法律教育[4]、劳动法律教育[5]等。学者们还对法律素质教育的新途径进行了探索，[6]比如探讨了现代科技对更新法律教育模式的作用，[7]甚至认为推动大学法律教育主要应依靠教育行政机关等教育行政主体从自身职责出发，从多方面入手来培养学生知法、守法的意识。[8]

3. 关于《思想道德修养与法律基础》课程建设的研究

在课程的性质和目的方面，《思想道德修养与法律基础》是

---

〔1〕 吴秋红："论法律教育改革与法律信仰的培植"，载《理论月刊》2009 年第 1 期。

〔2〕 齐维佳："关于我国法律教育的思考"，载《西南政法大学学报》2000 年第 1 期。

〔3〕 吴一平："高校应如何进行社会主义法治理念教育"，载《国家教育行政学院学报》2011 年第 9 期。

〔4〕 杨国安："应当重视对大学生法律维权教育"，载《中国高教研究》2010 年第 1 期。

〔5〕 肖宝华、方煜东："论大学生劳动法律教育"，载《思想教育研究》2011 年第 4 期。

〔6〕 白云龙："对大学生法律素质教育新途径的探索"，载《思想政治教育研究》2003 年第 2 期。

〔7〕 韩丽纮："现代科技对更新法律教育模式的作用"，载《求实》2008 年第 S1、S2 期。

〔8〕 贺佐成："大学法治教育的问题与建议"，载《行政与法（吉林省行政学院学报）》2004 年第 10 期。

一门对大学生进行社会主义民主法制观教育的课程，它要解决的是人们的法律意识问题，是让受教育者知法、懂法、守法、护法，其核心是法律意识问题。[1]

在课程的教学内容方面，《思想道德修养与法律基础》中的"法律基础"部分应当以法的信仰教育为终极目的。[2]有学者通过研究发现现今高校大学生的公民意识不强并分析了其产生缘由，认为大学生作为未来社会发展的中坚力量，理应具备良好的公民意识，并结合《思想道德修养与法律基础》课的教学，探讨了加强大学生公民意识教育的策略。[3]

在课程的教学方法方面，大部分学者重点研究的是案例教学法，[4]这是一种被普遍采用的方法。

4. 关于校规校纪与法律教育内容的研究

这也是大学生法律教育的一个重要内容。校规校纪对学生的法律意识的培养具有养成教育、正面教育、目标教育的功能，并提出发挥校规校纪的功能要注意抓规范、落实、养成、骨干、典型、载体、新生、教学等环节。[5]

5. 中外大学生法律教育的比较研究

对于一些具有先进经验国家的大学生法律教育，国内很早就有学者给予关注。他们的研究有时并未直接使用"法律教育"

[1] 金林南、王晓红："论大学公共法律教育"，载《河海大学学报（社会科学版）》1999年第2期。

[2] 李锦峰："论'思想道德修养与法律基础'课教学中法的信仰教育"，载《思想教育研究》2008年第4期。

[3] 严燕、陈平："试论在《思想道德修养与法律基础》课教学中加强大学生公民意识教育"，载《经济研究导刊》2010年第13期。

[4] 应祖国："论案例教学法——关于《法律基础》课实施案例教学法的若干思考"，载《福建师范大学学报（哲学社会科学版）》2001年第1期。

[5] 肖明宪："发挥校规校纪在高校精神文明建设中的教育功能"，载《中国高教研究》1998年第1期。

这一称谓，而是通过"法制教育""公民教育"等内容来反映国外的法律教育。有的学者从比较教育的角度，对美国、日本高校法制教育的目标、内容、方法、途径等方面做了深入的对比和分析，并在此基础上指出了我国高校法制教育存在的一些缺陷和亟须解决的问题。[1][2]

（二）公民意识研究现状

十一届三中全会以来，学术界从本国国情出发，开始重视和关注对公民意识问题的研究，并取得了丰硕的学术成果。笔者通过"中国知网"检索，发现2000年至2018年这18年间，以"公民意识"为主题词的文章共计有6736篇，其中以"公民意识养成"为主题词的文章有22篇，以"大学生公民意识"为主题词的文章有798篇。与此同时，关于公民意识的论著也相继涌现。诸如，蒋笃运、秦树理、王东虓、杨云香主编的《公民意识研究》，秦树理、王东虓、陈垠亭主编的《公民意识读本》，黄稻主编的《社会主义公民意识》，何齐宗等人著的《青少年公民意识教育研究》等著作。围绕这一问题，学术界主要从以下几个方面展开：

1. 公民意识的内涵

现有的资料一般都是以公民意识发挥的作用出发来定义其内涵的。在政府权力面前，公民意识作为他们思想或者行为的一种外在表现，能够督促和认同法律赋予政府的权力。而在公共活动中，公民意识帮助他们采取正当手段来保护个体权益。[3]另外，换个出发点来理解，公民意识是广大公民的理性

---

〔1〕　刘咏梅："中美高校法制教育之比较"，载《前沿》2004年第3期。

〔2〕　陈杰："美日两国高校法律教育的比较及启示"，载《科教导刊（上旬刊）》2010年第12期。

〔3〕　朱学勤：《书斋里的革命》，云南人民出版社2006年版，第328页。

认识和情感选择，是在他们加入社会生活、政治活动、精神文化建设后才逐渐培养和发展的。[1]由黄稻主编的《社会主义公民意识》一书提出了另一种说法，其将公民意识看成是现代化社会的思想产物。[2]

2. 公民意识的内容

十七大报告提出"加强公民意识教育"后，公民意识又一次引起了社会的重视。臧宏的看法是十七大报告总结了当代公民意识的本质，也就是正义公平、平等自由、民主法治。[3]而从民主法治的视角出发，公民意识的内在本质就是公民的主人翁思想；从自由与平等权利的角度看，公民意识的基础是宪法意识；从公平与正义价值的角度看，公民意识是现代化的一种思想产物。也有部分学界人士比较全面地剖析了公民意识的相关知识：义务和权利观、法治民主观、主人翁思想、道德素质观、责任观等。[4]如今，学术界公认的一种理解为：公民意识作为现代化的一种思想产物，界定了公民的某些内在认识，明确了公民个体之间、个体和社会之间、个体和国家之间的内在联系，引导公民正确认识自身义务、权利、立场等。[5]另外，要准确地评价公民的公民意识，可以参考现有的资料，比如杨宜音等人的成果。[6]其从两方面解释和诠释了国民的价值选择

---

〔1〕 冯留建："公民意识的形成规律论析"，载《云南社会科学》2011 年第 2 期

〔2〕 黄稻主编：《社会主义公民意识》，辽宁大学出版社1987 年版，第 77 页

〔3〕 臧宏："公民意识的蕴涵及思想政治教育策略"，载《教育评论》2009 年第 1 期。

〔4〕 雍自元、黄鲁滨："论公民意识的内涵和特质"，载《法学杂志》2010 年第 5 期。

〔5〕 马瑞萍："改革开放以来我国公民意识研究述评"，载《教学与研究》2008 年第 10 期。

〔6〕 杨宜音："当代中国人公民意识的测量初探"，载《社会学研究》2008 年第 2 期。

分别是在集体和个体的利益冲突下的契约解决和对共同权益、集体权益的重视。

3. 公民意识的生成条件及路径

公民意识的培育是在特殊的社会条件和体制下形成和成长的。从当代中国公民意识生成的理论基础、现实基础、物质基础、制度基础和文化基础角度来看生成条件，契约社会理论、公民社会理论和公民资格理论是理论基础；公民社会的初步形成是现实基础；市场经济的发展是物质基础；政治的民主化和法治化建设是制度基础；公民文化的初步传播是文化基础。[1]有学者从政治、社会、经济层面来诠释和详述公民意识生成的必要基础，[2]而以社会环境为出发点分析其对公民意识形成的影响。[3]

4. 公民意识与法治研究

受益于法治建设的进程，公民意识和法治的内在联系在近年来备受法学理论研究的关注。特别是马长山在其经典著作《公民意识：中国法治进程的内驱力》中，首次关注了两者的联系。[4]他指出，公民意识能够很好地促进我国的法治进程，明确地表示，在中国，要推进中国的法治战略，就必须集中力量提高全社会的公民意识。提高全社会的公民意识是法治文明建设的一项重大内容，是巩固和加快法治建设的基础。同时，认同

---

〔1〕　陈得印：“当代中国公民意识的生成基础及培育路径”，东北大学 2007 年硕士学位论文，第 31~36 页。

〔2〕　曲丽涛：“公民意识的生成条件探讨”，载《中共山西省委党校学报》2010 年第 4 期。

〔3〕　冯留建：“公民意识的形成规律论析”，载《云南社会科学》2011 年第 2 期。

〔4〕　马长山：“公民意识：中国法治进程的内驱力”，载《法学研究》1996 年第 6 期。

法律意识是公民意识的最主要部分。[1]关于公民意识的培养，我们可以从四个方面入手：首先，要把中国特色的市场经济体制和政治民主落到实处；其次，通过多种手段（比如，广播、电视、网络等传播媒体）促进公民意识的提高，完成从遵纪守法教育到公民意识教育的转变；再次，要倡导、培育适应我国市场经济环境的市民社会；最后，要加强法治社会的建设，正确引导公民意识的培养方向。[2]另外，学者姚建宗总结了已历时25年之久的"全民普法"的优点和不足，凝练了自己的观点：法治宣传主体应着重面向政务官员，关键是要宣传法律知识和观念，着重帮助他们认清最低原则，确实认清和深入了解作为"公民"的内在要求。[3]江国华在《宪法与公民教育——公民教育与中国宪政的未来》（武汉大学出版社2010年版）一书中提出了以公民意识教育为最终目的的变革诉求。

5. 大学生公民意识研究

学者开始关注大学生公民意识培养中存在的问题，这些问题包括对大学生公民意识培养的地位问题重视不够，基本内涵认识不足和方法途径创新不多等。[4]目前，我国对大学生公民意识的培养在内容上忽视对现实生活的挖掘、提升和指导；在方式方法上忽视受教育者的差异性与层次性。[5]

---

〔1〕 马长山："法治进程中公民意识的功能及其实现"，载《社会科学研究》1999年第3期。

〔2〕 马长山：《国家、市民社会与法治》，商务印书馆2002年版，第293~294页。

〔3〕 姚建宗："当代中国的社会法治教育反思"，载《大庆师范学院学报》2011年第4期。

〔4〕 邹紫云："大学生思想政治教育中的公民意识培养研究"，载《传承》2009年第12期。

〔5〕 赵宇："公民意识教育——大学生思想政治教育的突破口"，载《商业文化（下半月）》2011年第1期。

（三）大学生法律教育与公民意识养成的结合研究有待进一
　　步深化

由上可以看出，尽管学者们从不同角度对大学生法律教育、公民意识相关问题进行了广泛的探讨，但是，目前学界对大学生法律教育与公民意识养成结合的研究尚有待进一步关注，对大学生法律教育和公民意识养成的实践探索有待进一步深化。

1. 对大学生法律教育和公民意识养成的概念和关系需要进
　　一步厘清

高校大学生法律教育与公民意识养成的内在联系为二者的结合研究提供了基础。目前的研究成果显示，大多数学者都将公民意识作为大学生法律教育的前提基础，认为公民意识可以起到连接法律规范和现实法治的纽带作用。公民意识养成强调公民要自觉遵纪守法，这是法治建设的关键和重要原则。不过，笔者认为，就目前的研究资料和成果来看，现有的研究尚不能很好地解释和总结公民意识到底具有怎样的政治、文化、社会、伦理、道德和法律属性，这可能会从根本上影响我们对公民意识概念内涵的理解和对外延的把握。但是，高校大学生法律教育的内容其实是明确、具体的，其核心理念包括主体意识、平等意识、契约意识、诚实信用意识、权利义务意识和对法律的信仰等。我们在公民意识养成的实践过程中，要普及一定的法律知识，接着形成一种规范制度，从而形成广大公民的行为规范，获得合法性信仰的稳固支撑。公民意识养成确定了大学生法律教育的目标，使得大学生法律教育成了公民意识养成的重要环节。所以，大学生法律教育和公民意识养成的关系影响着以公民意识养成为目标的大学生法律教育的实践，亟待学界作进一步的厘清。

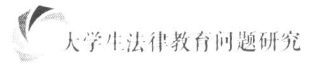

2. 需要将公民意识养成目标下的大学生法律教育置于马克思主义的话语体系中去研究

公民意识是基于资本主义萌芽和发展而发展起来的，涉及很多政治、社会内容，比如宪法、人权、自由、体制等。自十一届三中全会以来，具有中国特色的社会主义理论不断完善，国内开始关注和重视公民意识养成和大学生法律教育及其相互联系和问题。但是，学术界忽视了这两者和马克思主义理论的内在联系，马克思主义经典文献中关于法律教育、公民意识的相关论述有待得到进一步挖掘和研究。我们要用马克思主义的基本原理为公民意识养成视阈下的大学生法律教育研究提供充足的理论依据。

3. 对国外大学生法律教育的科学借鉴和传统文化中积极因素的挖掘有待进一步努力

虽然有些学者参考了其他国家的研究成果和理论，但是并没能使之与中国国情相适应，难免有盲目套用之嫌。公民意识养成视阈下的大学生法律教育研究不仅须考虑中国国情、社会制度等实践，也须以长远发展、经济国际化的视角出发，来分析当前公民意识养成的紧迫性和复杂性。

4. 对当前大学生法律教育的研究不够系统、深入

在我国，关于高校大学生法律教育的研究起步比较晚，还是一个比较年轻的领域。大多数学者都专注于对法学专业大学生的法律教育，而对非法学专业大学生法律教育问题的研究却未被法学学者所充分重视，这方面的研究成果少，更是缺乏相应的专著，探讨的问题也较为宽泛，对高校大学生法律教育问题的研究仅仅局限于某一个方面，往往是对现象的描述，缺乏深层次的原因分析，所提出的解决大学生法律教育的对策和建议系统性不够，可操作性较弱。大学生法律教育体系尚在探索、

成长过程中，距离完整、健全、富有成效的大学生法律教育体系还有很大的差距；对法律教育在公民意识养成中的地位、作用的研究力度不够，应把大学生法律教育作为公民意识养成的新生长点，积极探索和完善适应我国基本国情的法律教育的体系和方式，使法律教育成为公民意识养成的基础工程。

四、研究方法

研究大学生法律教育与公民意识养成，必须掌握好一套科学的研究方法。没有一定的方法作指导，人们很难对事物有深层次的认识。研究方法具有多样性，本书主要采用了以下几种研究方法：

第一，文本性研究。文本性研究是目前学界通用的研究方法，对本书问题的分析具有重要影响。其主要是通过对大量学者关于法律教育、公民意识问题研究的收集、整理，掌握最新的前沿问题，分析大学生法律教育和公民意识养成领域已取得的成果，在剖析相关研究现状的基础上进行深入研究。本书的研究文献涉及国内外有关大学生法律教育、公民意识，大学生法律教育中存在的问题和应对措施等内容，具有深远的指导和借鉴意义。

第二，多学科交叉的方法。法律教育与公民意识养成问题涉及多个学科的基础理论知识。本书在借鉴法学、教育学、心理学等学科研究成果的基础上，竭力对大学生法律教育与公民意识养成这一课题做出尽可能全面、充分的阐述。

第三，案例研究法。结合大学生的生活实际，以大学生典型案例为素材，通过具体分析、解剖，阐述大学生法律教育对大学生成才的重要意义。

第四，比较研究法。比较研究的方法能帮助研究者在异质的事物或现象之间寻找某种联系，以达到对事物的更加全面、深入的认识，同时可以借鉴其他事物的优点。一些具有先进经验的国家在大学法律教育与公民意识养成方面积累了不少有益的经验，值得我们反思和借鉴。主要是广泛收集国内外有关文献资料，并对其进行纵向的历史考察与横向的比较分析，以了解中外大学生法律教育与公民养成的异同。对国外大学生法律教育与公民意识养成的理论和实践进行分析，将其与我国大学生法律教育进行对比，进一步深化大学生法律教育和公民意识养成及其关系的认识。

第五，逻辑与历史相统一的方法。对于所有相关的历史事项、现象，要着重挖掘其内在的联系和发展规律，借助历史研究方法。本书从中国改革开放以来中国大学生法律教育与公民意识发展的历史来分析中国大学生法律教育发展、变化轨迹，对大学生法律教育发展过程探本溯源，把握法律教育工作呈现轨迹的内在逻辑，运用历史与逻辑统一的研究方法，并从历史的发展入手关注大学生法律教育和公民意识养成，把公民意识养成作为研究大学生法律教育追求的最终目的。

五、创新之处

在本书的研究中，笔者借鉴了以往的资料和结果，争取有所突破，创新之处如下：

第一，研究视角有新意。目前大学生法律教育在思想政治教育领域中是有所欠缺的，已有的研究也多从知法和守法的角度探索大学生法律教育的具体内容。迄今为止，从公民意识养成的角度进行的大学生法律教育方面的讨论并不多见，尚缺乏系统性的理论探讨。而公民意识是大学生法律教育中最基础、最重要，同时也是最欠缺的一个方面。在现实生活中，大学生公民意识也会直接影响到其法治理念的形成，法律工具的使用，从而也会影响中国法治社会建设的进程。鉴于此，本书将从大学生公民意识养成这个新的视角探索大学生法律教育的主体建设、内容和途径，突破原有关于大学生法律教育的研究框架，并提供一些新的观点。

第二，研究内容有创新。本书针对目前大学生法律教育面临的困境，从公民意识养成出发为大学生法律教育提供新视野，力图实现大学生法律教育和公民意识养成的"双赢"。内容的创新之处主要体现在法律教育的本土化方式探讨。法律教育具有全球化的共性和民族化的特殊性，所以，探讨公民意识养成视角下的大学生法律教育机制，既要从中国本土实际出发，又要借鉴其他国家的相关做法。笔者认为，中国当前的社会发展条件、科技发展条件和全球化的背景为大学生的公民意识养成提供了有利的外部条件，但也存在一些制约因素。

第三，研究结论有新意。本书立足于我国大学生法律教育和公民意识养成的历史经验和现实依据，通过对大学生法律教育与公民意识养成进行辨析和界定，提出了公民意识养成视阈下的大学生法律教育的主体建设、内容和途径方法的设想；提出了不仅要提高教师的素质，而且还要拓展教育主体的范畴，将法律实践领域的专家引入到大学生法律教育系统之中，以提高法律教育的真实性、生动性和时效性。

第一章
大学生法律教育与公民意识养成的基本问题

正确界定大学生法律教育和公民意识养成的内涵及其关系，是研究公民意识养成视阈下大学生法律教育的理论前提。虽然对大学生法律教育和公民意识的研究已经兴起，但对二者的内涵，学界一直没有形成统一的认识。所以，本书首先要界定大学生法律教育和公民意识养成的概念，同时对二者与相关概念的关系进行分析，为后面探讨二者的关系，明确大学生法律教育在公民意识养成中的重要作用打下基础。

一、大学生法律教育

（一）法律教育的界定

法律教育从其本来的内涵来看，包括法律的职业教育和法律的非职业教育，一个是对法律专门人才的培养，另一个是对普通国民的法律养成，二者是不可分割的两个部分。国家在注重法律专门人才培养的同时，也要将提高国民法律意识置于重要地位。只有国民的法律意识增强了，才能达到普及法治教育的目的。为了更好地构建法治社会，我们需要加大对普通民众的法律知识普及，这样才能让更多的人参与进来，才能推进构建法治社会的进程。

从近几年的法治建设过程我们可以看到，其对于一些法律专门人才的培养有了一定的效果，但对于增强普通国民的法律意识，效果还不是很明显。这就需要我们对最初进行法治建设的出发点和建设过程进行思考和反思，即我们是否达到了真正意义上的法治建设。对于专门研究法律的法学者而言，法律教育就是培养一代又一代的法律专业人才，使其掌握相关的专业知识，这似乎脱离了法律教育最初的理念，让大多数的人在日常生活中拥有法律意识，真正达到法律为我所用的目的。

法律教育不仅在本质内容上有别于职业教育，而且在概念上也不能被等同于法律职业教育。法学学者普遍都有意无意地把法律教育理解成了法律职业教育，这或许是一种误解。我国早期的法学教育专家孙晓楼先生有一部专门研究法律教育的学术专著——《法律教育》（中国政法大学出版社 2004 年版）。这部法律教育专著虽然名称叫作"法律教育"，但实际上却是一部专门研究"法律职业教育"的专著，它的学术兴趣是通过国际化的法律职业教育，培养法律专门人才。除此之外，贺卫方教授主编的法律教育论文集《中国法律教育之路》中绝大多数的文章也都是在探讨如何完善中国的法律职业教育。

不过，事实上，有的学者也清醒地认识到了法律教育并不能完全等同于法律职业教育。贺卫方教授在其文章中提到："法律教育的目标是培养什么人？法律教育有两个目标，一是为法律行业培养新人，一是为更广泛的社会成员提供法律知识与意识上的训练。英美法系偏重前者，大陆法系偏重后者，即大学法律教育通常是国民素质教育的一部分。"[1]在这里，贺卫方教授明确区分了法律职业教育和法律教育的不同，即一个是法律精英教育，一个是法律大众教育，并把这两种教育都统称为法律教育。法治斌也把法律教育理解成大小两个含义，认为"法

---

〔1〕　贺卫方编：《中国法律教育之路》，中国政法大学出版社1997年版，第114页。

律教育就最广义而言，包含对一般社会大众普及法律常识，于各级学校中对学生实施一般或专业法律教育；小学阶段之社会课、中学阶段之公民课，大学中各院系亦多开有相关之法律课程，如宪法、法学绪论、民法概要……法律教育之核心，应是在大学法律系及法律职业所需之学习阶段，由此直接培养众多法律人才，投入法治建设之各个领域……"[1]法治斌由此从一般意义上的法律教育中分离出了广义的法律教育，包括了大众法律教育，同时又指出法律教育的核心含义是法律职业教育，它是一种针对法律人才培养的专门教育。

综上，法律教育就其广义的培养对象来讲，应当包括两类不同性质的教育：一是法律职业教育，它的培养对象是法律人才；一是法律公民教育，它的培养对象是大众或公民。因此，法律教育的内涵既有法律职业教育的成分，又有法律大众教育的内容，如果单纯地把法律教育理解成法律职业教育这一项内容，很显然，就是把法律教育的内涵给减少了，从而也就把法律教育的大众化误解为了职业教育的专业化。所以，在一定意义上，法律教育并不仅仅是指对专业人才的职业培养教育，也不等同于法学教育。

可见，法律教育是日常生活中必不可少的一个部分，是这个社会得以稳定、有序的保证。通常所说的法律教育是指以提高民众法律意识为目的，通过正确、有序的步骤使其通识化，让民众真正理解其内涵并知道如何利用法律来保护自己的合法权益的一种大众化教育体系。它有广义和狭义之分：广义的法律教育是指政府及相关的机构通过不同的方式对人们进行法律知识的普及，让人们了解法律及其意义，最终实现为民众服务

---

[1] 法治斌："台湾的法律教育"，载贺卫方编：《中国法律教育之路》，中国政法大学出版社1997年版，第127页。

的宗旨。当然，这其中不仅仅涉及对法律理论的教育，还包括法律的实际操作和运用。而狭义上的法律教育则是指为了培养专门的法律人才，通过高等教育或其他相关的方式对其进行专业法律知识的教育过程。

（二）大学生法律教育的含义

1. 大学生法律教育的概念

"加强和改进高校法律教育，需要将高校法律教育定位为法律素质教育，必须把提高青少年学生的法律素质作为素质教育的重要内容和人才培养的基本目标，纳入教育的整体规划和高校工作的重要议事日程，切实抓紧抓好。"[1]在高校法律教育中，应当将法律素质教育作为高校法律教育的重点。当今高校对大学生的法律教育是不同于以往任何阶段的，因为大学生之前所接受的法律教育只是一般层面上的通识认知，并没有对其进行分析和思考。而随着我们年龄的增长和生活范围的不断扩大，对待时常发生在身边的一些现象，不能仅停留在认识的层面，而是要开始对其进行反思和总结，进而逐渐关注国内的法治建设，开始学会运用所学法律知识分析社会现象。另一方面，大学生要比较国内的法律与国外的法律，进而逐渐投身到对一个国家法律体制的探讨和改革的浪潮中。这就是阶段性的本质区别。因此，在高校中推进法律教育进程，一方面要丰富其内容，另一方面要培养学生善于运用法律和敢于探讨法律。要培养高素质人才，为法治社会的建设不断输入能量，这才是法律教育的本质。

因此，本书在研究法律教育的本质内容时，采用的是广义的含义，即对高等院校非法律专业的大学生进行的以了解和掌

---

〔1〕 陈至立："全面提高青少年学生的法律素质，为建设社会主义法治国家奠定基础"，载《青少年犯罪问题》2003年第1期。

握国家法律、法规、校规和校纪等为主要内容，以公民意识养成为目标的法律教育过程。大学生法律教育主要以学校老师传授法律知识为主，并通过学生自己的阅历和积累，逐渐地丰富其内容。比如，以社会教育和自我教育为补充，也有学者称之为"公共法律教育"。[1]它属于广义的思想政治工作范畴，不同于高校法学专业学生的专业教育，其相当于对社会生活中普通民众的法律常识的普及，是随着国家的法治建设而逐步推进的。

2. 大学生法律教育的目标

大学生法律教育应以公民意识养成为目标，体现以下两点：

（1）应确立公民在宪法和法律上的平等地位。随着社会主义市场经济的发展，社会上出现了一定的贫富差距。一些强势阶层经常把自身看成特殊公民，要求享受更多的社会资源，但却不愿承担应有的义务。没有义务的权利是特权，现代民主法治是不允许特权存在的。有的弱势群体则没有把自己看成是国家和社会的主人，认为自己处于"多一个不多，少一个不少"的底层，社会的事情与自己无关。只有首先确立公民在宪法和法律面前一律平等的社会地位，才能实现公民权利和义务的对等，促使公民积极、主动地参与社会生活，承担应有的社会责任。

（2）要实现公民理性认知与自觉行为的有机统一。公民意识养成重在从公民的意识和观念层面进行教育，让大学生树立现代思想意识，对公民在宪法和法律中的地位和应享有的权利、应履行的义务和责任有清醒而理性的认知。当大学生的公民意识转化为良好的公民行为之时，公民意识养成的目标即已达成。

---

[1] 陈迅："大学公共法律教育模式创新研究"，载《重庆大学学报（社会科学版）》2004年第6期。

3. 大学生法律教育的特点

大学生法律教育作为教育形式的一种，既具有与其他教育方式的共同特征，又具有以下独有的特点，使其与其他教育方式区别开来：

（1）大学生法律教育的对象具有特殊性。大学生法律教育针对的都是一定意义上的青年学生，这些大学大多都已年满18周岁，且具有较高的文化水平，正是良好的公民意识养成的研究对象。

（2）大学生法律教育的内容具有拓展性。随着国家和社会生活的复杂化和多样化，大学生法律教育的教育内容也必将更加丰富和广泛。

（3）大学生法律教育的途径具有多元性。大学生法律教育贯穿于学校教育的所有活动或过程之中，可以是学科教育，也可以是专题活动、实践活动等，而不是等同于学校课程中的某些学科或某些活动，尽管这些学科或活动可能是保证大学生法律教育得以有效实施的主要途径。

（三）大学生法律教育与相关概念的关系

1. 大学生法律教育与法学教育

相对于大众化的法律教育而言，法学教育主要是针对高校中法学相关专业的学生，对其进行系统、全面的法律知识传授和法律职业能力的培养和教育。在法律界，法学教育被普遍认为是法律职业教育。在法律共同体内，法学教育已经约定俗成地被大家认同为法律职业教育。徐显明教授的专著《中国法学教育状况》，[1]张文显教授的著作《我国新世纪法学及其研究

---

[1]　徐显明主编：《中国法学教育状况》，中国政法大学出版社2006年版，第2页。

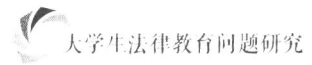

与教育调查报告》，[1] 霍宪丹教授的法律教育专著《中国法学教育反思》，[2] 均采用法学教育的概念分析论证法律职业教育的问题，而没有涉及我国的法律教育问题。

就高校教育而言，大学生法学教育和法律教育都是针对大学生开设的，而且其基本含义似乎并没有明显的区别，内容也大体相同，所以，有人将法学教育和法律教育相互混淆，甚至大多数人都觉得法律教育其实就是法学教育。在当代中国的法律教育界，大多数的法学学者常常使用法律教育和法学教育来称谓同一类教育，即所谓的法律职业教育，似乎两个概念没有明显的区别。但是，法律教育无论在事实上，还是在概念上都不能被等同于法律职业教育。如上所述，法律教育是一个大概念，它包括法律专业的法律教育，即法律职业教育，也包括非法律专业的法律教育，所以，法律教育包括了法学教育。但本书中阐述的法学教育是一门独立的教育科学，它与传统意义上的法律教育是有区别的，但同时也是有内在联系的。

（1）二者的联系。大学生法学教育和法律教育似乎没有明显的区别，毕竟二者的教育环境与教育对象都一样，都是在校园内对大学生进行的教育活动。

法律教育和法学教育在知识体系上没有大的区别，其内容都是相互衔接的，二者都是通过将相关知识传授给学生来达到塑造学生法律修养的目的，让学生能够在日常生活中运用法律知识来解决问题，只不过在内容深度上有所差别。为适应中国特色法治社会建设的步伐，大众化的法律教育也显得更加重要，即使是非法律专业的学生也需要掌握与其专业相关的专业法律

〔1〕 张文显主编：《世纪之交的中国法学——法学研究与教育咨询报告（1990－2005）》，高等教育出版社2005年版。

〔2〕 霍宪丹：《中国法学教育反思》，中国人民大学出版社2007年版。

知识。所以，在某种程度上，法律教育的内容将越来越接近于专业的法学教育。

除此之外，法学教育与法律教育都是通过在校教学来对大学生进行法律知识灌输的，这一点也是二者的共性。

（2）二者的区别。在教育所针对的对象上，法律教育旨在让大多数的学生了解法律相关知识，能够做到懂法、守法、用法。而法学教育则旨在培养专业的法律人才，为推动我国法制建设提供丰富的资源和人力支持。所以说，法学教育与法律教育的出发点是不一样的，不能被混为一谈。一个法治的国家和社会，一方面不光要有发达、先进的法律职业教育，以培养造就大量的法律共同体的精英成员，另一方面还要有发达、先进的法律教育，进而培养、造就合格的法治社会的公民大众。

在教育内容上，法律教育具有广泛性，不需要特别专业的内容，因为它的对象是普通的非法律专业的大学生，有一定的接受能力和学习兴趣。其目的也很明显，就是让更多的大学生在懂法的前提下守法，维护社会的良好秩序。而法学教育则旨在培养专业的法律人才，所以说，我们不能仅仅停留在其表面，而应该更加深入、更加详尽。这样的人才才是建设法治社会所需的宝贵财富。因此，二者在教育内容上有深度之分。

在教育的出发点上，法学教育在于为国家法治社会的建设提供有力的人才资源，使大学生不仅仅要懂基本的法律知识，而且要善于分析法律现象，具备思考法律改革等相关问题的能力。所以，法学教育的任务十分艰巨。而法律教育要培养高素质人才，更要培养大量懂法的公众，要求大学生在学习自己本专业的同时学习相关法律知识，培养自己处理生活中涉及法律规范的事务的能力，从而更好地适应社会环境，依法处理相关的问题。所以，从教育的出发点上看，法学教育和法律教育是

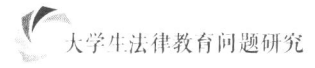

有很大区别的。

在教育培养模式上，法律教育所采取的模式是不同于法学教育的。因为各自教育出发点的不同，法律教育在于将法律知识普及化，旨在提高全民的法律意识，推进法治社会建设的进程。而相对于法律教育的大众化，法学教育则采用专业化的教育模式，因为只用这样才能培养出法律精英，才能为法律体系的健全和完善提供智力支持。同时，法律教育在于培养大众懂法、守法、用法的意识，精英法学教育以培养法律从业者和法学研究人才为目标。

综上所述，虽然法律教育与法学教育在知识体系和普及方式上有内在的联系，但是由于二者的教育初衷是有区别的，且各自的地位和作用也是不一样的。所以，我们不能一味地将二者混淆在一起，而是应当兼顾各自的特点，使其真正发挥自己应有的作用。

2. 大学生法律教育与公民法律教育

公民法律教育，是在日常工作和学习生活中，让公民懂得如何运用所掌握的法律法规知识来处理所遇到的问题的一个普及法律的过程。我国从1986年开始实施的法制宣传教育（即全民普法）便是公民法律教育的一种重要形式。

（1）二者的联系。大学生法律教育与公民法律教育都是非法律专业层次的法律教育，都是以大众化的法律教育为主，培养懂法、守法的公民，而并非是培养专业法律人才。

另外，大学生法律教育作为公民法律教育的一个分支，其中的一个方面是其公民教育的一个内容构成。因此，从这个意义上讲，大学生法律教育是实现公民教育目标的一条重要的教育途径。

（2）二者的区别。在概念位阶上，大学生法律教育只是在高校内对大学生群体进行法律知识的普及，其普及范围具有一定的局限性。而公民法律教育则包括对社会中从事各个行业的人员的法律知识普及，可以是初级教育的学生，也可以是退休员工，范围更广泛。

在教育对象上，公民法律教育是面向普通社会成员的，受教育者的数量十分庞大，高校法律教育的对象是具有较高领悟能力和文化水平的大学生。

在教育内容上，大学生法律教育并不是停留在浅显的知识点上，而是通过对系统理论的讲解，使大学生对法律知识体系有一个很好的把握。而公民法律教育则不像大学生教育那样系统，因为要考虑各个方面的影响因素（比如时间、精力等），所以，公民教育更多的只是进行简单的知识点传播，以期让大多数的公民了解最基本的法律概念，在生活中有意识地运用法律手段来维护自身的权益。所以说，二者在内容上有深浅区别和广度差别。

在教育出发点上，公民法律教育旨在让公民了解最基本的法律知识（尤其是涉及社会活动的法律条例），并在生活中有意识地运用法律手段来维护权益，只有做到这样才能谈及法治社会的建设，只有公民法律教育的质量提高了，法治社会才能有保障。大学生法律教育旨在培养即将步入社会的大学生的法律意识，唯有如此才能更好地使大学生投身社会法治建设，才能为法治社会的顺利开展贡献力量。

与在高校开展的法律教育相比，我国的公民普法教育已经开展了三十多年，但总体效果并不理想，人们还很难充分地运用自己所掌握的法律知识来维护自己的生活，使之井然有序。另外，要建立高度法治社会，还需要大量的专业法律人才，以指导建设进程顺利进行。同时，要整体提高人们的法律素质还有很长的路要走，在这个过程中，大学生法律教育显得尤为重要。

3. 大学生法律教育与思想政治教育

大学生思想政治教育是高校通过某种方式（比如课堂教学、社会实践）来对学生的生活态度产生一定的影响。其在培养大学生的思想道德素质方面作用尤为明显，可以真正为社会培养所需的高素质人才。法律是思想政治的一部分，在大学中对大学生进行法律教育，其目的在于提高大学生的思想道德素质。由此看来，法律教育与思想政治工作的关系十分密切，是无法分割的两个部分。

（1）二者的联系。大学生法律教育与思想政治教育的最终目的是一致的，即尽可能地培养出社会所需的德才兼备的人才。大学生法律教育主要是让大学生在前期通识教育的基础上提高法律认识，即不仅仅停留在认识阶段，而是深入到思考阶段。也就是说，大学生在遵守法律法规及校规的前提下，要对法律体系进行思考，思考如何才能正确地处理学校生活与社会生活的衔接，从而使法律起到一个很好的向导作用。大学生思想政治教育则主要是培养大学生在不同的环境中，产生相应的正确思想，为自己在这个陌生的环境中作出正确的选择提供向导，这不仅仅要求大学生对环境要有一定的认识，也要求大学生有一定的环境适应能力。在这个适应的过程当中，大学生不仅要对周围的约束因素进行筛选，而且要分析对思想起误导作用的主要因素，运用自身掌握的知识，在思想上和行动上作出正确的选择，来克服不利的因素。可见，思想政治教育与法律教育的最终目的都是一样的，就是通过不同的方式来提高大学生的综合素质，增强其各个方面的能力，以适应复杂多变的社会。当然，加强二者的联系并将其发挥到最佳，这个过程是漫长的，但通过良好的衔接和促进，其效果也将是明显的。良好的校园秩序是开展思想政治教育的前提，而法律教育则可以创造良好的校园环境；思想政治教育的不断推进，又可使校园氛围更加有序、和睦。二者相互影响，相互促进。高校在普及法律教育的同时，应当适当考虑推行思想政治教育，因为只有双轨并行，大学生才能德才兼备，才能为中国特色社会主义法治社会的建立提供有力保证。

法律教育内容与思想政治教育内容相互贯穿，也就是说，法律教育或是思想政治教育不应局限于对自身内容的讲解，因为其二者内容是相互影响，相互渗透的。比如说，在讲解法律基础知识的同时还应进行思想道德知识的讲解，这样其教育内容就有了一定程度的渗透，可以对二者同时兼顾。同时，思想政治教育则通过另一个侧面来为学生丰富知识。比如，历史的发展造就了我国怎么样的国情，以及我们为什么要选择中国特色社会主义道路等。二者都是在为提高学生综合素质而推进改革，注入新的内容。二者的互相结合可以为大学生思想道德修养的塑造提供了很好的教育模式。

另外，法律教育和思想政治教育在对知识的传播方式上具有相似之处。二者大都是通过高校的教学来得以传播的，除此之外也都可以通过日常生活中的新闻报道等方式传播。二者最终的目的是一样的，只不过在内容上各有侧重。

但也有学者认为，为适应现代化的需求，响应法治社会建设，应当将法律教育作为一个独特的学科来对待，即"我国高校法制教育应当从附属于思想教育的阴影中解脱出来，赋予其本身的体系的独立地位，着手培养青年大学生的法律素养"。[1]

---

〔1〕 韩世强、陈秀君："中国高校法制教育的现状及改革路径探索"，载《北京航空航天大学学报（社会科学版）》2006年第2期。

本书认为，法律教育与思想政治教育在传播方式、最终目的以及相关内容上具有一致性，它们之间相互影响，相互补充，相互依存，法律教育仍然是思想政治教育的一部分，不宜将二者完全割裂开。只有将二者有效地结合起来，才能将二者在构建法治社会进程中的作用发挥至最大。

（2）二者的区别。在目标要求上，法律教育主要是通过教学让学生了解法律知识、分析生活中的法律现象，能够运用法律知识来判断其是否合法；思想政治教育则是通过道德模范等教育方式从思想上感化学生，让学生拥有一种勇于塑造自己修养的精神。

在具体表现形式上，法律教育主要是通过明确的规章制度来约束大家的行为，尽量避免对社会造成不好影响的行为发生。而思想政治教育则通过社会中的"一传十、十传百"的形式来发挥其作用，是潜移默化地发展着的。

法律具有一定的约束力，这是由其强制性的特点所决定的，在一定程度上具有权威性，是无法抗拒的，因此只能够遵守。而思想政治则是很灵活的，主要是靠个人的意识观念、思想觉悟来发挥作用，只要尽量不违背最基本的道德修养即可。

在教育内容上，法律教育与思想政治教育虽然有很多渗透的部分，但还是有比较明显的侧重点的。法律教育则是实时地根据现代化建设进程逐步健全法律法规，并进行教育学习的。而思想政治教育是在历史指导思想两次飞跃的大背景下进行的，这其中会随着新思想的产生而对其进行发展。

在教育任务上，法律教育主要通过法律知识的传播来让学生真正成为一个懂得用法律来约束自己日常行为的合法公民，对待生活中的法律现象，敢于用自己所学法律知识对其进行分析、判断，真正达到学以致用的目的。而思想政治教育则是让大家真正理解党的指导思想，建立起理论自信，并伴随中国特色社会主义建设进程升华自己，陶冶自我，做一个德才兼备的高素质人才。

4. 大学生法律教育与道德教育

相比于以制度化、强制性为特征的法律教育，道德教育主要是在人与人之间的相处、人与社会之间的交流过程中逐渐地开展的，主要以一个人的信念、习惯来衡量一个人的行为是否合理，是否符合当代民族精神和时代精神。[1]道德规范就如同思想教育一样，具有潜移默化的特点，是一种内在的修养外显。[2]

任何一种教育方式都有其本质的特征，当然，道德教育也是一样的。一般意义上的大学生道德教育，是指高校按照社会要求的价值标准为达到一定理想状态的道德塑造过程，也就是在当今的时代背景下，以努力提高个人道德素质为目标，在塑造个人道德修养的同时，用道德修养潜移默化地影响别人，乃至整个社会。[3]

（1）二者的联系。道德和法律虽然含义不同，但二者的最终目的是一样的，即通过不同的方式来规范人们在生活中的行为，使社会这个大环境稳定、有序地运行。与法律通过条条框框的法律法规来约束人们的行为不同，道德主要是通过权衡一个人的内心感应来影响和指导其行为，是否能够这样做、这样做是否顺应民心等，是一种发自内心的良知疑问。这样一种发自内心的道德修养也为社会的和谐发展起着一定的作用。两者

---

〔1〕　刘献君、胡树祥主编，湖北省教育委员会组编：《思想道德修养》，武汉大学出版社1998年版，第145页。

〔2〕　罗国杰主编：《伦理学》，人民出版社1989年版，第53页。

〔3〕　王玄武、骆郁廷主编：《思想教育、政治教育、道德教育比较研究》，武汉大学出版社2002年版，第43页。

在本质上相互贯通、不可偏废。

加强大学生的法律教育与道德教育是我国依法治国的必然要求。道德和法律的种种关系决定了我们必须将"守法"作为大学生道德教育的内容。因为，守法是道德的最低标准，是每个大学生应当遵循的最基本规范，大学生只有做到懂法才能守法，这是教育的最初理念，也是在塑造大学生的修养。因此，在日常生活中，要自觉地守法才能为自己成为高素质人才做好铺垫，才能潜移默化地影响他人，才能为社会道德风尚的推行做出应有的贡献。全社会道德规范的实施才是中国之特色。

两者的目的是统一的。目的都是培养适宜社会需求的大学生，道德和法律分别运用各自的约束形式实现社会的稳定有序，不管是从最终目的上看，还是从其表现形式上看，法律教育与道德教育都是不可分割的两个部分。

两者都是一个循序渐进的过程。法律教育主要通过教学让大学生对国家相关的法律法规有一个系统的了解，然后在生活实践中逐渐地提高大学生运用法律知识的能力，指导自己作出正确的选择。法律教育的一个重要特征是使大学生在被动接受相关法律法规的基础上最终形成遵法、守法、用法的习惯行为，在法的"强制"下把遵循社会的基本要求当成是习惯，当成理所当然的行为。这样，大学生才可以逐渐从被动遵守转变为主动、积极地提升自身的思想道德修养，使行为习惯符合社会的高层次需求。道德教育同样是个循序渐进的过程，只有在提高大学生法律素质修养，增强社会认识的基础上才能够对大学生的道德教育目标提出更高的要求，从而增强德育工作的实效性。

法律教育与道德教育相互交融。法律教育使道德教育内容具体化，道德规定了人们愿意做什么和提倡鼓励人们做什么，而法律规定了人们应该做什么和不该做什么。虽然法律能够对欺骗作假事件进行惩治，但是一个社会要想构建良好的氛围需要对公民进行长久的道德教育；法律规定了公民应尽的义务和社会职责，而乐于助人、诚实守信的道德品质需要在整个社会环境中慢慢地去体会、去培养。法律能够让公民了解法律的内在价值，结合较长时期的生活经验，逐渐变为公民内心的道德底线。通过公民的道德价值和法律意识的增强，整个社会风气会逐渐变好，公民会自觉去遵守道德和法律，而不是因为受到法律制约而不得不遵守。中共中央教育部门和宣传部门为了提高高校学生的综合素质，对思想政治课程提出了一些建议，重新调整了课程的分类，将法律规范和思想政治修养进行了科学、有序的调整和融合。以上两类知识的有机融合，能够对高校大学生的行为起到一定的指引和约束作用。

（2）二者的区别。早在原始社会，以风俗习惯表现的道德便已存在，而法律则是阶级社会的产物；道德强调自律，法律则强调他律；[1]法律有赖于国家的强制力，以遵守为前提，以强制为后盾，道德对人的行为的规范则主要通过人们内心的义务感、责任感、荣誉感来实现；道德涉及的范围是法律所不及的，所以法律规范有时也被人们视为是人的最低层次的道德要求。

道德和法律的区别决定了道德教育和法律教育也是不同的。道德教育重在净化大学生的内心世界，法律教育重在规范大学生的外在行为；法律教育以法律为核心，道德教育以道德为精髓；法律教育关注整体，道德教育关注个体。所以，法律教育和道德教育不是包含关系，而应当是并列关系。

因此，对高校大学生进行道德教育和法律教育不可偏废，

---

〔1〕 王晓虹："论道德自律、道德他律、法律他律——精神文明的三种实现形式"，载《求实》2004 年第 2 期。

不能互相代替，既要重视道德教育，也不能忽视法律教育。

二、公民意识养成

公民意识养成的主体是公民，因此，对公民概念的梳理是理解公民意识的前提。

（一）公民的概念

在进行公民的研究时，了解公民的定义以及特征是认识公民的第一步。

1. 公民概念的历史梳理

公民最早是作为城市管理者的身份在古希腊中出现的，在古希腊语言中，公民指的是这个城邦的百姓。实际上，并不是所有在古希腊生存的人都是公民，公民特指由成年男子组成的拥有特殊权利的阶层，妇女以及奴隶等并不包含在内。拥有政治权利代表着这些男子的公民的身份。亚里士多德曾经说过，一个人的居住地并不能决定他的身份，侨民和奴隶虽然和公民居住点一样，但是并不是公民；请求和诉讼法律保护的这类人在本质上也不是公民；如果城邦之内有条约的约束，那么外国居民也拥有这项特权。[1]人们拥有政治权利，融入城邦这个整体中就成了真正的公民。以上就是公民最初的含义。

在封建社会中，君王在领土之内有着无限的权利，君王处在万人之上的地位。最初代表着公民间权利相等的意义已经由不平等的君王和子民的关系代替了，形成了不同等级、不同权利的人与人之间的极其不对等的关系。这种不平等关系在"普天之下，莫非王土；率土之滨，莫非王臣"的中国封建社会表现得更为漫长与淋漓尽致。因此，一般而言，在漫长的封建社

---

〔1〕〔古希腊〕亚里士多德：《政治学》，吴寿彭译，商务印书馆1965年版，第110~111页。

会中，法律上根本没有"公民"之称，唯有"臣民"之说。

资产阶级于中世纪后期出现，他们强烈反对封建等级特权专制，认为个体具有天然的自由平等性，并重新运用了"公民"这一概念。事实上，在资本主义国家尚未进化成政治国家之前，受中世纪后期的观念及社会发展影响，"公民"与"市民"并不存在明确的区别。公民包括生活于城市或镇上的自由民，也就是那些永远将利益看得高于一切的经商者、普通民众、手工业职员、学者抑或律师等层次的民众。16世纪，政治国家逐步出现，"公民"的概念首次在政治国家的前提下重新定义，具体指的是被法律给予相应的政治以及社会权利的共和国成员，而那些不具有"自由""平等"等公民观，只追求私人利益最大化的人一般不再被称作"公民"。但应当注意的是，即使是在法律上广泛应用"公民"概念的资本主义国家，其公民资格也并非是无条件取得的，有些国家的法律对"公民"从性别、种族、家庭状况、宗教信仰、教育背景、居住年限、财产状况等方面进行了限制。例如，当时社会的主流成员认为："妇女是感性的人类，无法理性思考，所以是不应该拥有权利的。法国曾在1793年的时候制定一部民众法律，'精神问题者、未到18周岁的青少年、妇女抑或犯罪者均不为公民'。"[1]因此，在很长一段时间之内，法国的女性是无法拥有选举权的。[2]可见，即便资本主义国家推翻"臣民"代之以"公民"，公民依然没有能够成为一个普适性概念。

---

[1]　[瑞士]胜雅律："从有限的人权概念到普遍的人权概念——人权的两个阶段"，载沈宗灵、王晨光编：《比较法学的新动向——国际比较法学会议论文集》，北京大学出版社1993年版，第139页。

[2]　[瑞士]胜雅律："从有限的人权概念到普遍的人权概念——人权的两个阶段"，载沈宗灵、王晨光编：《比较法学的新动向——国际比较法学会议论文集》，北京大学出版社1993年版，第139页。

随着现代科技社会的来临，公民从身份到契约进行了改革。[1]此时，出身、家庭、财富、种族、性别不再影响或限制个体的公民身份，国籍成了这个公民的唯一标识。换言之，个体一旦拥有了这个国家的国籍，那么在法律意义上他就是这个国家的法定公民。公民的定义尚未受到道德以及政治方面的影响，他们有相等的义务和权利，这种关系和古代的由出身、家庭、地位决定的所谓的公民的权利以及义务是截然相反的。当时的公民与奴隶、妇女、外邦人之间是没有平等可言的。

在古代社会，中国从来都没有出现过"公民"这一称呼。韦伯曾认为："只有西方才有城市公民的含义和表达。" 20 世纪初，我国文人对西方的一些著作进行了简单的介绍，把"公"与"民"结合起来，组合成新的词汇。如康有为编写的《公民自治篇》中就包含了公民一词。在实际的历史中，我国是在清朝末年的时候才实施仿行宪政的，但是一直到民国时期的宪法才将国家和个人的联系规定明确。换句话来讲，"公民"法律效应的承认并非是一帆风顺的，它经历了一个从模糊到清晰的过程，即经历了"臣民""国民""人民""公民"四个阶段。[2]在1953 年的人民代表大会上，"公民"一词首次出现在了《全国人民代表大会及地方各级人民代表大会选举法》中。这之后，人民代表大会又多次调整宪法，不过均运用了"公民"这个词语。法律指出，公民的资格不是依据个人的教育程度、性别、性格、财产、工作等方面内容来进行评定的，而是依据国籍来进行规定的。也就是公民已经有了不同于历史的新的定义。

---

〔1〕〔英〕梅因：《古代法》，沈景一译，商务印书馆 1959 年版，第 95~97 页。
〔2〕莫纪宏："'公民'概念在中国宪法文本中的发展"，载《人权》2010 年第 4 期。

马克思早就指出，人分为公人和私人。[1]公民是公人的另外一种说法，就是能够参与到社会以及国家大事中的人，即他是一类政治人；私人则是原本的人，是社会成员，不是政治的人，表现为一种自然人。所以，公民和人不是同一个定义，人的范畴中包含着公民。从现实的角度来看，人包含着自然人和公民两种；从历史的角度来看，人包含着臣民和公民的区别。伴随着人类历史的发展历程，人们从起初的臣民意识转向公民意识；从现实观点来看，人类包含着自然人和公民的两种类型。

2. 公民概念的法律解读

公民是在多民族国家中，在一定水平之中，拥有一定的权利和义务的人。[2]此含义指出了公民的以下几种意义：权利和义务；民族国家的成员身份；平等；公民应该承担的义务和享有的权利。在中国这个特殊的文化背景之下，公民包含着一个"制度化了的过程"，[3]是一组政治、经济、司法和文化上的实践。[4]可见，公民的概念可以有多角度的解读，可以是法律角度的解读，也可以是伦理角度的解读，还可以是政治角度的解读。

从公民概念的产生和发展我们可以看出，公民是一个和法律联系得非常密切并且伴随着社会的变化而不断发展的概念，是一个人与某一特定的国家在法律上的关系。[5]从法律角度来看，公民属于宪法学的内容。宪法大量运用了"公民"这个词

---

〔1〕《马克思恩格斯文集》（第1卷），人民出版社2009年版，第32页。

〔2〕 Janoski, *Citizenship and Civil Society*, Cambridge：Cambridge University Press, 1998, p. 11.

〔3〕 Somers, "Citizenship and the Place of the Public Sphere", *American Sociological Review*, 1993（58）：598.

〔4〕 Bryan S. Turner, *Citizenship and Social Theory*, Calif：Sage, 1993, p. 2.

〔5〕［英］戴维·M. 沃克：《牛津法律大辞典》，《牛津法律大辞典》翻译委员会译，光明日报出版社1988年版，第161页。

汇来表明公民在整个国家中的权利以及地位。随着个人的公民身份逐渐被认同，国家和个人的政治关系也逐渐变得清晰、平等、合理。"公民"一词的提出使得国家和个人之间的关系逐渐变得规范、系统和法律化，有助于法律社会的建立。[1]因此，公民的本质属性是法律范畴，它的产生和发展都依赖于法，有了法才有公民。以上法和公民的自然关系，在某种程度上能够决定法和公民联系的现象。为此，我们需要在法中找寻社会现象的成因。

"公民"一词在法律中最早出现于雅典的第一部成文法——《德拉古法》中。在其后世界各国的法典中，公民概念逐渐得到普遍使用。我国法律明确规定，中华人民共和国公民是具有中华人民共和国国籍的人，法律面前人人平等。因此，从法律意义上说，现代社会中的公民是指具有本国国籍，并依据宪法和法律的规定享受权利和承担义务的人。公民概念可以从以下三个方面进行法律解读：

（1）公民概念揭示了公民在法律面前的平等关系。国籍是公民资格获得的唯一条件。在现代社会中，法律面前人人平等，不允许任何特殊公民的存在。一个人不管担任何种职务、从事何种工作，家庭出身和社会地位如何，在法律面前一律平等。"法律一经制定，任何人既不能凭他自己的权威逃避法律的制裁；也不能以地位优越为借口，放任自己或任何下属胡作非为，而要求免受法律的制裁。公民社会中的任何人都是不能免受它的法律的制裁的。"[2]

---

〔1〕 莫纪宏："'公民'概念在中国宪法文本中的发展"，载《人权》2010年第4期。

〔2〕 〔英〕洛克：《政府论》（下篇），叶启芳、瞿菊农译，商务印书馆1964年版，第58页。

（2）公民在享受权利的同时要承担相应的义务。马克思很早就指出，没有无义务的权利，也没有无权利的义务。[1]这一经典表述得到了现代民主法治理念的公认。公民是权利义务的统一体。权利和义务的统一性是由公民基本权利的社会属性所决定的。因为人的权利只有在人与人之间的社会关系中才存在。公民要享受权利，必然要求其他公民负有对该权利的尊重和不侵犯的义务。同时，公民享受权利的范围也要受到法律的约束，该约束的目的是保障其他公民的合法权利和自由。

（3）公民概念的内涵与国家的民主法治建设紧密相关。国家的民主化程度越高、法治越健全，公民实际享有的权利就越充分，越能得到更多的保障。不同社会中公民的权利和义务并不同，在同一社会的不同发展时期，公民的权利和义务也不完全相同。首先，公民的权利和义务是由宪法和法律规定的，具有法定性。宪法和法律随着经济社会的发展变化而不断修改完善，公民的权利义务也必将随之发生变化。其次，公民权利的享有和义务的履行需要宪法和法律的保障。国家的民主法治化程度越高，公民权利义务的法治保障就越坚实。

（二）公民意识的含义

1. 公民意识的内涵

学术界对公民意识的定义各不相同，公民意识一般被认为是根据法律的意义所指出的公民的最基本的义务和权利，是公民对权利和义务的价值的了解，其详细地说明了一个个体在社会中应该承担的社会及政治权利，还有其当家做主的一致观念。[2]魏健馨觉得，公民的观念包含有权利、个体的认识以及承担责任

---

[1]《马克思恩格斯选集》（第2卷），人民出版社1995年版，第610页。

[2] 王东虓："把握公民意识教育的主要内涵"，载《人民日报》2009年6月11日。

的观念等。[1] 梅萍指出，公民在国家的社会和政治生活中的主体意识被称为公民意识。[2] 马长山指出，合法性、合理性以及积极遵守法律规范精神是公民意识的核心；公民意识外在表现为积极守法精神，其主要部分是主权意识。[3] 叶飞明确指出，公民意识包括三要素，"一是公民的主体与权利意识，二是公民的法律与责任意识，三是公民的公共与私人道德意识。这三方面构成公民意识的中心内容"。所谓公民意识被认为是公民个体对于自己的国家主人的地位、承担义务、享有权利的自觉意识。[4]

秦树理、王东虓、陈垠亭主编的《公民意识读本》将公民意识的内容概括为以下内容：纳税、交通、生态、公平；国家、民族、国际；民主、权利、责任、法律；人人参与、道德、文明；公共、政治、平等、自由意识。[5] 李龙主编的《公民意识概论》一书用几章的篇幅分别讨论了自由意识、人人平等意识、民主意识、法律治国意识、权利义务意识、公共道德意识、宗教观和爱情婚姻家庭意识。[6]

可见，公民意识是一个复杂的结构系统，具有多层次性、多维度性、发展性和动力性等特征。公民意识是伴随着人类对公民定义的众多认知演变而成的社会意识。作为社会意识的主要部分，公民意识的内容比较宽泛，涉及社会、经济、文化、

〔1〕 魏健馨："论公民、公民意识与法治国家"，载《政治与法律》2004 年第 1 期。

〔2〕 梅萍："论公民的主体意识与现代公民教育机制"，载《中南民族大学学报（人文社会科学版）》2005 年第 4 期。

〔3〕 马长山："公民意识：中国法治进程的内驱力"，载《法学研究》1996 年第 6 期。

〔4〕 叶飞："公民意识的内涵及其养成"，载《政工研究动态》2007 年第 21 期。

〔5〕 秦树理、王东虓、陈垠亭主编：《公民意识读本》，郑州大学出版社 2008 年版，第 4~10 页。

〔6〕 李龙主编：《公民意识概论》，武汉大学出版社 1991 年版，第 1~262 页。

宗教等多个范围，公民意识基于国家主体和所处的时期不同，表现形式和内容也各不相同。在美国，一个有着公民意识的个体，从传统角度来看应该是一个爱国、忠诚及一切以国家利益为前提的好公民；还是一个国家的评判者，一个有能力并且愿意参与其改进的人。[1]我国自改革开放以来，一直在努力实现这样一种公民意识，它的内涵包括主体意识、平等意识、民主意识。主体意识是公民对自身权利义务的认识和维护；民主意识是社会成员为了追求实质性的社会生活中的当家做主而在内心形成的观点；平等意识是在日常生活中公民要求官员与百姓，人和人之间关系的平等的思想。本书认为，公民意识是指个人意识和社会意识的结合，既包括公民对自身权利义务的认识和维护，也包括对社会公共事务的维护，具有社会责任感。

公民意识作为社会意识的一种存在形式，是民主法治社会的产物，建设法治国家，实现依法治国必然要对公民意识提出要求。公民意识的养成可以通过政治、法律等教育途径来实现。结合本书的研究目的、研究对象，本书更侧重于公民意识概念中涉及的法律内容，公平正义、民主法治、自由平等是公民意识的重要定义，以此引申出在建设以民主与法治为核心的现代文明社会，需要关注法律教育在提高公民意识中的重要地位。

2. 公民意识在建构法治社会过程中的作用

不同于实行专制的社会或者国家，法治社会相对而言更加注重对国家权力的监督和有效控制。在法治社会中，整个社会是由民主程序以及由此建立的法律所管理和支配的，具有权威性和支配性的法律体系在社会中居于最高的位置。公民意识是推动法治社会建构的主要动力，法律制度的建立与制定在其中

---

〔1〕　Shirley H. Engle & Anna S. Ochoa, *Education for Democratic Citizenship*, Columbia: Columbia University, Teachers College Press, 1988. p. 3.

扮演了重要的角色，但更重要的地方在于，在法治社会中，公民所具有的民主意识与对法律的崇尚才是基石。公民意识是能够保证法律持续运转的基础因素，而法治意识则是催生公民意识的原因。在法治社会的建构过程中，公民意识至关重要，我们需要利用公民意识在社会成员中的传播来为公民建立正确的法律信仰，使得对法律规范和法律制度的追求是公民内生性的心理基础和对法律价值的追求和信仰，以此保证中国的法治建设过程发展顺利。

（1）立法民主需要通过公民意识的建构与发展来保证。法治的实现要建立在"良法"的基础上，能够依据法律行事是法治社会的重要前提。在法律的制定过程中，立法是首要环节，因此我们必须首先保证在立法环节的规范与立法制度的有效实施。法律是由公民所制定的，他们必须具备足够成熟的公民意识才能够在法律制定的过程中有效地参与立法，才能保证立法过程不仅仅只是个形式而是可以真实、有效地反映出公民的意愿与诉求。公民只有参与到了立法的过程中，才能更好地理解法律并遵循法律。在社会运转的过程中，立法权的保证最为重要，公民只有平等、有效地参与到法律的制定中，才有可能保证他们得到公正的对待。

（2）民主和司法正义的实现需要公民意识的发展。法律的实施要依靠司法手段来实现，司法是解决法律问题最后的过程，因此，对于法治社会的建立来说，公正而客观的司法制度显得非常必要。司法权需要掌握在具备相应权利的组织和人员中，对这部分掌握有司法权的人来说，他们的公民意识是否成熟将会对公正司法的实现产生最直接的影响。司法组织及其人员是在法律制度下由相应组织赋予其司法权的，成熟的公民意识能够保证他们公正地践行司法权。司法人员首先也必须意识到在法律制度面前他们只是普通公民，只是具备了一定的司法执行的权力，法治社会追求的是平等公正的公民权利。因此，司法人员的个人素质必然会影响到司法的公正。如果他们心中存有特权思想或者有以权谋私的做法，则必然会影响到司法的公正性。除了享受法律所赋予他们的权力，他们还必须履行相应的法律责任。在司法活动中，具备成熟公民意识的公众实际参与到司法过程中，能够促进司法获得公正性和民主性，以此在一定程度上避免司法流于形式。在诉讼的过程中，允许陪审团的参与，或者在参审制度下让一部分普通民众参与到司法审判与司法执行的过程中，能够体现出司法民主与司法公正。参审制度的运作规范是需要建立在法治社会内公民具有一定的社会责任感的基础上的。如果在社会中，普通公民将司法领域中的公平和正义看作是与自己毫不相关的东西，或者公民只注重自己的利益和权利而缺乏基本的社会责任感，不能为他人的利益和权利贡献自己的力量，那么司法的公正与民主势必会逐渐枯萎。因此，司法民主的实现，不仅需要公民意识和公民责任感的培养以及对其进行强化，也需要公民积极地参与到司法实施的过程中。如果我们在司法领域内建立了相应的公众参与制度，但是公民却缺乏相应的责任感与公民意识，这就无法保证司法权力的实施和自由权力的保证，社会就无法通过司法制度来对司法本身进行合理的制约。相反，社会还有可能成为阻碍司法实现的力量。所以，培养和强化公民意识和公民行为非常有利于司法公正和司法民主的实现。这也是我们如此重视培养公民意识与公民责任的原因之一。

（3）法律的严格执行需要公民意识的合理发展。根据立法机关所制定的法律以及赋予了司法权的组织利用相应的法律来处理相应案件的过程被称为法律的执行，也就是通常所说的执法。在法律实施过程中，最为核心的内容就是对法律的执行。对所有国家来说，法律的实现都是通过执法的过程来保证的。因此，法律的严格执行就是我们保证法律正义的主要方式。在对法律的执行过程中，我国的司法组织做了很多努力和尝试，也确实取得了一定的成效，但在某些过程中还存在法律正义难以实现的问题，权力和金钱对执法权的实现起到了很大的阻碍作用。对当今社会来说，法律的执行也会受到金钱和权力的侵害，如果想要消除金钱和权力对执法权的侵蚀，我们需要明白的是法律的实现是更加重大的，法律的权威也是不容置疑的。事实上，是我们的法律赋予了相应的组织权力。相对于权力，法律才是具有绝对的权威并处于不容置疑的地位的，而良好公民意识的培养有助于社会公众认识到法律的绝对威严。所以，对于执法人员来说，他们若想在执法过程中不被金钱所诱惑、不被权力所威胁，只有具备良好而成熟的公民意识。便必须要执法组织和人员意识到公民权利以及法律正义的实现是最重大的事情，他们才可以合法而不被干扰地运用执法的权力，才能在社会中起到带头作用。

（4）法律的监督需要公民意识的培养和发展。法治社会赖以形成的重要保证就是对法律的监督。对法律的监督有很多方面。比如，所立法律是否符合我国宪法的要求，立法机关在执行法律的过程是否有足够的法律依据，立法过程是否保证了足够的程序正当性等。法律的监督就是考察我们在立法、司法以及执法过程中，是否都符合法律的规范与要求，是否都正当而又客观。对于现代法治社会的构建来说，其根本就是要运用宪法这一根本大法来限制和指导其他法律的制定和规范政府的行为，就是要运用宪法和法律来保证每个公民都能行使自己的正当权利，而这并不是普通的法律所能实现的。在良好的公民意识下，公众可以认识到对于整个社会和国家权力来说，所有的行为和法律都必须受到宪法的制约，社会中的每一个公民都是整个国家的主人，这是宪法赋予每个公民的权力。因此，社会公民对政府行为和法律的监督是非常必要的。只有在良好而又成熟的公民意识下，公民才能够主动地去寻求和运用法律监督权力，这样才能保证国家权力能够合乎法律规范。

（5）要着重培养国民的法律观念，进而提升守法意识。当代法治社会的一个重要特征就是只有法律才具有绝对权威，这也是实现法治的重要因素。在整个社会中，法律的绝对权威保证法治社会的构建与形成。相对来说，其他的某些社会性规则并不能去挑战法律的权威，不管是立法、司法还是执法组织，抑或是其他政府组织，都不能尝试去否认法律所具有的权威，都必须在法律的规范内行事。法治社会的构建需要我们在制定了完善的法治制度的基础上，通过对公民意识的培养来让所有公民都对法律所具有的权威性产生足够的信仰。对任何人来说，法律都具有足够的效力来促使他们服从法律的要求并能够守护法律的权威。法律的权威并非是法治社会所独有的，但只有在法治社会里才能真正体现出法律的崇高性。要实现依法治国，就必须赋予法律无上权威，不管是在政治、经济、文化还是在社会生活的方方面面，都必须满足这一基本条件。中国的法治之路坎坷不平，其中最大的绊脚石就是法威难立。这一现象有其历史因素。中华民族传承了五千多年，自古以来，绝大部分时期都处于封建统治阶段，在新中国成立以前，旧中国的统治传统一直未变。邓小平曾道："旧中国遗留了很多的封建专制思想，而能够继承的民主法制思想却很少。"[1]中国封建王朝的一

---

〔1〕《邓小平文选》（第2卷），人民出版社1994年版，第332页。

个鲜明特点就是漠视法律，对法治不够重视。除此之外，社会因素也不容忽视。对此，邓小平认为："我国的民主必须实现制度化和法律化，且这些法制法规不会随国家领导人的改变，或其态度与观念的改变而发生变化。"[1]要真正建立起法律的无上权威，公民的法治意识极其重要，其法治意识的培养与建立是根本前提。只有公民认识到了自身在国家、社会及法律中的地位，并高度认同之，方可对祖国的法律产生认可和信赖，从而形成法律之上的观念及信仰。

正确的公民意识不仅是建立法律最高权威的必要基础，同时还能推动民主政治以及市场经济的形成与发展。不管是民主政治还是市场经济，二者均为法治建设不可或缺的重要元素。①正确的公民意识可以加速民主政治的进程。一个人若拥有正确的公民意识，其便会认可并推崇"主权在民"的观念，从而投入到国家事务之中，积极发表个人的想法，为建设更好的法治国家而出谋划策。②正确的公民意识可以推动市场经济的稳步发展。一个公民若具备优秀的契约意识，将自觉遵守市场规则，积极维护市场经济的运行秩序。因此，这类公民是支持社会主义市场经济逐步走向成熟，走向完备的中流砥柱。综上所述，正确的公民意识能够推动民主政治以及市场经济这两大要素的形成与发展，从而推动法治建设。

（三）公民意识养成的含义

1. 公民意识养成的概念

公民意识养成，简单地说，就是培养社会成员的公民意识，就是培养满足社会主义民主政治以及法治社会进程要求的公民意识并使之成为合格公民的实践过程。从本质上讲，其是个体

---

[1] 中共中央文献研究室编：《十六大以来重要文献选编》（上），中央文献出版社 2005 年版，第 232 页。

对公民角色的心理认同和理性自觉，是公民参与社会生活以及实现自身所具备的权利的成长过程。它具体包括了四大方面：①公民对"主人翁"身份以及其所代表的丰富内涵的知道与认可；②公民了解以及掌握自己国家有关的法规及政治的程度；③公民对公民和国家以及公民和公民之间真正关系的把握；④公民对自身所享有的权利、必须履行的义务以及实现相关权利与义务的途径的了解与掌握。

公民意识养成的目的可被分为直接目的和根本目的。前者是为社会成员培养出良好的、正确的公民意识，并尽可能地发展与丰富之；后者则旨在培养合格公民，以不断地满足国家及社会的需求。什么样的公民可以被称为合格公民？合格公民必须具备五个意识和一个能力：五个意识分别是自主意识、权利意识、义务意识、程序意识以及法治意识，一个能力是指与时代共同进步的能力。

公民意识养成有广义和狭义之分。本书的主要研究对象是大学生，即所分析的公民意识养成主体特指大学生。显然，这属于狭义的公民意识养成。养成对象特指在校大学生；实施单位通常是各大高校或相关教育部门；主要养成平台是课堂，此外还可以通过其他途径来培养，如各大高校主持的民主实践以及社区活动等；教育内容和教育方式方法要根据大学生的身心发育特点进行针对性的设计。公民意识养成的途径可以是思想政治教育、道德教育和法律教育。

从大学生法律教育的角度而言，公民意识养成是教育大学生获得对自身的身份和政治角色及相应的权利、义务和责任的认知和社会价值认同，主要体现在对主体意识、权利意识、义务与责任意识、程序意识的养成。我们在对大学生进行法律教育时，需要设法将大学生的价值观和社会成员的追求理念匹配起来，通过对法律价值的宣导，让法律教育尽可能地被更多的人所认可，从而让依法行事自然而然地发展成为市场经济环境中公民理性活动的代表。要实现该目标，就必须在各大高校建立起符合时代和社会发展需求的、相对完善的法律教育体系，充当大学生公民意识养成的坚实后盾，让社会广泛认可公民意识所体现的核心价值观，最终让公民意识转化为社会成员引导和约束自身行为的标杆。

2. 公民意识养成与公民社会

公民社会的定义有两类：一类是从国家和社会这两个方面来确定的，它把公民社会解释成一方面与国家互不相干，另一方面又受国家法律保护的那些社会生活范畴和一系列与其具备相关性的价值观与原则；第二类是以"国家-经济-社会"三分法为基础来定义的，它把公民社会定义为一个夹在国家、家庭以及个人彼此中间的社会互动领域和与其具备相关性的价值观与原则。[1]公民意识养成与公民社会都含有"公民"二字，因而它们之间具有一定的联系。首先，公民意识养成是公民社会得以生成的一条重要的路径，公民个体会因多种目的而联合成公民社会组织，其成员公民意识水平越高，公民社会组织活动就越具有意义，进而公民社会也就越完善。而提高社会成员的公民意识水平的主要途径就是公民意识养成。其次，公民社会也是公民意识养成环境要素中的一个重要的要素，个体可以通过参与公民社会组织的活动来提升其公民意识。

此外，二者也具有明显的区别。从属性来看，公民意识养成主要属于教育学领域，是旨在培养公民参与民主社会生活所必需的良好公民意识的教育实践活动；公民社会属于政治学领

---

[1] 何增科："公民社会与第三部门研究引论"，载《马克思主义与现实》2000年第1期。

域，是指一个特定的生活领域。从范围来看，公民意识养成是受国家和政府指导和调控的，属于国家领域和公共权威领域，而且它的目标是要让教育对象通过学习获得满足各领域（包括私人领域、国家领域和公民社会领域）生活要求的一些基本素质。公民社会所意旨的特定生活领域是有范围限定的，一般包括私人领域（二分法论者认为指经济活动领域，三分法论者认为指个人的家庭生活和私人生活领域）、志愿性团体、公共领域（指介于私人领域和公共权威之间的领域）、社会运动。[1]从价值要求来看，公民意识养成旨在通过教育活动，培养公民崇尚法治，维护权利，履行义务，积极参与社会生活以及相互尊重与宽容的理念，但是并不希望公民坚持个人主义价值取向，而倡导一种追求个人利益并兼顾国家、集体利益的价值取向。除此之外，公民意识养成还旨在培养公民具有对国家的归属感和民族文化的认同感以及笃信民主、勤俭、友善等公民素质，而公民社会的基本价值包括个人主义、多元主义、公开性和开放性、参与性、法治原则等。[2]可见，二者在属性、范围、价值要求等方面存在明显的区别。

3. 公民意识养成与思想政治教育

"思想政治教育是以人类思想道德的发展规律为依据，某些特定阶级、党派以及社会群体通过道德范例、价值观念以及政治立场等的传授来有计划、有目的地培养和熏陶社会成员，使之行为满足该特定阶级社会制定的思想道德标准。"[3]就我国而言，思想政治教育起到了诸多作用，通过它，党和人民群众的

---

[1]　何增科："公民社会与第三部门研究引论"，载《马克思主义与现实》2000年第1期。

[2]　何增科："公民社会与第三部门研究引论"，载《马克思主义与现实》2000年第1期。

[3]　张耀灿等：《现代思想政治教育学》，人民出版社2006年版，第50页。

思政觉悟得到了升华，使社会主义革命取得的胜利果实得到了很好的保存，社会秩序的稳定以及经济与民生的发展都得到了有效促进。

思想政治教育不管是在性质上还是在内容上，都和大学生公民意识养成高度吻合，二者存在着内在的、必然的关联。它们都是对大学生进行个体政治社会化的教育方式。公民意识养成"合格"公民的目标与思想政治教育培养"四有"公民的教育目标的实质十分相似。"自由平等、公平正义以及民主法治"这三个四字箴言高度概括了大学生公民意识养成所要体现的核心价值观和内在含义。它所培养出来的政治主体，拥有色彩鲜明的独立人格，不仅是推动民主政治的主体，还是促进市场经济发展的主体。该主体继承了中华民族数千年文明积累下来的传统精华，具有明显的中国特色，同时也与现在高举的发展和谐社会旗帜遥相呼应。而思想政治教育对上述箴言没有丝毫互斥性，其从始至终一直大力倡导的价值观和价值追求亦等同于上述政治主体。除此之外，思想政治教育与大学生公民意识养成在教育普及、教育分层以及实践教育等多个方面同样有诸多共同点。多年来，前者在研究方面硕果累累，在实践方面也积累了大量经验，公民意识养成可以加以借鉴，并在此基础上进行试点；后者则重点抓素质教育，由于大学生们能够很好地接受它，从而使该种教育更具有针对性，因此又加深了其实际影响。

上述二者也存在许多差异性，比如在选择教育目标、内容以及手段时，就各有侧重。①教育目标选取上的差异。公民意识养成的主要教育目标是为国家民主政治以及市场经济的形成与发展培养既符合当时的社会需求，又符合大学生成长规律的合格公民。具体来说，就是让大学生在步入社会后，可以关心民生，融入集体，自觉参与到公共政策中来，体现出一个公民的自主、自治、自强能力，体现出一个公民的核心价值，因此其侧重点是兼顾教育的普遍性与先进性。而思想政治教育的主要目标是培养"四有"公民，其侧重点是培养个体的全面性与先进性。②教育内容选取上的差异。前者是基础性教育，其主要内容是"自由平等、公平正义以及民主法治"，教育的根本落脚点是培养大学生的公民权利以及公民义务两大意识，通过公德心、世界观、社会责任等各方面的传授，使其对自己的祖国和自己的民族有更加深刻的认识，从而产生强烈的认同感和使命感。相较于后者，它更侧重于对权利意识的教育。若这个国家的公民不具备足够优秀的公民意识，那么也就遑论民主法治。而思想政治教育更偏向于政治教育，核心内容是马列主义及其中国化，中国共产党的基本方针、政策以及路线，社会主义思想及其终极目标——共产主义，集体主义等，教育重点是让学生意识到其作为集体的一分子，身上所肩负的责任与义务。③教育手段选取上的差异。作为提高党和人民思政觉悟的重要手段，思想政治教育十分看重其所授内容的意义、价值以及可能产生的深远影响。其通常采用知识灌输的形式。然而，这种教育手段忽略了学生才是主体，也忽略了学生作为一个独立个体其本身的内在需求，从而导致学生的主观学习意识过于薄弱，总是处于被动状态，被强行灌输各种已有的政治思想和观点，学习时思维严重缺乏创新性以及批判性。同时，灌输式教育显得过分单一、乏味，更不易激起求知欲。近年来，我国一直在尝试改革和创新，思想政治学科体系一直在进步，愈加完善，其手段也不再局限于单调的灌输式教育，更加趋于多元化、生活化。在这一方面，公民意识养成所采用的教育手段则体现出了明显的实践性，它将课堂作为主要的理论教学平台，同时由学校举办一些实践活动或者直接让学生接触一些社会生活，从而开展实践教学，具有明显的实践性。它明确人是主体，所以教育行为都围绕着"以人为本"这一中心理念，从人的目的性出发，挖掘学生的学习动机，从而提高其自主学习与自我思考能力。

4. 公民意识养成与道德教育

公民意识养成与道德教育是密切相关的，道德教育是公民意识养成的补充和制衡力量。从教育内容方面来看，公民意识和道德教育都注重对个体的提升，培养公民的集体主义精神，强调社会正义感与社会责任感，注重"善"对公民的影响力，从而提高公民自身的道德能力与道德意识。通过提高公民的道德意识与精神追求，培养符合社会主义现代化建设的合格公民是现代道德教育的目的所在。因此，无论是从内容方面来讲，还是从目的方面来讲，公民意识养成与道德教育都是高度一致的。

值得注意的是，这两个方面并不是完全相同的。从教育目标方面来看，公民意识养成强调的是使公民适应现代化民主法治社会，而目前我国现代学校强调的是培养符合现代化建设的"四有"新人，相比之下，道德教育的目标更高。在教育内容方面，公民意识养成不但要注重道德教育中的公民道德意识培养，还要关注公民对其权利与义务相统一的理解及对社会民主法治的认识。另外，目前我国的德育工作仍旧停留在以学生对道德理论知识的了解程度为标准的评价层面上，忽略了学生的道德认知与道德意识；而公民意识养成更多的是强调培养学生的道德意识与道德能力，把理论应用到社会生活中。

如前面提到的，公民意识养成的途径可以是思想政治教育、道德教育和法律教育，但在新的历史时期，相对于思想政治教育和道德教育的途径，法律教育与公民意识养成在教育内容和教育的价值取向上有着高度的契合性和一致性。在下一章中，笔者将对大学生法律教育与公民意识养成的关系作进一步阐述。

第二章
大学生法律教育与公民意识养成的关系

大学生具备公民意识是社会主义法治建设的要求。大学生法律教育与公民意识养成存在着紧密的联系，大学生的主体意识、权利义务意识、社会公德意识、民主法治意识等都是大学生法律教育的内容。以公民意识养成为目标使大学生法律教育的内容更加贴近生活，更利于大学生在实践中潜移默化地接受。正确理解大学生法律教育与公民意识养成的关系将有助于促进以公民意识养成为目标的大学生法律教育的发展。

一、大学生法律教育与公民意识养成关系的理论基础

大学生法律教育与公民意识养成紧密相连，我们首先从哲学理论基础、法理理论基础和政治理论基础来认知二者的关系。

（一）哲学基础：法对公民意识的决定性影响

法权关系意义上的法和作为社会意识产物的法都被马克思主义视作是一种社会存在，依据马克思主义哲学的基本观点，社会存在决定社会意识，所以法对公民意识有决定性的影响。

1. 法是社会存在

从古至今，人们的生活一直离不开法律，但是法的定义却一直是一个不断完善的过程，当今的研究学者也致力于对这一问题的解答。对于这个问题，马克思提出了他的见解，他认为这个问题的本质是研究社会关系，搞清楚当时的社会关系就能够很好地认识和定义当时的法。在马克思的理论体系中，法是

在社会的一系列活动中产生的，它的本质是社会关系，其包含社会的各种活动之间的关系，比如说物品交换以及由此带来的相关的经济关系等。[1]所以，在马克思理论体系中，法是这些关系最直接的体现，它是整个社会自然发展形成的客观现象。对于这个问题的研究直到今天都没有中断。当今的研究学者从马克思理论体系中进一步深化研究，但也有学者并不同意马克思的观点。他们认为法不是一个自然存在的现象，而是整个社会体系的上层，它是最直接的经济体现。但是，他们的理论有以下几点不足：一是没有明晰法和法律的区别；二是把马克思哲学中提到的"精神与物体的研究"和"上层建筑与经济的研究"相混淆，这必然会导致错误，因为社会活动中很大一部分并不能被归到精神的范畴。就正确的理论体现而言，[2]从客观上讲，法具有存在性，法律其实也是在社会意识下逐渐形成的，有关机关制定出法律，将法律应用于人民的社会生活，它就成了社会的构成成分。需要提出的是，意识所指的内容与其产物是两回事，意识存在于社会，其表现是法制观点、立法概念、法律学科及其他，对应的法律存在中产生的具体的规章制度、法律组织机构等是在社会意识下产生的社会的一部分。所以，单纯地认为意识产物属于经济表象，代表立法机构的立场，把它归为社会意识的范畴是不正确的。恩格斯在关于法律的文章中有提到过，在社会的早期发展阶段，存在一个关于生产和分配的需求，就是连续循环的生产、分配以及互换商品，人们遵从一个默认的关于商品生产和交换的规则。随着时间的推移，该规则最后演变成了所谓的法律。要想保证法律的有效实施，就要建立相关的机构组织来行使职责，也就是需要建立国家。

---

〔1〕《马克思恩格斯全集》（第44卷），人民出版社2001年版，第103页。
〔2〕郭道晖：《法理学精义》，湖南人民出版社2005年版，第56~57页。

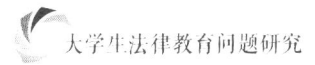

随着社会的不断发展，到了中期，法律就渐渐扩大了立法范围。最后，立法就变成了一个程序复杂、涉及面广的系统，因而需要对社会进行分工。在这种需求下，法学出现了，在该领域也随之出现了职业性阶级。[1]

综上所述，以马克思主义理论为基础，客观上来说，法权关系所指的法属于社会存在的一种，对于法律来说，它是社会意识的产物，所以从根本意义上来讲也是社会存在的一种。本书所提到的法包括客观和意识两方面，首先是社会存在的法，也叫作"应然法"（law as it ought to be），另外一种法律属于意识产物，也叫作"实然法"（law as it is）。这两种法律虽然从属于不同的领域，但是归根结底都是社会存在，所以，在人民的意识中它们就会得到不同的反映。在马克思主义理论中，对物质存在的反映，从根本上来讲其实就是意识的本身，社会存在是意识的决定性因素，所以社会意识其实是社会存在的衍生物。

2. 法对公民意识的决定性影响

公民意识是从属于社会意识的，所以社会意识对于其有决定性影响，同时，其在某种程度上是离不开社会意识的。公民意识是对整个社会的直观反映，因而其内容存在客观上的"源头"。在我国，该领域的研究者们以马克思主义理论为基础，在早期就指出：在社会主义社会，公民意识从属于社会意识，因为社会意识通过公民的头脑反映后会成为公民意识。首先，公民意识是公民自身在社会活动中建立起来的有关自己和周围人，在社会中所处的地位、所担当的责任和拥有的权利的认识。其次，公民意识是每个公民被社会中的法律、民主权利、道德文

---

〔1〕《马克思恩格斯选集》（第3卷），人民出版社1995年版，第211页。

化影响后的实际体验，同时，它也是每个公民采用什么方法和态度来解决个人、团体和国家的关系的反映。[1]

公民意识是从属于社会意识的，这点也说明了法与公民意识之间的联系符合马克思主义理论所说的社会存在是社会意识的决定性因素这一观点。首先，公民意识从根本上指的是应然法，或者是公民意识对法权关系的认识；其次，公民意识从根本上指的是实然法对公民意识产生的影响。简单地说，人民在社会中的实践经验决定了公民意识，在主观上反映了在社会上客观存在的事实。由此可以得出结论：在社会中，只有把人民当作公民对待，实施民主法制、人人平等、人权自由才能让人民产生公民意识。[2]

由此可见，法决定公民意识这种观点是可信的，正如同社会存在与社会意识的关系。可见，大学生法律教育对公民意识养成具有决定性影响。

（二）法理基础：公民意识中的法律要素

公民意识属于社会意识的一种形态，是对社会存在的反映，是指公民对自身在国家中的地位和享有的权利、承担的义务的现实感受和应有认识。"在内容上，公民意识既包括法律意识，也包括伦理道德意识。"[3]公民意识中的法律要素主要体现在如下方面：

1. 主体意识

日本著名法学家川岛武宜在《现代化与法》中指出："近代

---

〔1〕　王军："简论社会主义公民意识与宪法意识"，载《东岳论丛》1987年第3期。

〔2〕　雍自元、黄鲁滨："论公民意识的内涵和特质"，载《法学杂志》2010年第5期。

〔3〕　朱家明："公民意识的道德培育和法律塑造"，载《江西社会科学》1999年第8期。

法意识最根本的基础性因素是主体性的意识。"〔1〕公民主体意识主要指广大公民以主体者的身份对国家建设的积极参与，对国家前途与命运具有高度责任感与政治热情，还包括各类国家机关及工作人员对公民主体地位在思想观念上的肯定与尊重。〔2〕

公民主体意识的思想渊源与理论基础是人民主权原则。对于公民主体意识，其本质就是指正确判断公民与国家的关系。〔3〕

针对国家和公民存在什么关系，近代西方启蒙思想家早就有了较为充分的论述。卢梭在《社会契约论》中的一个重要观点是人民主权论，即主权在民，政府是人民自由意志的产物，所以人民有权废除一个违反自己意愿、剥夺了自己自由的政府。人民根据自己的目的拟定相关的规章，这就是国家权力的仅有的法律上的依据。可见，国家权力符合法律的依据只来自于民众的公意。孟德斯鸠还指出，民主政治还有一条基本规律，那就是只有人民可以制定法律。〔4〕

当国家权力被合法取得后，人民主权原则还要求必须在正确的流程下实施国家的权力，国家权力的实施要接受民众的监督。民众对国家权力的实施进行监督能体现公民的主体地位，增强公民的主体意识。"只要有人谈到国家大事时说：这和我有什么相干？我们可以料定国家就算完了。"〔5〕

历史经验和现实足以证明，不受控制的国家权力是公民个

〔1〕〔日〕川岛武宜：《现代化与法》，王志安等译，中国政法大学出版社1994年版，第53页。

〔2〕王三秀："公民主体意识与建设现代法治国家"，载《广西民族学院学报（哲学社会科学版）》2002年第1期。

〔3〕魏健馨："论公民、公民意识与法治国家"，载《政治与法律》2004年第1期。

〔4〕〔法〕孟德斯鸠：《论法的精神》（上册），张雁深译，商务印书馆1959年版，第14页。

〔5〕〔法〕卢梭：《社会契约论》，何兆武译，商务印书馆2003年版，第120页。

人权利和自由的最大威胁。因此，人民主权原则要求切实增强公民的主体意识，通过对国家权力的有效监督，使国家权力在正当程序下运行，维护公民的主体地位。

在社会主义法治国家的建设中，党和国家始终把提高公民的主体意识放在重要位置。依据法律治理国家，就是在共产党的带领下，民众依据国家相关法律的规章制度，采用不同的途径和方法，对国家的事务、国家经济、道德文化事业、相关社会事务等进行管理，保证国家的所有工作都能在法律的约束下顺利进行。在我国这个社会主义国家，人民群众是国家的主人，公有制是经济主体，国家的一切权力属于人民。然而，在实践中，有一部分公民对我国的法治建设并未表现出应有的热情和关心，未能积极地学习和运用法律知识，主动行使公民权利，自觉履行公民义务，仅以被动者的身份消极守法。这既有体制和传统观念上的原因，也有我国法治教育层面的问题。针对前者，需要进行政治体制改革和加强法治宣传；针对后者，需要加强公民的法治教育，切实增强公民的主体意识。

2. 权利意识

公民权利是维护自身生存和发展的必要条件，也是追求自由平等的应有之义。强调对公民权利的保护，是民主法治国家承认人的价值至高无上，以及对人的终极关怀的具体体现。公民的权利意识是指公民对权利的来源，应享有的权利种类、界限及如何行使权利的认识。

公民权利意识的思想渊源是天赋人权理论。自然法学派认为，当国家这个形式还没有出现前，人们的生活很自由，人人平等而自由，几乎没有防备，人自从出生之后就享有和其他人一样的自由平等的权利，任何人都不能去剥夺他人的健康，伤害他们的生命，夺取他人的财产等。后来，当自然状态中的障碍威胁到人类的生存时，人们不得不结合成共同体，以维护和保障自身的生存和发展，而这些共同体后来便演变成了国家。政府作为国家权力的代表，维护和保障公民的基本权利是其本职。因此，从来源上讲，并不是国家权力产生公民权利。公民权利是人生存和发展的必备要件。

关于公民权利的种类和界限问题。公民权利包括宪法规定的公民基本权利和其他法律法规规定的公民其他权利。民主法治国家的宪法是公民权利的保障书，规定了公民应享有的最基本的权利和自由。公民的其他权利是对基本权利的细化和补充。关于权利的界限，学界一致公认，权利不是绝对的，而是相对的。任何权利都是有界限的。权利限制的直接效果是保障他人权利和整体秩序的有效运行，其最终受益者仍然是公民自身。因此，权利限制的目的是使权利得到更好的维护和保障。

关于公民如何行使权利的问题。根据天赋人权原则，人生而自由平等，公民权利并不是国家赋予的。但我们得清醒地认识到，这仅仅说明了公民权利的来源。德国著名法学家耶林指出："世界上的一切法权都是经由斗争而获得的。"[1]"没有权利，人类将沦落至动物的层面。为权利而斗争是一种权利人对自己的义务。"[2]我国作为社会主义国家也不能例外。在公民的权利意识中，公民应该清醒地认识到权利是经过斗争而获得的。公民为了自身的生存和发展，积极对有关方面主张权利，不仅是正当的，而且有利于民主法治建设和全人类的发展进步。正是因为权利的获得需要经过艰辛的斗争，公民在其意识中才会

---

〔1〕〔德〕鲁道夫·冯·耶林：《为权利而斗争》，郑永流译，法律出版社2012年版，第2页。

〔2〕〔德〕鲁道夫·冯·耶林：《为权利而斗争》，郑永流译，法律出版社2012年版，第12~13页。

觉得权利来之不易，对自身的权利也会更加珍惜，这有助于实现公民权利和国家权力的良性运作。

3. 义务与责任意识

没有无义务的权利。因此，要保障权利的享有，就必须保证义务的履行。权利意味着为或不为某种行为的可能性，而义务则意味着为或不为某种行为的必要性。法律上的义务以国家强制力为后盾，逃避法定义务将面临法律的制裁，要承担相应的法律责任。公民对于自己在法律意义上必须履行的和非必须履行的义务、履行这些义务的原因，以及若不履行这些义务，在法律规定上将要承担什么责任等的认识就是公民对义务及责任的意识。

公民义务包含了很多内容，其中最具代表性的是法律义务和道德义务。首先，法律义务是普遍性的，是在国家强制要求下需要履行的。按照义务服务的对象来分，义务包括公民自己对自己的义务、公民对其他人的义务、公民对整个社会的义务、公民对国家的义务等。在法律上，规定对于公民自身的安全和财产安全具有最直接、最大的义务的就是公民本身。与此同时，公民对其他人、社会和国家也有一定程度上的义务。比如，在不侵犯他人权利和财产的前提下，按照合同履行自己应有的义务，对国家有定期纳税的义务等。

公民要生活，要实现自身发展，要保证人格不被践踏，前提就是要保证享有应有的权利。可是，履行义务的原因何在？第一，公民要对自身和财产安全履行主要的义务，这是从人性和理性的角度出发的必然结果。一个人要想继续生存下去，并且发展自己，首先就要保证自己的安全，保护好自身的财产，为此要为自己的利益着想，尽自己最大的努力维护自己的权利。如果一个人连自身的安全和财产安全都保证不了，那怎么能期望他还有能力去履行对其他人、对社会，甚至对国家的义务和责任呢？其次，公民对其他人和国家也有义务，履行这些义务才能保证自身的权益不受侵犯。权利与义务具有绝对和相对的关系，但是不管是在什么关系条件下，两者都是对等的。只有义务被人民履行后权利才能实现。所以，人民只有在履行了自身的义务以后才能真正享有权利。

法律规定，不承担应有义务的人将承担相应的责任，因此，责任保证义务的履行。如果一个公民不履行其应有的义务，那么他将受到法律的制裁，情节较轻的承担民事或者行政责任，情节严重的承担刑事责任。所以，公民在对违反其应当履行的义务会承担什么后果有所了解的情况下，会在很大程度上杜绝自身不履行相应义务现象的发生。

4. 程序意识

处理事情的方法和流程被统称为"程序"。法律上所指的程序是诉讼程序，以及其他相关的法律活动的方法和流程。普遍来讲，公民对法律活动的方法和流程的了解认识以及由此而来的观念就是法律上所说的程序意识。

现阶段，我国处在社会主义法治国家建立的初期，也是最重要的时期，不断提高我国公民对法律的程序意识具有深远的意义。保证公民的人身自由、维护公民的权利、保障整个社会的平等、维护社会的正义是法治社会的根本宗旨和目的。具体的正义表现在最终的结果上，程序的正义更多地体现在其施行的过程中。

我国公民在传统教育和功利思想的影响下，很多时候只注重事件的结果，而忽视事件发展的过程。值得一提的是，程序的开始和实施是有成本代价的，致使程序的重要性往往容易被忽视。程序可以帮助保证最终结果的公正，同时，它也有其自己的存在意义：达到程序正义的目标。所以，程序的潜在价值可以弥补一些正当程序造成的损失，它能够让法律过程被公之于众，法律程序更加透明，让诉讼双方都能心服口服地接受法律的判决，从而提高法律的权威性和可行性。由此可见，程序具有深刻的意义。法治社会的发展在很大程度上依赖于公民程序意识的增强。在一个公民程序意识匮乏的国家里是不存在真正的法治的。

程序意识的理论依据是程序正当理论。程序正当的要义是实现程序正义。并不是只要有程序就符合程序正当理论的需求。正当程序具有保证人民人格尊严不被侵犯的能力，追求平等正义的价值目标。在公正的法律程序保障下，不同的利益主张可以得到充分表达，在多方的积极参与下，各方的利益能得到较好的协调和平衡。合理合法的程序能大大提高结果的公正性，减少公众对法律实施结果的合理怀疑，增强法律的权威。因此，我们提倡的加强公民的程序意识是指增强公民的正当程序意识。公民在享有权利和履行义务时，要切实依据相关法律程序办事。遇到纠纷需要承担责任时，也必须严格依据法律的规定。

（三）政治基础：权利与权力的博弈

权利与权力作为法在运行过程中的一对范畴，表现为一种对立统一的关系。从法律的角度来讲，权利和权力自始至终就没有停止过博弈。这种现象最明显的表现就是，在当今社会，权力的多元化与社会化愈来愈明显，使国家权力向社会转移，形成与国家权力并存的社会权力。而这种博弈现象恰恰反映了公民意识的觉醒。就像康德所言："大自然迫使人类去加以解决的最大问题。就是创建一个普遍法治的公民社会。"

从某种意义上来讲，这种贯穿法制始终的博弈就是一种社会成员争取和实现自身权利的法律教育过程和公民意识的养成过程。因此，从国家权力与公民权利、国际权力与社会权力以及国家权力之间的这种博弈来探讨法律教育和公民意识养成的关系是一种根本的认识途径。

1. 公民权利与国家权力的博弈

按照马克思的观点，公民拥有参与社会政治的"公权利"，与市民社会中的"私权利"具有本质上的区别。公民权利与国家权力的博弈使得公民意识开始觉醒，一些社会成员逐渐摆脱"奴性"，从一种受役状态逐渐过渡到对公民主体地位的追求，在此过程中逐渐养成公民意识。在这种公民意识的养成过程中，社会成员通过积极参与国家管理和社会管理实现公民自我的法律教育，而这种结果，恰好体现了社会成员从"臣民""市民"过渡到"公民"后对社会责任的担当。

如上所述，马克思所阐述的公民的"公权利"，即参与国家事务的政治权利，作为一种政治共同体，既属于公民权利范畴，也属于政治自由范畴。而市民社会中的"私权利"，是一种人与人、人与社会相互分离的权利，这种权利不受社会和国家权力的干预，属于私人利益范畴。显然，上述的双重权利理论，突出了社会成员以公民身份参与国家管理的权利，突破了市民社会作为一种封闭社会、私人社会的狭隘观念。

大家公认的是，法律的基本内容是公民的权利，当然，公民可以参加国家有关政治的活动的权利也属于这一范围。根据我国现行《宪法》，选举权与被选举权、言论权、出版权、集会权、结社权、批评权、建议权、申诉权、控告权、检举权、取得国家赔偿权、从国家获得物质帮助权以及接受其他帮助权等也是公民的权利。公民有权涉入国家的政治领域，这也是公民行使参与权的方式。同时，公民的这种政治参与权还可以对国家权利起到避免侵犯的作用，对国家权力发挥一定程度上的制约性，也就是说，通过人民所有的权利来制约国家权力。这种相互制约、相互平衡的过程，正是公民意识养成和形成的过程，也是认知大学生法律教育与公民意识养成关系的最重要的逻辑构成。

2. 社会权力与国家权力的博弈

现阶段的社会，如果只有少部分人参与到维护公民权利的事业中，那么公民在国家和社会就不能体现自身的主体性，这样也不利于人民发挥公民意识的积极作用；当社会权力在法制社会上能得到充分的发展，同时与国家权力形成良好的制衡作用时，公民意识在本质上才能得到提升。所以，法对于公民意识的形成具有一个基本理论，即社会和国家具有的两种权利之间的良性竞争。社会权力起源于公民权利，作为与国家权力相对应的一种权力形式存在。社会权力是在国家与社会的二元格局下，社会主体形成的拥有自己独立的社会资源、经济和地位的，对国家和社会的影响力和支配力。

社会权力和国家权力之间的博弈，表现为公民由"个人"向"集体"的形式过渡、积极参加公共事务的一种社会现象。在此过程中，公民意识的养成包括享有社会权力的社会组织的发展过程，如党派、工会、妇联、媒体等非政府组织以及村委会、居委会等自治组织的设立和发展。社会团体自古以来一直可以表现出人类自主活动的状态，这是国家权力回归社会的一种趋势。就媒体（尤其是互联网）而言，其作为当下社会舆论新格局的重要部分，可以使思想文化和社会舆论得到快速传播。

社会权力和国家权力的博弈包括还权、放权、授权、受委托、参权以及监权等多种方式。还权，即将国家权力中原本属于社会的部分分离出来，重新回归到社会中属于社会主体的权力，从而改变国家过度集权的现象。放权，即将国家权力部分下放给社会主体，形成社会权力与国家权力制衡的局面，从而满足政府职能转变的需求。授权，即通过法律的手段将国家权力部分授权给符合条件的社会主体去行使，形成对部分国家权力的制约。受委托，即社会主体受国家机关的委托，代为行使部分国家权力，从而使社会主体获得一定程度的自由裁量权，形成对部分国家权力的制约。参权，即社会主体收集群众和社会的意见和建议，并集中上述国家机关，从而直接或间接地参加国家的立法、行政和司法的决议、实行和监督反馈等活动过程，从而促进国家政务透明度。监权，即通过社会舆论和社会组织的活动（如游行集会、检举、罢工等）对国家权力施压，从而监督国家权力。由此可见，这不仅仅是两种权力之间的博弈，更是建立在法的基础上的公民意识的养成过程。

3. 国家权力间的博弈

与公民权利与国家权力、社会权力与国家权力的博弈产生的公民意识养成的价值相比，由于国家权力内部的立法权、行政权和司法权的日益分化，国家权力之间的博弈只是间接地产生公民意识养成功能。但在现实社会中，这种国家权力间的博弈是一种在法的基础上进行公民意识教育的常态机制。这种公民意识教育机制，即国家权力的行使者，遵循教育学的一般规律，以对国家权力的认知为教育内容，对广大公民进行教育，使之服从以国家权力为名义的法制管制。在我国，为了惩戒各类贪污腐败行为，国家不仅在执政党内部设立了纪律检查委员会，而且通过修改宪法设立了监察委员会，通过这种国家权力之间的监督和制约来预防和惩处贪污腐败行为，同时实现对公民的法治教育，其在本质上仍属于国家权力间博弈的公民意识教育机制。

二、大学生法律教育与公民意识养成关系的现实价值

大学生法律教育与公民意识养成是两个紧密相关的范畴、

大学生法律教育需要以公民意识养成作为内容和目标，公民意识养成则需要以大学生法律教育作为手段和前提。从静态上看，大学生法律教育与公民意识养成是手段与目的的关系，目的决定手段，二者是相互依存的。大学生法律教育是公民意识养成的手段之一，而公民意识的养成则是大学生法律教育的根本目的。目的是行动主体根据主观意识和外界条件而规定的行动目标，即事先存在于主体头脑之中的对于行动判定所得的行动结果，有高度的概括性和抽象性；而手段则是用来达到目的的方法或工具，即主体在其活动过程中，为达到目的而作用于外界对象的一切方法的总和。目的和手段是反映人类在认识世界、改造世界的过程中主观与客观之间关系的一对哲学范畴。手段和目的既相互独立又相互作用，所以，大学生法律教育与公民意识养成也是相互联系的。公民意识养成必须通过一定的手段才能实现，大学生法律教育不能只停留在最初级的对法律知识教育的层面上，它必须上升到公民意识养成的理论高度才会取得实效。从动态上看，大学生法律教育与公民意识养成相互影响。大学生法律教育对于公民意识养成具有促进作用。如果大学生法律教育在内容上是符合公民社会发展要求的、是符合人们的利益发展方向的，那么公民意识就会得到提升。大学生法律教育的方法对公民意识养成也起着至关重要的作用。大学生法律教育要讲究方式方法，要做到具体问题具体分析，结合不同的实际情况采用不同的方式方法进行教育，这样才能使公民意识养成顺利进行。因此，大学生法律教育对公民意识养成起着非常关键的作用，二者相互联系、相互依存。

（一）大学生法律教育与公民意识养成目标上的有机统一

所谓目标，就是行为者期望自己的行为能够达到的境地或结果，明确教育目标是进行大学生法律教育的前提。大学生法律教育着眼于启发公民的法律意识，注重培养大学生的法律思维方式。培养适应民主法治社会的合格公民是大学生法律教育的意义所在，合格公民当然应当具有公民意识，大学生法律教育的过程也是公民意识养成的过程，所以，公民意识养成是对大学生法律教育内容的丰富和充实，是大学生法律教育的目标。大学生法律教育应该培养公民的公民意识，使公民拥有公民意识，享有公民的权利并能够承担公民责任。公民意识的养成，最终要培养出具有公民权利意识、能够有效参与国家和社会的公共事务、适应社会发展、满足民主政治发展需要的合格公民。在法律面前，任何组织和个体都不能拥有特权，公民应清楚地认识到自己在国家当中的政治地位和法律地位。公民应对国家、社会和集体具有责任感，这与大学生法律教育增强法律意识和法律思维的目标相一致。可见，公民意识养成与大学生法律教育具有教育目标上的一致性。与此相适应，大学生法律教育和公民意识养成在内容、途径、方法等方面拥有高度的统一性，通过把大学生法律教育与公民意识养成相结合，达到育人的目标。

我国现行的教育目的一直是以马克思主义的人的全面发展学说作为理论依据的。培养人和使人得到正确的发展是教育的根本目标。所以，只有在正确发展观的领导下才能达到教育的根本目的。不断完善和发展马克思主义是必不可少的，所以马克思主义关于人的全面发展理论并不是教育的唯一理论。它所揭示的关于人的发展观在一定程度上指导了达成教育目的的方法论，指出了教育目的是客观的，是受到历史的约束的。要让人尽量地体现人的主体性，使个人的发展能够结合社会的发展，共同进步，所有人都可以在主体的自身意识存在的条件下，逐渐形成自我的价值观，在社会实践中释放自己的潜能，让自己的个性得到充分的发挥。对大学生进行法律法规教育，有助于公民意识的养成，让公民和社会共同发展。我国关于法律教育的第四个"五年计划"提到，我国要进行法制宣传教育，为的是以我国宪法和新阶段社会主义民主法制建设现状为依据，加强我国各阶层的法制教育，从整体上增强我国人民的法律素养；从根本上对地方的法律法规，公司企业、基层的法律法规的管理进行改善，从整体上提升我国的法治管理水平。综上所述，对大学生进行法律教育本质上就是对公民意识的养成，换句话说，也就是要培养和提升公民的法律素养。

教育目标是指在实施教育活动之前，综合分析各方面的客观情况和实际条件，考虑受教育对象的需要和接受能力，设定教育过程及其结果评价标准。大学生法律教育以公民意识养成作为教育目标具有双重性，不仅要分析现代社会对公民的要求，还要考虑到特定受教育对象的需求和可接受能力。大学生法律教育要培养出既能满足现代法治社会的发展需要，又能实现人自身的解放和进步的合格公民。市场经济使人获得了全方位的解放，法治社会则可以实现对人的权利自由的充分保障。从一种状态转化为另一种状态，必须要找到新的依托。但为了避免盲从，大学生应该树立公民意识，认识到自己在国家中的主体地位和应该享有的权利，同时意识到自己作为公民对国家、社会和他人所承担的义务与责任，严格依法办事。人类不断解放自己，发展自我的过程其实也就是人类社会发展的过程。在人类社会生产力不断提高的前提下，人类越来越关注自身成长的意义与价值。当代大学生已经具有了较高的科学文化素质和较强的独立思考能力，不再满足于被动学习书本知识，而是希望通过自身的努力，实现自身的人生价值，维护自身的权益和尊严。面对日益多元化的社会现实，如果没有正确观念的指引，缺乏社会经验的大学生很可能会无所适从，甚至迷失方向。公民意识反映了市场经济和民主法治的要求，可以体现出人自身的主体价值。可见，公民意识养成能同时满足国家、社会和大学生自身的需求。

参照美国学者布鲁姆的教育目标分类理论，教育目标可以被分解为三大类：认知领域、情感领域和动作技能领域。考虑到现代社会对公民的要求和当代大学生的自身发展需要，在法律教育教学中，公民意识养成的目标可以被设定为如下几个方面：第一，认知目标。即了解与公民学习生活密切相关的法律法规和国家基本政策，熟悉实现权利内容和参与社会活动的方法和形式，清楚公民必须履行义务的原因。第二，情感目标。培养公民的主人翁精神，遵守法律的规定，珍惜自身的权利，平等尊重其他公民的人格和生活方式，不干涉和侵犯他人的权利，对国家和社会具有责任感。第三，能力目标。养成良好的思维习惯，有较好的理性和是非判断能力，能运用公民意识自主、理性地思考和解决实践中的具体问题。

在明确了大学生法律教育中公民意识养成的教育目标之后，就要认真落实这些目标。在思考、探索如何通过大学生法律教育养成公民意识前，我们有必要先研究一下大学生法律教育中公民意识养成的一般原则，在一般原则的指引下探索具体的教育方法。首先，公民意识养成与行为训练相统一的原则。公民意识养成主要培养的是公民意识，但是，意识从来都不是单独存在的，它总是与一定的行为结合在一起的。社会存在决定社会意识，符合现代社会和法律要求的意识能指导公民作出正确的行为选择。同时，公民通过多次有针对性的行为训练又能不断地巩固、加强公民意识。研究者现在已经普遍认为公民意识养成是现实性教育的范畴。也就是说，要适当地对教育内容进行选择，要根据社会发展的需要，以公民的现实需要和接受度为基础进行选择。在教育方法上，要尽量举办或是模拟社会公民活动，提高大学生对社会活动的参与度，让大学生在实践中感受公民价值，从而促进公民意识的养成。当我们把公民意识养成与实践行为锻炼有机地结合到一起时，就能实现大学生公民意识的最终养成。其次，教师应以引导为主，带领学生进入公民意识养成过程。在我国，对大学生进行法律意识的教育任重而道远，要依靠老师和学生的共同奋斗。大学生具有活跃的头脑，往往具有很高的热情，但是社会经验不足，在传统教育的影响下，在遇到困难时或是事件发生巨大变化时，在心理和生理上都会产生一定的适应和协调问题。当代社会还存在一些非正常的现象，这些都会对公民意识的养成造成消极影响。在这种情况下，就需要老师对学生进行积极引导，以使学生养成正确的公民意识。只有在老师丰富的理论知识和来之不易的实战经验的教育下，学生才不会踏上错误的道路。同样，在不影响学生主体地位的前提下，老师可以发挥其主导作用。老师要激发学生的学习积极性，鼓励学生进行独立思考，督促学生形成独立解决问题的能力。最终，学生才能逐渐养成公民意识，将自己的价值观、理想观等内化，最终实现教学的根本目的。

（二）大学生法律教育与公民意识养成在内容上的有机统一

与大学生法律教育和公民意识养成在目标上的有机统一相适应，大学生法律教育和公民意识养成在内容上也具有内在统一性。

法律教育是研究法律现象及其发展规律的教育，大学生法律教育从根本上讲是学校指导大学生使用法学相关理论、法治精神和法律法规条例来解释法律行为和现象，从而解释法律的规律，针对法律法规的建立、法律法规的执行以及守法行为进行指导。大学生法律教育是以培养大学生具备的法律价值、思辨能力为基础的教育。法律教育的功能主要有以下几点：第一，培养大学生的法律认知能力；第二，对大学生进行当代法治概念的教学；第三，培养大学生的法律情感；第四，让大学生自觉守法。大学生法律教育的主要目的是扩展大学生对法律的了解，培养大学生养成健康的法律心理，建立积极的法律情感，提升大学生在社会法制管理活动中的参与度和参与能力，从而使得当代的法治概念能够以不同的形式、不同的方法深入到公民的心中，提高公民的整体素质。培养大学生的公民意识，通过大学生推进现代法治精神的发展，并对提高公民素质发挥促进作用。法律教育的基本内容表现为大学生是否养成了公民意识。法治理念、法治精神是公民意识的重要内容，对大学生进行法律教育的过程也是向大学生传播法治理念、弘扬法治精神的过程。

法律协调后的社会关系在本质上与公民意识养成是一致的。大体上来讲，法律服务于协调人与人之间的关系，而宪法涉及的是国家和人民的关系。宪法的本质是对国家权力进行制衡，同时保证公民的权利得以实现。为此，我们不仅需要提高制度建设的强度，还要促进公民意识的养成。因为公民意识的养成意味着对权利的意识、对自身责任和义务意识的养成，这样才能更好地保障自身的权利，从而制衡国家的权力，让公民权利与国家权力形成良性互动。民法涉及的对象一般是公民、法人以及其他组织等无等级之分的主体间的平等的人身和财产关系。需要特别提出的是，民事主体间在法律意义上具有的平等性，以及在履行义务上的对等性。公民意识着重指出的是，每个公民虽然出自不同的家庭，具有不同的背景、政治面貌、经济条件、社会地位均不同，但在法律上的地位却是平等的。提高公民的公民意识，可以保证民事主体在法律地位上的平等性，达到民事权利和民事义务的统一。行政法律主要涉及的是公民与行政主体之间关系的协调。行政法的两个主要的依据就是合法及合理。如果法没有被授权就不能实施，这是行政法的根本理念。根据法律规定的职权，行政主体在实施行政行为时要同时具备法律授权和遵从法律规定的程序这两个条件。另一方面，行政相对人在法律上也被施加了更多的要求。相对人在了解行政主体职权的前提下，还要清楚职权要按照什么样的法定程序来执行，这些也受到公民意识的影响。刑法规定的是犯罪、犯罪分子相应的刑事责任以及刑事惩罚。犯罪主体的行为违反刑法的规定，具有严重的社会危害性，就要受到国家刑罚的处罚。刑法告诉人们，国家保护的社会关系不容侵犯。同时，人们必须增强义务和责任意识。此外，刑事诉讼法、民事诉讼法和行政诉讼法都严格规定了法律操作的程序要求。这些都表明，公民在实现自身权利的同时还必须严格按程序办事，避免因程序瑕疵而导致实体权利受损。综上可见，我国的各大部门法所调整的社会关系都与公民意识的养成密不可分。因而在法律教育教学中进行法律关系分析时，能切实引导大学生增强公民意识。

法的价值与公民意识养成在内容上是统一的。关于法的价值，通说认为，"秩序、正义、自由和效益是法律的四大基本价值"。[1]大学生法律教育中所有部门法的教学都应该以法的价值为精神原则和理论支撑。强调公民意识养成，对大学生加深对法的价值的认识和理解有直接的促进作用。"社会秩序是通过人

---

[1] 张文显：《法哲学范畴研究》（修订版），中国政法大学出版社2001年版，第175页。

的有意识、有目的的活动建立的。"[1]注重公民意识养成，让大学生树立主体意识，积极参与公共生活，按法律规定和法定程序享受权利、履行义务、承担责任，真正做到法律面前人人平等、权利义务责任的对等，这样才能建立更好的社会秩序，实现法的秩序价值。永不毁灭的正义是不存在的，时间会使正义发生变化，正义对于不同的人来说有不同的意义。[2]在思想观念和社会生活日益多元化的社会，如果没有统一的评判标准，正义将很难被衡量。在民主法治社会，法律以其独有的品性和地位担当了最权威的正义衡量标准。强调公民意识养成，让大学生在法定的范围内享受权利、履行义务、承担责任，有利于最大范围地实现社会的公平正义。法的自由价值要求对人的权利自由给予充分保障，实现对人性自由的终极关怀。强调公民意识养成，让大学生明确自身权利的内容与界限，按法律程序更好地享受权利，不侵犯他人的合法权益，有利于实现人的自由和全面发展。法的效益价值要求以最小的成本实现最大的法治进步。公民意识的养成可以让大学生切实地认识到自己是国家的主人，以主人翁的态度认真行使权利，自觉履行义务，积极承担责任，进而节省司法资源，降低司法成本，增强司法执行的力度和法律实效，共同维护法治的权威。

从法的调整对象到法的价值的实现，公民意识始终贯穿其中并起着非常重要的作用。注重公民意识的养成，是大学生法律教育内容的本质体现。

（三）大学生法律教育与公民意识养成在途径上的有机统一

与大学生法律教育和公民意识养成在目标、内容上有机统

---

[1] 孙国华、朱景文主编：《法理学》（第2版），中国人民大学出版社2004年版，第66页。

[2] 孙国华、朱景文主编：《法理学》（第2版），中国人民大学出版社2004年版，第67页。

一相适应，大学生法律教育和公民意识的养成在途径和稳定发展等方面也具有内在统一性。

我国大学生法律教育经过几十年的发展，到现在已经有了比较完备的教育体系，为公民意识养成提供了良好的基础和条件。我们培养了专门的大学生法律教育教学人员和科研人员，从事法律教育的教学和科研工作，推动了法律教育理论和实践的发展。公民意识是在西方国家资本主义社会的创建和发展的基础上出现的，民主政治发展的理论和社会实践与公民意识有着深刻的关联。另外，公民意识还推动了社会市场经济的不断发展，促进了民主法治社会的创建。公民意识的形成是指为社会培育合格的社会民众。大学生法律教育为公民意识的养成提供了课程、人员、理论和实践等多方面的支持，必将促进公民意识的上升。

在大学里，对大学生进行法律法规的教育包括，让大学生形成正确的法制观念，对大学生进行正确的理想和信念教育，培养大学生的爱国主义精神，从而促进公民意识的形成，创造和谐的社会政治气氛，让大学生更多地参与到国家的政治活动之中，慢慢提升大学生对于国家政治活动的参与度和参与能力。法律规范的目的是让公民从内心认可法律规范的根本精神，也就是公民看待法律的态度、对法制的观念、对法律的意识等。法律教育是指法律所包含的人与人之间的关系、人的权利和义务等深入人心，变成公民的一种性格组成，以及对社会文化和自身社会角色的认识。这样，公民就可以根据自身的法律意识来实现自我约束。对大学生进行法律教育，目的是让大学生形成正确的法律观念，清楚自己在法律上的责任和义务，明白自己的权利，培养其遵守法律法规的行为。大学生的社会行为、生活态度、生活观、价值观等在法律教育后，都会被归入社会的主流文化，使得社会普遍认同的价值观进一步内化。大学生会在成长过程中遵守社会行为规范，扮演社会角色，从而不断地适应社会生活。可见，法律教育对养成公民意识进行了规范的、逐步的、全面的促进，在社会公民意识的养成上处于不可替代的位置。

二者的关系可以被总结为大学生法律教育在促进公民意识的养成和发展方面具有重要意义，大学生养成公民意识可以促进法律教育的不断发展。由此可见，大学生法律教育必然以公民意识养成作为教育的终极目标。

第三章

大学生法律教育与公民意识养成的历史考察

考察大学生法律教育与公民意识养成的历史，是我们讨论大学生法律教育与公民意识养成的重要理论铺垫。我国的大学生法律教育与公民意识养成经历了一段并不平坦的发展历程。与一些具有先进经验的国家相比，我国的法治建设起步较晚，真正意义上的法律教育与公民意识养成实际上始于改革开放以后。党的十一届三中全会以后，中国的法制建设迎来重大转机，重新确认了法律在国家和社会生活中的重要地位，高校大学生法律教育也进入了新的发展阶段。

一、大学生法律常识教育阶段（1978 年至 1986 年）：公民意识的觉醒

我国市场经济极大地促进生产力的发展是在邓小平提出"对内改革，对外开放"之后。自此，公民生活范围得到了拓宽，公民的思想得到了很大的解放，公民意识开始觉醒。这一时期，我国的社会构架、政治体制、文明状况全部都进行着具有历史性质的转型，这种转变同时促进了思想文化的极大进展，大学生们的法律教育与公民意识养成又一次受到了学术界的重视。

（一）加强社会主义法制教育和公民意识的提出

早在十一届三中全会之前，邓小平就曾提议："为了保障人民民主，必须加强法制建设。必须使民主制度化、法律化，使

这种制度和法律不因领导人的改变而改变，不因领导人的看法和注意力的改变而改变。"[1]1978 年 11 月十一届三中全会的顺利举行，被称为是我国发展过程中政治、经济等各类事务前进的非同寻常的一刻，理所当然，它也是我国大学生法律教育的新的出发点。邓小平在会议中提出，为了保障人民民主，必须加强法制。必须使民主制度化、法律化，使这种制度和法律具有稳定性、连续性和极大的权威，做到有法可依，有法必依，执法必严，违法必究。此次会议的核心作用表现在我们国家现代化进展事务的各个方面。从法律教育的角度来说，它首次确认了民主法制在我国现代化创建过程中的不可或缺。

在十一届三中全会前后，邓小平都清晰地表明，"要继续发展社会主义民主，健全社会主义法制，这是三中全会以来中央坚定不移的基本方针，今后也决不允许有任何动摇"，[2]"加强法制重要的是要进行教育，根本问题是教育人"，[3]"在党政机关、军队、企业、学校和全体人民中，都必须加强纪律教育和法制教育"。[4]1979 年 9 月 9 日，《中共中央关于坚决保证刑法、刑事诉讼法切实实施的指示》提倡"要运用各种宣传工具，采用生动活泼的方式，广泛、深入地对广大党员、干部和群众宣传法律，加强法制教育"，确保各个学校（无论是大学、中学、小学还是各个级别的党员学校）都将法律课程加入教授范围。根据这个要求，部分高等学校着手在一些政治课程以及政治学习活动中增添部分民主和法律知识的教育。

1982 年，彭真在《关于中华人民共和国宪法修改草案的报

---

[1]《邓小平文选》（第 2 卷），人民出版社 1994 年版，第 146 页。
[2]《邓小平文选》（第 2 卷），人民出版社 1994 年版，第 359 页。
[3]《邓小平文选》（第 3 卷），人民出版社 1993 年版，第 163 页。
[4]《邓小平文选》（第 2 卷），人民出版社 1994 年版，第 360 页。

告》里面清晰地表明："按照社会主义、集体主义原则来处理公民个人同国家和社会的关系、同其他公民的关系，建立同社会主义政治制度相适应的权利义务观念和组织纪律观念，养成社会主义的公民意识，正是在全社会建设社会主义精神文明的重要内容。"[1]1986 年，中共十二届六中全会颁布的有关我国精神文化创建指示的决策提出："加强社会主义民主和法制的建设，根本问题是教育人……要在全体人民中坚持不懈地普及法律常识，增强社会主义的公民意识，使人们懂得公民的基本权利和义务，懂得与自己工作和生活直接有关的法律和纪律，养成守法遵纪的良好习惯。"[2]与报告和决策的要求相呼应，大学生法律教育和公民意识养成再度受到学校教育的青睐。

（二）法律教育正式进入大学课堂

1982 年，宪法方案被公之于众，交由全民探讨，大学生也参与其中，部分大学生的修改意见还引起了相关部门的关注，这在很大程度上激发了大学生参与我国法律建立过程的积极性。

1982 年，教育部门印刷发布了《有关在高等学府逐渐开始相关思想品质教育的通告》；1984 年 9 月 12 日，教育部门又印刷发布了有关高等学府开始相关思想品质教育的一些规章。这些文件明确要求部分高等学府把自由与秩序、道德与法规等相关知识归入到思想品质教育的过程中，使法律教育逐步走进了校园。1985 年 6 月 9 日到 15 日，司法部门、宣传部门在北京举办了法制宣传教育大会。此为新中国成立后第一个专门探讨法律教育事务的国家性质的会议，其实质上也成了我国全民普法

---

〔1〕《彭真文选（1941—1990 年）》，人民出版社 1991 年版，第 452 页。

〔2〕中共中央文献研究室编：《十二大以来重要文献选编》（下），人民出版社 1988 年版，第 1184 页。

的总动员。此次会议是向全国各族人民进行法制教育的一个实际步骤，在国内外引起了强烈反响。

1985 年 8 月，中共中央发布《关于改革学校思想品德和政治理论课程教学的通知》，明确提出，改革马克思主义思想理论课的教学，关键是坚决贯彻执行理论联系实际的方针；高校的马克思主义思想品德和政治理论课要进行以中国革命史为中心的历史教育。1986 年 3 月，国家教育委员会颁发了《关于在高等学校进一步贯彻〈中共中央关于改革学校思想品德和政治理论课程教学的通知〉的意见》，规定在 3 年~5 年间逐步开设新的课程："中国革命史"（1993 年调整为"有中国特色社会主义理论与实践"，1998 年又调整为"邓小平理论概论"）、"中国社会主义建设"（1998 年调整为"毛泽东思想概论"）、"马克思主义原理"（1998 年调整为"马克思主义哲学原理"和"马克思政治经济学原理"）、"世界政治经济和国际关系"。1985 年 11 月 5 日，中国共产党中央部门、国家事务部门下发《中央宣传部、司法部关于向全体公民基本普及法律常识的五年规划》。该规划提出："全民普及法律常识是我国人民政治生活中的一件大事，是社会主义精神文明建设的一个重要组成部分。做好这项工作，对于进一步发扬社会主义民主、加强社会主义法制，推进社会主义两个文明的建设，实现党在新时期总的奋斗目标和总任务，都具有重要的意义。"1985 年 11 月 22 日，第六届全国人民代表大会常务委员会第十三次会议下发《关于在公民中基本普及法律常识的决议》。该决议明确提出："大力加强法制宣传教育，在公民中普及法律常识，对于加强社会主义法制，保障国家的长治久安，促进社会主义物质文明和精神文明的建设，实现我国在新时期的奋斗目标和总任务，具有重大的意义。"从此揭开了我国普及法律教育的序幕。

为把中央发布的［1985］23 号文件以及人民代表大会常务委员会决议的精神落到实处，促进在校园中基本法律法规知识普及的目的，1986 年 9 月 1 日，国家教育委员会颁发了《关于在高等学校开设"法律基础课"的通知》，明确了大学生在校园中学习法制法规相关知识的三种渠道：第一种是结合政治课程对"我国民主和法律制度"进行讲解；第二种是联系大学生的社会实践，开展法制基本知识主题的座谈会；第三是根据各种专业的要求，开展有针对性的、可以选择性进修的法律课程，并且就教授的相关知识、学科时间、教师资源、学习材料和如何施行等都给出了清晰的规定。大部分高校均依照我国教育委员会的相关规定，结合政治课程对"我国民主和法律制度"进行了主题讲解，重点讲解了有关国家体制、政治体制以及公民具有的权利、义务的相关法律知识。极小部分的高等学府根据不同专业对法律知识的不同需求开展了具有针对性和可选择性的相关课程。到此时，我国各个大学、专科学校接连把《法律基础》课程教育当作主要的法律知识普及途径，法律制度座谈会、模拟法庭、法律制度宣扬报告则成了一些辅助的途径，以提升学生们的法制素养。

1986 年 12 月 20 日到 12 月 26 日，为归纳、总结第一年普及法律的情况，安排下一步的普及法律任务，使我国各个方面的普及法律工作更深层次化，中国共产党中央司法部门、宣传部门在北京再一次举行了全国法制宣传教育工作大会。乔石在开幕式上发表了讲话。他称，花约 5 年的时间在全体公民中进行法律法规的基本知识教育，这是国家决定的重要举措，对增强我们国家的法律制度建设有着深远的意义。在这项举措开始一年后，它取得的成果还是较为明显的，且探索和制定出了部分较好的方式与渠道。可是，达成已经划定的期望目的的任务还是很繁重，路途也还是很遥远，务必要看清情势，发奋图强，既要坚决，也要悉心教导，将这个工作牢固、稳定地继续做下去。

这一时期是为高等学府的法律教育打基础的，在"第一个五年计划"普及法律计划还未施行之前，有的大学还得在政治学习的时间组织安排师生学习部分关于法律制度创建的文章或者新闻报道，少数思想品德课开展略好的地方，还会结合道德教育进行有限的法律教育。"第一个五年计划"普及法律计划施行之后，高等学校法律教育被归入了"对全体公民基本普及法律常识的五年规划"内。高等学校建立了校内重要人物带头，相关人物及部门担当人参与的普及法律事务小组，他们的办公地点基本上都是学校的党务委员会宣传部门。所以，法律制度的宣传教育事务的开展大部分是由宣传部门推动的，主要采取法律制度宣传座谈会、相关知识比赛、辩论等方式。

这个时间段的重要特征：一是在渠道方面，课堂内外结合，主要还是课堂之外；二是在管理方面，宣传机构与教学机构合作，主要还是宣传机构；三是在内容方面，知识普及与观念引导相结合，主要还是知识普及。第三个特点是这个时间段高等学校法律教育特征最为明显的体现。这是同"第一个五年计划"普及法律教育对全体公民进行法律法规的基本知识教育的目的密不可分的。这一时间的首要目标就是对刑事法律法规、宪法、刑事诉讼法等基础知识进行普及教育。学生们需要完成普及法律的考核，考核的重要方法是闭卷考试，试题的内容几乎都涉及法律条文。应该说，这一时间的法律制度宣传教育工作是很扎实的。上至管理机构，下到学校同学都非常关注，这给后面的高等学府法律教育打下了坚实的基础。

在这个阶段，经济建设和发展是国家和社会发展的主题，法治建设也快速发展，当时的大学生在思想上重新明确了法治的重要性，法学界也兴起了一场"人治与法治"的大讨论。通过这一场讨论，新的共识在大学生中广泛形成，大家都意识到法律法规是用来达到停止纠纷、争斗，人人平等，保护公民权利与保证我国和谐、健全、进步的目的的。同时，权利义务观念在大学生群体中形成并快速发展起来，从而促进了大学生公民意识的觉醒。

二、大学生法律意识教育阶段（1987 年至 1999 年）：公民意识的培养

1987 年，伴随着我国教育委员会提出普通高等院校要普遍地为本科生以及专科生开通"法律基础"课，大学生法律教育进入了法律意识教育阶段。

（一）《法律基础》成为独立设置的思想政治教育必修课

1987 年 11 月 20 日，国家教育委员会下发《关于高等学校思想教育课程建设的意见》（［87］教政字 015 号），提出普通高校应该将"法律基础"课程纳入本科以及专科生培养计划中，不单单是将这门课程定性为一门独立的、必修的思想教育课，还解释了教学目标：让学生对马克思主义法学的基本观念有充分的认识，对相关的专门法律以及宪法的规定和基本精神进行充分的了解，让学生的社会责任感以及法制观念更强，使其能很好地使用公民权利以及履行公民义务，更好地为社会主义法制建设做贡献。与此同时，该意见还对管理体制以及学时等方面的内容作出了明文规定。从主管教育的部门层面来说，成功地设计出一门独立的制度以及课程，意味着高等院校的法律教育迈上了一个新台阶。

1988 年 3 月 24 日到 28 日，国家教育委员会以及司法部组织召开的全国高校法制教育经验交流会在湖南长沙举行。这次

会议的宗旨是认真落实中共中央《关于加大高校法制教育力度的指示》以及国家教育委员会《关于高等学校思想教育课程建设的意见》，对高校落实经验进行一次总结以及经验交流，进一步加强高校"法律基础"课的建设。会议上，大家一致认为，开展高等院校法制教育是党和国家的一项非常重要的决策，很好地迎合了培养现代化专业人才以及提高大学生法治意识的需求。同时也有利于改造学生的知识结构，以迎合社会生产力发展的需求；有利于促进我国的社会主义法治与民主建设，确保国家的长治久安；有利于帮助大学生健康成长，促进社会主义精神文明建设。教委负责人在会议上提出，经过高等院校培养的大学生应该具备法律意识，只有这样才能为社会主义现代化建设提供更多的帮助，必须将对高等院校开展法律教育的必要性以及重要性的认识提升到培养目标的层面上来；高校毕业生不应该对法律一无所知，反而应该知法、懂法、守法以及用法，踏入社会以后不能只是懂得专业知识，还要会用法律的武器解决问题；如果一个大学生没有学习过法律，那么他的知识结构就是有缺陷的，也是不符合培养规则的。同时，交流会还强调，要经常化、制度化大学生的法制教育，应该"开设专门的法律基础课程，系统地、经常性地对大学生进行法律教育，这是思想政治教育在高等院校里面的一次改革"。[1]在会议上，上海、北京以及湖南等地分享了自己关于开设大学生法制教育的经验。代表们在大会上积极讨论了开展大学生法制教育的目的、意义以及关于开设"法律基础"课的具体问题，达成了很多共识。在高等院校法律教育历史上，这是一次意义非凡的会议，让大家对于高等院校推进法制教育的重要性的认识更加深刻，还对

---

〔1〕 1988年3月24日，原国家教委副主任邹时炎在长沙全国高等学校法制教育经验交流会上的讲话。

大学生法制教育与公民法制建设应有的特征以及两者之间的关系进行了深刻的研究，强调了高等院校法制教育的目的就是提升大学生的法律意识。同时，与会者还讨论了课程教学方法、教学内容以及课程的性质定位等问题，取得了众多成果，为法律教育在高等院校里面的发展创造了良好的条件。

1989年4月15日到18日，中共中央宣传部以及国务院司法部在北京联合召开了全国法制宣传教育第三次工作会议。该会议的主题为：对五年的普法工作的经验进行总结，针对1990年以及对全体公民进行法律法规的基本知识教育普法工作的"第二个五年"工作任务进行研究部署，对在五年普法工作里面表现良好的先进个人以及先进集体进行表彰。并以此为契机，对各方面的力量进行充分的调动，接受各级政府以及人大和党委的监督与领导，深入、持久地将普法工作进行下去。会议指出，我国的普法活动参与者包括了亿万的群众，这是我国甚至全世界法制历史上的范例。随着时间的流逝，普法活动的意义会在各个方面越来越清楚地表现出来。"第一个五年"普法任务基本上已经完成了，为了更加深入地将普法工作进行下去，中央宣传部以及司法部决定从1991年开始推行"第二个五年"普法计划。"第二个五年"普法计划一方面要求继续深入开展对宪法的学习，更有针对性地学习相关的基础法律；另一方面还要求一步一步地、有规划地对专业法律知识进行普及，理论与实践相结合，让管理工作更多地依照法律条款进行，让国家以及社会的稳定性得到切实提高，推动我国经济的平稳、协调增长。在进行会议总结的时候，中共中央宣传部的负责同志强调说，法制宣传教育的核心就是对社会主义民主与法治观念的培养。

1991年3月12日至14日，中共中央宣传部与司法部联合于北京召开了会议，会议的主要内容是对"第二个五年"普法计划进行经验交流。该会议的目的是深入贯彻《中共中央、国务院关于批转〈中央宣传部、司法部关于在公民中开展法制宣传教育的第二个五年规划〉的通知》和第七届全国人大常委会《关于深入开展法制宣传教育的决议》。会议指出，在"第二个五年"阶段里，普法工作的工作核心就是普及宪法，工作的重点是普及专业法。政府部门只有严格按照宪法以及各种专门的法律行使职权，才能促进依法治国以及依法行政，才能确保社会主义法律有效地在每一个领域里得到应用。为了满足法律普及工作的需要，让各普法机关的业务指导工作发挥到最大程度，中共中央宣传部以及司法部经过深入研究以后，于1992年5月9日决定成立一个机构，名为"普及法律常识办公室"。

《中共中央组织部、中共中央宣传部、国家教育委员会〈关于新形势下加强和改进高等学校党的建设和思想政治工作的若干意见〉》于1993年8月13日被发布出来。该文件提出了一个新的要求，就是"加强并改进马克思主义理论课程以及思想政治教育课程的建设"。"法律基础"课被包含在了被称为"两课"的马克思主义理论课以及思想政治教育课里面。该文件对"两课"的定位是"社会主义学校的本质特点之一，是学生思想教育工作的主要途径"，要求"各个级别的党政教育部门以及各个高等院校的党政领导要对'两课'予以足够的重视，加强对'两课'工作的领导力度，将'两课'提高到重点课程的高度"。1995年10月24日，国家教育委员会下达了《关于高校马克思主义理论课和思想品德课教学改革的若干意见》。其中再一次强调，"法律基础"课在"两课"体系里面是一门独立设置的课程，并且是必修的课程，同时还要求"通过教学改革，逐步形成结构合理、功能互补的'两课'课程体系"。1995年11月23日，国家教育委员会下达了《中国普通高等学校德育大纲

（试行）》，其中，德育内容包含了"民主法制教育"。此外，国家教育委员会于 1997 年 12 月 9 日下发通知，指出国家教育委员会普通高等学校马克思主义理论课程以及思想品德课程教学指导委员会正式成立。该组织是一个聘请了 5 位"法律基础"课专家的组织，由国家教育委员会直接领导，任务就是对高等学校的"两课"教学工作进行指导、评价、咨询以及研究。经过党中央的批准，中共中央宣传部以及教育部于 1998 年 6 月 10 日发布了《关于普通高等学校"两课"课程设置的规定及其实施工作的意见》。该意见规定了"法律基础"课是本科生以及专科生必须要学习的课程，同时对课程的目的进行了定位，即课程主要是为了进行社会主义法制教育，使学生掌握马克思主义法学知识，对相关法律以及宪法的相关规定以及基本精神进行必要的了解，让学生的法律意识以及社会主义法治观念得到加强。

（二）大学生法律意识的增强与公民意识的培养

国家教育委员会、司法部以及中央社会治安综合治理委员会办公室联合于 1995 年 12 月 28 日下达《关于印发〈关于加强学校法制教育的意见〉的通知》，针对各种年龄段的学生制定了不同的学习范围，强调应该在各个级别、各个类型的学校里普遍开展法制教育，确保达到一定的学习课时。该通知说明，在学校里开展的法制教育的实质就是提高学生的社会主义民主法治意识，是一种提高法治观念的重要途径，可以为实现依法治国的宏伟目标做出贡献。学校德育工作中很重要的一个环节就是法律教育，学校需要将多种教育方式有机结合起来，在思想教育和科学知识教育的过程中融入法制教育，学校普法教育必须与全民普法教育进行良好的结合，培训拥有全面的基本素质的现代化人才。我国正在全力建设有中国特色的社会主义，社会主义民主法制建设也在紧锣密鼓地进行中，学生的法律知识教育必须紧密联系社会大环境，紧紧跟随党和国家的方针政策。另外，法律知识教育还应该与道德、理想、人生观、价值观乃至世界观的塑造相结合，配合学生的思想状况进行。让学生对党的方针政策有更深入的了解，养成顾全大局的习惯，共同维护好校园教学秩序，提升学生的社会责任感以及道德意识，升华年轻人的理想，让他们成长为新一代的社会主义"四有"青年。

这个文件是国家主管部门给出的一个完整的关于法制教育的规范性文件。其完整地阐述了学校法制教育的目标、性质、师资、内容、教材及其与全民普法教育以及学校其他工作的关系，特别指出了高校法制教育的核心内容是增强大学生的社会主义法律意识、法制观念、基本法律知识以及法学基本理论。以介绍法律出现以及进步的基本线索为方法，对法律的本质进行阐释，让大学生知道只有阶级社会存在法律，体现的是统治阶级的意志等马克思主义法学思想；对法律的概念进行细致讲解，从而展现出法律的特征，让学生知道法律规范与别的社会规范之间的联系以及不同之处，将法律的权威深深地植入学生的思想当中；对社会主义法制的要求进行介绍，让学生充分地认识到加强法制建设的必要性，同时让大家明白法制化不能一蹴而就，它是一个循序渐进的过程，是一项长期的工作。通过对宪法的学习，让学生知道宪法是随着民主制度的建立而产生的，让学生正确地认识宪法赋予的权利以及自己所需要履行的义务，让学生的主人翁意识得到增强。另外，还要根据学生的专业特点，有针对性地向其介绍一些专门的法律，将这些法律的建立原则、目的以及基本精神介绍给学生，增强其遵守法律以及正确利用法律的意识。

1996 年，第八届人大四次会议作出的《关于国民经济和社会发展"九五"计划和 2010 年远景目标纲要的报告》指出："继续实施普法规划，教育全体公民学法守法，增强法制观念和公民意识。"

1996 年 4 月 18 日，中共中央以及国务院发布了《中央宣传部、司法部关于在公民中开展法制宣传教育的第三个五年规划》。该规划要求各方面应该对前面两个五年的普法工作积累的经验进行深刻总结，采取有效的手段一步一步地让法制宣传工作步入制度化、规范化的轨道，在社会上形成良好的学法、守法以及用法的氛围，让广大的干部以及群众的法律素质提升到一个更高的层次，为建设社会主义法治国家大业添砖加瓦。要求以宪法、社会主义市场经济法律以及基本法律知识为主要内容，在整个社会里进行宣传教育，切实增强群众的法制观念以及法律意识，从而增强国家职能部门依法管理、依法办事的能力，加快社会主义法治国家的建设步伐。在 1996 年 5 月 15 日召开的第八届全国人民代表大会常务委员会第十九次会议上，《全国人大常委会关于继续开展法制宣传教育的决议》得以通过。该决议强调法制宣传活动应该理论与实践相结合、理论与实际情况相结合，将各项事业的依法治理水平推向一个新的高度。依法治省、治市、治县、治乡、治村以及部门、行业的依法整治工作应该被上升到坚持依法治国的高度。

1998 年 6 月，中共中央宣传部与教育部联合发布了《关于普通高等学校"两课"课程设置的规定及其实施工作的意见》（即"98 方案"），对高校马克思主义理论课和思想品德课（简称"两课"）的课程设置进行全面调整。调整后开设的马克思主义理论课课程为"马克思主义哲学原理""马克思主义政治经济学原理""毛泽东思想概论""邓小平理论概论""当代世界经济与政治"（文科类专业开设）等。思想品德课的课程设置为"思想道德修养"和"法律基础"两门。将"法律基础课"设为普通高校思想政治理论必修课之一。由此，高校法律基础课教育活动系统、全面地展开了，大学生的法律意识得到了较大程度的提高。

伴随着中共中央宣传部、司法部《关于在公民中开展法制宣传教育的第三个五年规划》《关于加强学校法制教育的意见》以及《关于普通高等学校"两课"课程设置的规定及其实施工作的意见》等规范性文件的实施，高等院校也不断地在推进法制教育改革，"法律基础"课程的开设也收获了不少成果，法律常识普及教育阶段向法律意识增强教育阶段的发展在20世纪末已完成。这一阶段与法律常识普及教育阶段相比较的主要不同点在于：首先，在推进方式上，课堂内教授与课堂外实践相结合，但主要部分是课堂内，高等院校进行法制教育的主要渠道就是"法律基础"课堂教学；其次，在管理方面，教学部门跟宣传部门密切配合，教学部门是主力，学校教务部门负责教学规划的制定，设定课程的学分以及课时，"两课"教研部门主管具体的教学工作的实施；最后，在内容方面，引导观念和普及知识相结合，以对观念的引导为主要方面，核心内容是提升大学生的社会主义法律意识。上述三个方面的内容能够充分地将现阶段高等院校法制教育的特点展现出来。这跟第二个"五年规划"中要求法制宣传教育的关键是培养社会主义的民主与法制观念以及第三个"五年规划"中强调"进一步增强公民的法律意识和法制观念"有直接关联。这也是前面提及的所有文件具体实施的必然结局。因为文件都将"法律基础"课定性为思想政治教育，文件规定的核心教育内容是培养大学生社会主义法律意识，规定的主要教育目标是提高学生的社会主义法律意识以及法制观念。

三、大学生法律素质教育阶段（2000 年至今）：公民意识的重视

20 世纪 90 年代中期，随着依法治国方略的提出，法律教育与公民意识养成开始产生紧密联系，公民意识养成与社会主义法治实践接轨的"机会之门"逐步开启。随着"第四个五年"普法计划的实施，大学生法律教育逐步开始将重心由普及法律知识转到公民意识养成上来。

（一）提高大学生的法律素质，注重公民意识的养成

2000 年 3 月 3 日，司法部、中共中央社会治安综合治理办公室就加强青少年法制教育作出了部署，与其他相关部门（如教育部）共同制定并颁布了一份通知文件，即《关于进一步加强青少年学生法制宣传教育工作的通知》。该文件的核心思想是明确我国将以依法治国为治国的根本，并在后续的国家建设中，逐步将我国建设成为一个高度法治的社会主义国家。我国的广大人民群众是整个依法治国政策中最重要的参与者，其自身的法律素养直接决定着该宏伟目标能否顺利实现，而其中最重要的群体就是我国的青年群众。提高他们的法律素养，将有利于在今后极大地提高我国全民的法律素质，加快我国迈入法治强国的速度。学校是青年群众比较集中的地方，所以，在学校广泛开展法制教育能够最大限度地推广法律知识。

2001 年 3 月，我国通过了《中华人民共和国国民经济和社会发展第十个五年计划纲要》。该纲要再次重申了"依法治国"的重要性，并以文字的形式支持在未来的国家发展中，努力将我国建设成为一个高度法治的社会主义国家。该纲要直接将"依法治国"完全融入了我国现代化建设事业之中。

2001 年《中央宣传部、司法部关于在公民中开展法制宣传教育的第四个五年规划》颁布。该规划的核心思想是加大法制基本知识的推广力度，不断深化我国的法制教育方式，全面提升我国各阶层人民的法律意识，为我国成功建成高度法治的社会主义国家打下坚实的基础。该规划还着重指出应把我国各阶层的群众都动员起来，促使他们学法、懂法、用法，真正让公民的法制意识深入人心，同时也要求各级相关部门积极开展法制推广工作，努力将所辖地区的法制建设工作做好。该规划最后指出，相关部门要认真学习我国在过去 15 年法制建设中的失败教训和成功经验，从中找到新时期法制建设的关键点，认真落实国家法制建设的各项任务。

大学开设的《思想道德修养与法律基础》等思想政治教育课成了大学生公民意识养成的主渠道，思想政治教育课课堂成了学生获得公民意识教育的主阵地，"思想政治教育是公民意识培养的基本途径"[1]的地位由此得以确立。"四五"普法明确规定"法制宣传教育与法制实践相结合""法制教育与法制实践相结合"；"五五"普法首次明确规定"法制教育与法治实践相结合"。公民意识养成寓于法律教育在普法层面得以确立。尤其是 2001 年 9 月《公民道德建设实施纲要》的颁布。作为我国公民意识教育的第一个标志性文件出台，《公民道德建设实施纲要》掀起了公民意识研究的热潮。专家学者们的研究说明了当前我国进行公民意识养成的必要性和紧迫性，既是时代发展的现实需要，也是大学生健康成长的现实需要。

2002 年 10 月 21 日，国家教育部、司法部、共青团中央以及中央综治办四部门共同协商并颁布了《关于加强青少年学生

〔1〕 臧宏："公民意识的蕴涵及思想政治教育策略"，载《教育评论》2009 年第 1 期。

法制教育工作的若干意见》。该意见再次重申了依法治国的重要地位，并要求地方各级部门要认真落实国家的"四五"普法规划内容，加大力度推进我国的青少年法制学习进度。同时还规定了青少年法制教育的具体内容，如教育的目标、教育的方式方法等。此外，该意见还指出，我国的大学生法制教育应该要严格遵循教育部和中共中央宣传部的有关规定进行。在法制教育过程中，要注重学习的实用性和侧重点。其中，须要重点宣传和学习的有市场经济法、民事法等日常生活中遇到的法律法规问题，以及一些国际贸易方面的基本法律等。这些法律法规的学习能够有效地提高我国青年的法制意识，加速我国"依法治国"目标的实现。

2002年10月25日，国家司法部、教育部、团中央以及中央综治办四个部门在首都召开了一个有关我国青少年法制教育的视频会议。该会议的目的是全面实施国家的"四五"普法规划和《关于加强青少年学生法制教育工作的若干意见》的内容。会议首先重申了青少年法制教育在整个国民法制教育中的关键地位，并且指出提升我国全民法律素养的关键在于提升我国青少年的法律素养，所以，应当把对我国青少年的法制教育工作放在整个国家法制教育工作的优先位置，并制定相关方案优先开展。学校在青少年法制教育工作中扮演着非常重要的角色，所以，学校应当高度重视在校学生的法律教育事宜，将法制教育工作纳入学校的日常事宜，并给予足够的关注，全力提升在校学生的法律素养。

（二）加强大学生公民意识，树立民主法治理念

2004年8月26日，国家发布了《中共中央、国务院关于进一步加强和改进大学生思想政治教育的意见》（中发〔2004〕16号）。该意见指出要把"加强民主法制教育，增强遵纪守法观

念"放到"以大学生全面发展为目标，深入进行素质教育"之中。2005年2月7日，国家又发布了《中共中央宣传部、教育部关于进一步加强和改进高等学校思想政治理论课的意见》。该意见主要对现有的大学法制教育课程的名称和内容作了修改，如在校本科生学习法制课程的数目由以前的2门提升到新规定的4门。2005年3月9日，国家教育部和中共中央宣传部共同发布《〈中共中央宣传部、教育部关于进一步加强和改进高等学校思想政治理论课的意见〉实施方案》（以下简称"05方案"）。该方案指出大学本科法制教育课程《思想道德修养与法律基础》的学分一律为3分，课程的内容应包括法制学习和道德学习，课程旨在提升在校学生的法律素养和道德素质，为学生今后迈入社会生活提供一定的法律知识。

2006年3月17日，国家发布了中央宣传部、司法部《关于在公民中开展法制宣传教育的第五个五年规划》。该规划明确指出进行法制宣传教育是为我国全面开展依法治国政策打基础。我国的"第五个五年"法制宣传教育的目的是在顺应国家大发展的前提之下，全面提升我国公民的基础法律知识水平，使我国公民能够通过法律途径解决日常纠纷，为我国全面推行依法治国打基础。此外，该规划还指出，应该继续加强对我国公务员的法制教育工作的建设，提升我国公务员的法律素养，促使公务人员能够在日常工作中严格做到依法、守法、合法。

2007年，党的十七大报告提出了加强公民意识教育、树立民主法治、自由平等、公平正义的理念。公民意识教育思想的研究出现了前所未有的热潮。

2011年7月27日，国家发布了《中央宣传部、司法部关于在公民中开展法制宣传教育的第六个五年规划（2011-2015年）》。该规划将深入学习、宣传中国特色社会主义法律体系和国家基本法律、社会管理的法律法规等，以及加强反腐倡廉法制宣传教育纳入主要任务。

我国的全民普法工作一直都将在校学生的普法工作放在非常重要的位置。尤其是我国的高校在校生，提升这个群体的法律素养是我国全民法律素养提升建设工作中的关键。伴随着我国高校法制教育的不断完善和提高，我国的全民法制建设工作将进入一个新的时期。

改革开放以来的法律教育实践在客观上早已唤醒和激发了大学生的公民意识。因此，在一定意义上，我国改革开放以来的大学生法律教育实践的进程也是一个公民意识养成从觉醒到深化，进而成为教育重心的过程。

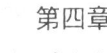

第四章

公民意识养成视阈下的大学生法律
教育问题及成因分析

大学生是社会成员中的一个特殊群体，他们即将成为社会建设的中流砥柱，他们公民意识的养成将会影响到我国整个社会公民素质的高低和发展方向，在某种程度上也决定着我国法治社会的发展状况。大学生法律教育是公民意识养成的主要途径，从公民意识养成的视角全面洞悉当前国内高校学生的法制教育的不足，从中找到这些不足产生的缘由，将极大地完善现有高校学生法律教育体系、推进大学生公民意识养成的实施，具有重要的理论及实践价值。

一、目前大学生法律教育需改进之处

目前，高校大学生的法律教育就其发展而言是符合社会发展的潮流的，高校能够充分认识到大学生法律教育与公民意识养成的重要性。表现在：第一，法律教育的理论研究不断深入，其成果也日渐丰富。法律教育的理论文章和科研课题日渐丰富，所涉及内容很广，在某些方面更接近高校学生的现实生活，这在很大程度上指出了在我国高校进行法律教育的重要性。第二，教学方式出现了多样性，且重点突出了法律教育的实践性。以现有的高校法律教育为基础，国内的高校可以积极探索并开展不同形式的法律教育，使得高校在法律教育方式上逐渐呈现多样性，从调查问卷和各种各样的讲座到模拟法庭和诊所式法律教育，无不使得法律教育更具有务实性。第三，国外先进的法律教育经验不断被引进、比较、借鉴。通过对国外高校法律教育的深入研究和适当引入，采用中外结合的方式为我国高校大学生法律教育工作中存在的问题提供解决方案，这在一定程度上可以对我国高校的大学生法律教育的顺利开展和发展起到推动作用。

但是，由于受种种因素的影响，当前高校大学生的法律教育工作在教育方式、教育内容、教育途径等方面都存在诸多问题，使得公民意识养成在法律教育中没有得到很好的落实。

（一）大学生法律教育地位需提升

纵观我国的法律研究历史，我们不难发现，我国到目前为止还没有明确提出什么是法律教育，更不用说对法律教育重要性等问题的研究了。官方正式文件中最多只有"法制教育""法制观念"之类的提法。

在"05方案"中，合并后的《思想道德修养与法律基础》作为大一学生的一门必修课，既包括了原思想道德修养课的全部内容，也浓缩了专业法律教育的全部内容（法制史除外），其中讲授法律知识和理论的内容较少，而且现在只有3个学分，各高校一般只会安排40学时左右的课堂教学时间。实际上，和以前相比，等于减少了1个学分，法律基础的实际课时数量较以前有所减少。这就意味着，按照新的教学要求，法律基础的授课内容被一定程度地削弱了。在体例上，"法律基础"部分被置于"思想道德修养"内容之后，教材共六章，只有第六章是完整的法律内容，[1]这也往往会造成该课程教学中的"虎头蛇尾"现象，"法律基础"部分甚至常常成为任课教师"删除"的对象。

---

〔1〕　参见《思想道德修养与法律基础》（2018年修订版），高等教育出版社2018年版。

改革后，课时的削减使得法律知识和理论的教学更感时间紧迫，虽然新方案强调对大学生法律意识的培养，但法律意识的培养是以法律知识和理论的掌握为基础的，离开了对法律知识和理论的掌握，法律意识的培养也只能是"无源之水，无本之木"。许多教师都认为法律教育在一定程度上被淡化了，存在被边缘化的危险。

（二）消极的守法教育，义务本位的教学取向

尽管重视全方位的法律素质教育的呼声很高，但师生的教学活动仍然主要是围绕法律具体制度、条文来展开的，教学评估也主要是对学生知识掌握情况的考核。传统的法律教育主要是以普及法律知识为主，重点放在对现行法律（主要是实体法律规范内容）的了解和学习上，在校规校纪的教育和宣传方面亦着重强调学生要绝对服从管理，说明我国的法律教育当前还停留在守法教育这一层面，这种教育模式使不少学生的法律观念中带有消极成分。学习法律不是为了养成法律素质，仅仅是应付考试而已，这样必然会影响法制教育的效果，显然是与现代法律教育的客观要求不相适应的。

高校传统法律教育仍然残留着义务本位的指导理念，在内容安排上强调对学生进行守法教育，旨在让学生在生活中不触犯国家的法律法规，而较少涉及如何提升学生的依法维权能力。在教材内容的安排上、在教育者的教学重难点设置上，都注重对学生进行义务性法律规定的传授和讲解，突出对学生进行"守法"意识的灌输，对"用法"意识的培养存在不足。

在义务本位的高校法律教育过程中，告诉学生"不应该怎样""禁止去做这样那样"，等同于在潜意识中先认定全体学生是"恶"的，是"违法违规队伍的预备群"，必须通过有关法律教育活动才能纠正。这样的法律教育活动一味看重学生对法

律知识本身的掌握，而忽略学生对这些法律知识的应用能力，会在一定程度上打击学生在法律学习过程中的主体性。一味强调义务为主的法律教育思想会严重压制学生的个性和思维能力，不仅无益于学生法律素质的增强，而且有可能使得学生由于片面理解法律的强制性而惧怕法。

（三）法律教育内容需进一步拓展

1. 过于强调对抽象的法学理论的教学

法学理论具有抽象性和概括性，对各部门法起到宏观指导作用，即使对于法学专业的学生而言，法学理论也是很不容易被深刻理解的。给非法学专业学生讲授过多深奥的法学理论，会降低学生学习法律的积极性。非法学专业的法律通识课的教学课时非常有限，不可能把所有知识、理论都讲全、讲透。因此，一定要紧紧抓住教学目标，不宜讲太多高深的法学理论，而应该把法学理论融进法律规定和案例教学之中，重点是培养学生的法律思维，增强学生的法治观念和公民意识，指导学生利用法律手段去应对日常生活中的实际问题，同时使学生充分地认识到自身应尽的义务和享有的权利，扮演好自身在社会中的角色。

2. 教材无法全面反映当前最新的法律知识

改革开放四十年来，我国的经济取得了举世瞩目的成就，而当前更是我国深化经济改革的关键时期，加大力度进行全民法制建设已显得刻不容缓，提升国民法制意识也显得越来越重要。正是基于这样的社会环境，我国近几年来对于法学方面的研究成果不断取得突破。然而，目前高校选用的法制教育课本却大多都是以往的版本，并没有将最新的法学研究成果放进课本，这使得高校的法制教育长期滞后于实际情况。此外，教学的目的是向学生传授法制基础知识，而不是让所有的学生都成为专业的法律人士，所以，课本内容应该摒弃全面的法律知识讲解，而将一些与现实结合得非常紧密的法律知识详加讲解，并用当前的实例作说明，如此才能激发学生的学习热情，让学生能够积极地参与到课堂中，更重要的是能够让学生真正学到实用的法律知识，提升其法律素质。

3. 教学内容过分强调义务而忽略权利

以往，我国在高校开展法律教育时，大多都是全面向学生灌输各种法律知识，基本没有涉及法律的价值问题，纵然有些学校涉及这方面的内容，往往也都是站在国家和社会的位置上去思考讲解的。这表明，以往的法律教育的主要目的是让受教者成为一个守法、遵法的公民。这样做，一是学生仅仅学到了一些法律知识，而缺乏实际的应用能力，更谈不上利用法律去解决实际问题。此外，过分强调公民义务，而忽略公民合法权利极大地妨碍了学生形成健全、完善的法律意识，严重影响了学生学习的积极性。所以，今后高校的法制教育应该将义务和权利放到同等的地位上，全面、无保留地向学生灌输，充分调动学生的学习积极性。二是未将学生放到法制教育主体的位置。法律最根本的作用就是保障生活在该国度的公民的合法权利，然而，在我国以往的法制教育中，灌输的思想往往是法律是国家用来管理和规范公民的工具。在这样的培养思想下，公民往往都是守法、遵法的公民，而不是具有独立法律思维的公民。所以，政府和高校要加紧完善法制教育体系，客观、公正地进行公民权利和义务的教育，努力培养出具有健全法律意识的公民。

（五）法律教育方法应更注重实践环节

总体说来，法律教学采用的方法不能充分调动学生的积极性，也严重降低了授课老师的授课积极性，如此便形成了恶性循环，最终使得高校法制教育的成果日渐式微。

1. "填鸭式"的教学模式

在我国以往的教学体系中，老师往往都是一股脑地将授课知识不断讲给学生听，将教学大纲规定的内容全部讲完为止。在传统的讲授式教学中，教师负责讲授，学生边听边记笔记。在这种僵化、死板的教学状态下，学生完全是被动学习知识的，几乎没有积极参与思考和自主分析问题的机会。以课堂讲授为主要教学方法，教育途径单一化。以知识为主要目标的教学模式仍然是主要的教学方法。这种老师在台上讲，学生在台下听的方式，往往重视对法律理论知识的讲授，都忽视对法律素质能力的培养。这是一种单向的传授，学生只能被动地接受，师生之间在课堂上很少开展讨论或任何形式的交流，更不用说提出不同的见解、与教师争论了。学生在教学中是被动的、从属的，学生的主动性、独立性、批判性难以发展。自学、讨论、调查研究等都处于辅助地位。在这种情况下，学生很难体会到学习法律的重要意义，更不能体会到民主法治社会中公民的价值。同时，教师的知识讲授中没有一条主线贯穿其中，缺乏体系性，内容纷繁庞杂，很容易导致课程结束后，学生"全盘皆忘"，更谈不上良好公民意识的培养。

2. 法律教育途径单一

目前，大多数高校针对非法律专业的大学生几乎都是通过开设一门《思想道德修养与法律基础》来完成法律教育的任务，除此之外，少有其他的法学类选修课，根本满足不了大学生学习法律的需要。而对于《思想道德修养与法律基础》，大多数学生只关心这门课好不好学，考试能不能过，而对学什么、怎么学则并不关心。

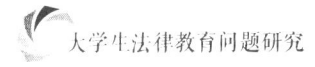

3. 实践环节薄弱

在现行大学生法律教育模式中，学生运用所学法律知识创新实践的机会非常少。任何能力的培养都需要知行结合，仅仅掌握了大量的、系统的法律知识并不意味着法律素质的提高，其还必须体现在日常生活的守法意识中，体现在运用法律的实践中。然而，在现实的《思想道德修养与法律基础》教学模式中，系统知识的授受却占用了绝大多数的教学时间，无法在教学中为学生提供足够的实践机会。不少高校虽然对法律教育理论教学抓得比较严，但却不能很好地引导学生把所学理论运用于实践，学生将法律知识的理解和掌握仅仅局限于感性层面。同时，受课时、经费、大班教学（"基础"课的教学班编制一般在100人左右）、社会平台等诸多因素的制约，尽管在理论上早有不少对"案例教学""模拟法庭""法学诊所"等实践教学方式的探讨，但这些对于"基础"课实践教学的开展只能是"纸上谈兵"。

4. 新教学方法的探索受到诸多限制

在以教师为主导的课堂教学关系中，教师的引领作用至关重要。但是，基于对法律基础课教学中公民意识养成的重要意义认识不够、对公民意识的养成过程缺乏了解、课时非常有限等原因，有的教师不会使用新的教学方法或者不愿意轻易调整教学方法。许多教师对传统方法已经"驾轻就熟"，一种新的教学方法的引进往往需要教师投入很多的时间和精力。新的教学方法需要不断探索、调研、思考和总结，都有一个适应过程，必然会产生较高的成本和难以较快见效的结果。特别是在传统的教学评估体制下，高校老师缺乏探索新教育方式的激情。

二、目前大学生法律教育问题的成因分析

随着市场经济的日益成熟和法治建设的不断完善，大学生

公民意识养成比以往具备更好的社会条件。表现在以下几个方面：

第一，大学生的参与意识使公民意识养成有了更好的社会、历史条件。随着市场经济的日益成熟，民主化的进程，社会组织的变革，以及社会文化的变迁，我国社会中个人与社会的关系发生了很大的变化。在改革之前，社会成员大多被封闭在单位组织内，社会参与的渠道比较有限。那时的人们与其说是具有公民意识，毋宁说是具有"单位意识"。社会的转型导致许多社会事务需要个人的参与来解决，个人需要强化维护自身权益、实现自身价值的能力，而这一切则在无形之间催生了一种公民意识。特别是改革开放以来，大学生对社会事务的敏感度一直保持着较高的水平。例如，在发生社会重大事件的时候，大学生群体往往是最早的参与者。他们高度关注社会政治问题，具有较强的、积极的政治参与意识。他们有理想、有抱负、有参与热情。因此，现实生活中的政治、经济、教育等事关国家建设、改革和发展的大问题都高度吸引着他们的关注。我们从近代史的"五四运动"中就能够发现其历史原脉和现实根基。

第二，大学生公民意识养成有了更好的科技条件。现代的科技发展也为公民意识的养成提供了条件。现代社会中，人与人的关系在科技革命的背景下得以改变。特别是互联网的出现，解构了传统的人际关系，也改变了个人与社会的关系。在互联网上，每个人都可以具有平等的发言机会，因此，也具有平等的参与社会事务的机会。年轻人是互联网最忠实的使用者，在虚拟的网络中，年轻人有更大的动机参与社会与政治事务。并且在参与的过程中实现自身的价值。"网络公民"已经成了现实社会的影子，科技的发展极大地促进了公民意识的养成。全球化的不断深入成了高校学生的公民意识养成的宏观条件。全球化是一个文化交融的过程。现代社会中，大学生进行文化交流的机会越来越多，对其他文明也有较为通畅的认知渠道。通过沟通交流，大学生全球化的公民意识能够得到较好的培育。社会学家哈贝马斯曾提出过著名的交往行动理论，倡导私人从自己的狭隘境地中重新走入公共领域，开展有效的交往行为，在对话、沟通和理解中结成社会关系。[1]

第三，大学生的国家意识和法制意识使公民意识养成有了更好的基础。国家意识主要是指公民对所属国家的历史、现状、发展前景所持有的认知、情感、观念等的总和。国家意识和法制意识是公民意识的重要组成部分。学校教育和课外阅读可以让大学生更好地了解我们国家的历史，从而有利于国家意识的养成。再者，越来越多的国际学术交流使得在异国他乡的学生深刻地感受到了祖国是自己的坚强后盾，国家意识往往伴随着某些事件而得到强化。没有条件出国深造的大学生，在国内能够感受到国家繁荣所带来的民族自豪感，同样会增强他们的国家意识。至于法制意识，年轻一代要强于老一代。在社会发展的过程中，法制理念是逐步发育的，中国传统社会中较多地重视"人治"，而忽略"法治"，因此在社会交往中仍保留着一些旧有规则。在这方面，老一代人更容易受到传统的影响，而新一代人则更好地摆脱了传统因素的桎梏，能够更好地用民主和法制来处理日常工作和生活中遇到的问题和挑战。

然而，值得我们注意的是，我国的传统思想、文化以及法律与现行推广的法制教育之间存在着一些矛盾之处，使得我国高校学生不易形成健全的公民意识和法律素养。这些因素造成我国大学生法律教育尚存在诸多问题、大学生整体公民意识

---

〔1〕 刘少杰主编：《当代国外社会学理论》，中国人民大学出版社 2009 年版，第 201 页。

薄弱。

（一）教育理念亟待更新

长期以来，由于受我国的传统思维、过分看重功利的教育理念等因素的影响，我国的高校学生很难形成健全的公民意识。我国现有的教育理念相对而言是比较狭隘的，过分地强调教育中知识的重要性，这使得我国现有的教育体制或者教育目的均不同程度地与现代教育脱离，不仅严重影响了我国的教育发展，也阻碍了我国高校学生形成公民意识。

1. 教育的知识化和功利化倾向的影响

当前，我国的教育基本都是应试教育，在这样的教育模式下，占据着主导地位的是知识本身，而不是学知识的学生。将知识放在教育最重要的地方，其表达出的思想有以下几点：一是教学的目标是服务于社会建设，其看重的是知识的传递；二是学生所学的知识要与今后从事的事业完全挂钩，如此才能够让学生充分掌握必备的工作技能，以便在今后能够以最快的速度适应和完成岗位的工作内容；三是以知识掌握的情况判别学生是否可以进一步深造学习。在以上的这些思想中，我们不难看出，传统教育的目的是进行知识的传递和掌握，将学习的过程变成了学生攫取必备知识的过程，而忽略了学生在学习过程的主导地位，这种教育模式不利于发挥学生学习的积极性、主动性和创造性，与现代教育并不完全吻合。

把知识看作是整个教育的关键之处，最直接的后果就是将教育变得功利化。功利化的教育在我国的高校体现得非常充分，如高校为了满足社会发展的用工需求，盲目扩大招生比例，或者倾斜学校的教学资源用于发展热门专业，如法律专业、计算机专业等。近几年，我国出现了供过于求的热门专业毕业生，其根本原因就是高校盲目招生。此外，我国高校的功利化教育还体现在高校学生的课程学习中。如高校为了提升学生的专业技能，强制规定学生应该学习的课程，使得在校学生缺乏其他精力去学习一些人文、艺术等培养学生情操的课程。另外，为了体现国家倡导的素质教育，高校强制学生学习一些人文课程，而非学生自愿选择，表面看来是为学生的人文素养着想，其实却损害了学生的自主学习热情。

2. 法制教育德育化的影响

我国高校中与德育相关的教材并不多，这就使得我国的高校德育出现了片面、粗糙的现象，不够系统、全面、连续。我们应该认识到"法律人"和"道德人"是有着本质区别的，一个道德的人或许并不懂法，但是他却是一个好的公民，而一个懂法的人如果缺乏了道德，那么其往往会做出伤害社会的事情。所以，道德和法律根本不在一个范围之内，是需要分别学习的。一般认为，德育的内容主要包括思想教育、品德教育以及政治教育三个方面。其中，思想教育是指对人的世界观和人生观的教育，品德教育是指对人的内在品质的教育，而政治教育是指对人的政治观点、态度以及立场等内容的教育。由此我们也可以看出，德育和法律教育并没有绝对的交集。此外，一些国家虽然也看重学生的道德教育，但是这些国家的传统教育却是法制教育，这也使得这些国家区别对待了德育和法制教育，如通过配备不同的教师、编写不同的教材等。可见，我国简单地把法制教育当成德育是造成公民意识薄弱的原因之一。

（二）基础教育阶段薄弱的公民意识教育

我国的基础教育强调对中小学生进行思想品德教育，忽视了对公民态度和习惯的培养，使得目前高校法制教育中公民意识基础薄弱，给高校开展公民意识养成带来了很大挑战。

众所周知，青少年时期是培养好习惯的关键时期。"一个人从小所受的教育把他往哪里引导，能决定他后来往哪里走。"[1]"在一个人身上，头一次的印象是黏附得非常坚实的，只有奇迹才能消灭它们。所以，最谨慎的办法是，在很小的时候，就去把人形成到合乎智慧的标准。"[2]可见，基础教育在整个教育体系中扮演着非常重要的角色。

在开展我国的基础教育工作时，应以公民的习惯和态度为基础去培养学生做一个好公民，高等教育阶段再从公民意识的角度来深化学生对公民主体地位和公民价值的理解，让学生从自发的公民行为走向自觉的公民意识，从朴素、感性的情感认知走向成熟、理性的价值判断。然而，现实中，我国的学校教育却是用高远而抽象的理想道德标准来教育学生，形成了一个本末倒置的教育模式。受年龄和社会经历的限制，在基础教育阶段，学生难以理解高深的理论，难以实际效仿道德品行非常高尚的社会楷模，导致教育效果不理想。高等教育作为基础教育的更高层次，本应建立在基础教育的基础上，但却在公民意识教育上无法与之衔接。大学生心理上趋于成熟，头脑中已经形成了一些定型的思维模式，要想改造其思想意识便需要付出更大的努力。可见，基础教育中公民意识教育的不足对高等教育中公民意识教育的发展造成了很大影响。

〔1〕［古希腊］柏拉图：《理想国》，郭斌和、张竹明译，商务印书馆 1986 年版，第 140 页。

〔2〕［捷克］夸美纽斯：《大教学论》，傅任敢译，教育科学出版社 1999 年版，第 31 页。

第五章

国外大学生法律教育在公民意识
养成过程中的经验借鉴

　　法治发达的国家同时也是法律教育比较发达的国家。虽然大部分发达国家并不开展非法学专业的法律教育，但是它们的高校在法学教育形式上不拘一格，具有很强的实践性。通过借鉴国外大学法律教育在公民意识养成过程中的经验，吸收它们的教育成果，可以为我国高校大学生法律教育提供经验借鉴。

一、国外大学生法律教育在公民意识养成过程中的经验

(一) 美国的经验

　　美国在法治方面的发展水平领先于绝大部分的西方国家，其同时也是一个法律教育比较发达的国家。美国公民意识养成的主轴是公平、民主、爱护三个方面，强化人们的爱国思想和公民的各项基本权益是美国大学生法律教育的重要内容。美国高等学校法治的教学标准是根据人们思想的形成标准设置的，总体上涵盖了公平性标准、公共性标准和多选择性标准。

　　公平性标准是指，在向高等院校学生教授法律知识的时候，一定要表现出人们对于公平性的追求，要向每一名学生普及公平性对于国家发展的关键作用，也就是在开展法治教学时要表现出公平性。老师在对待任何一名学生的时候，都需要遵循公平、一视同仁的原则。法治教学的公平性一般涵盖两个方面：

一是人们接受法治教学的概率是一样的、所拥有的受到法律教育的权利是一样的。在美国的高等院校中，学生可能来自不同的国家和民族，所有的老师都需要认真、公平地对待所有学生，不管学生的民族、皮肤颜色和性别是否有差异，他们都一样拥有受到教育的权利，拥有作为一个美国人的基本权利。

公共性标准是指，美国高等院校实施的法治教学一定要把为人们提供公益服务作为基本方向。美国的法治教学和所有的政党都是无关的，具有国民普及性。同时，它和各个宗教也没有任何关系，在美国高等院校法治教学中不存在任何污蔑或者有益于任何党派的条例和理论。

多选择性标准是指，在美国高等院校法治教学中，法治教学内容的范围非常宽泛，所有和美国人有关联的法律一般都会出现在高等院校的教学课堂中。也就是，从小学到大学，学校都会为学生安排他们喜欢的法治教学科目。

美国对于隐性教学是非常重视的，力图最大限度地发掘隐性教学对学生思想形成的影响。隐性教学具体来说，是一种不太直接的公民思想教学方法，使用思想渗透的教学方法，把公民思想教学表现在所有文字、艺术和媒体途径中，把公民思想渐渐地转变成公民自身表现出来的素养。美国这种隐性教育体现在多种教育途径中。

首先，注重学生的自主参与。美国学校的法律教育虽然仍然不能脱离法治理论的直接传输，但是，法治教学主要是按照启发的方式进行的，让学生能够自由、独立地思考问题。这也是美国高等院校法治教学的特点。美国高等院校法治教学的气氛是自由的、民主的，但同时并不缺乏严谨性。教师一般不会拿着书本一直站在讲台上授课，而是使用多媒体的方式和学生们进行语言上、思想上的互动。学生在听课过程中也能够打断教师的授课或者发表和老师不同的看法，教学气氛是非常轻松、融洽的，一切讲究真理至上。美国高等院校的老师一般都来自很多不同的国家，他们在语言、皮肤颜色、文化方面都有很多不一样的地方。这种以学生为核心的教学方法在很大程度上实现了人的自主性，学生能够充满兴趣地学习到自己需要的知识，这也极大地增进了学生学习的主动性。

其次，美国高校法律教育方法多样化。教育工作者在详细的教学步骤之中可以按照学生的具体状况和教学标准，有效地调整自身的教学方式，这样的教学方式具有很强的实用性。美国高等院校的法治教学一般不会使用灌输式的教育方式，老师和学生的交流是平等的，课堂同时也要通过师生的互动来完成教学的内容。法治教学方式把教学过程作为基本。目前，在美国各个不同区域所使用的教学方法大同小异，但是也有比较新颖的教学方法，比如，知识基本创建方法、价值分辨方法、原谅方法、道德教学方法、价值研究方法、社会分析方法等。这些方法在美国高等院校法治教学中拥有很好的表现。与此同时，美国高等院校经常会邀请有名的律师、有相关法律知识的义工开展校内讲座；通过各种法律类型的实践活动，让学生进行互动，按照课堂上学习到的法治理论进行实例研究，进而判断法官的判决是否正确。除了课堂环节的知识教学，美国高等院校还会派送大量学生到当地警察局、律师场所进行现场学习。不同的教学方式，既可以训练学生的法治思想和法律思维，又可以加深人们对法律的认识。

其次，教学方法的多元化。美国高等院校很关注法治教学的方法整合。其主要表现在以下几个方面：一是法治教学在多个科目中的应用。法治不仅仅被安排在法律课堂中，其他教学科目对其也要有所涉及，比如政治科目、道德科目、历史科目、人文科目等。例如，美国某个大学就开设了一个关于总统的科目。这个科目主要是对美国政府有关部门的作用、产生和历史渊源，还有总统和各个政党、部门的具体利益关系，领导人员的政策手段等进行详细的讲述，最大限度地掺入了美国经济政治文化元素。这是美国政府对于高等院校法治教学的基本要求。[1]另外，美国高等院校公共思想教学主要是依靠学校的课程教学来进行的。美国的公共教学是所有科目中比较另类的一门课程，需要运用不太一般的方式，把公共思想教学渗透到全部科目中去。二是发挥隐性教学的作用。美国高等院校将法治教学和高校文化创建紧密地联系了起来。例如，美国高等院校有很多实践活动，包括学生会活动、节日庆祝活动、社团类型活动和社会实践活动，在这些活动中都可以掺入法治教学，体现美国的法治思想。三是将三位一体的关键作用最大化。高等院校和家庭、团体等各种社会群体创建了标准的关联，美国高等院校在校园文化、学术研究、节日祝福活动、社团活动、学生会活动、时间行为、宗教行为中都进行法治教学，充分体现教学的普及性，传递基本的法治思想观念。在美国，不管是普通的媒体、家庭、高校还是团体，抑或不同的利益团体、宗教组织，在所有地方、不同时刻都可以被用来传递美国的法治思想、宗教理论和法律知识。在美国，各个地方都不惜人力、物力对教育环境进行大力投资，比如修建各种博物馆、名人参观点等。在某些地方，很多关键的街道都是用历史上比较出名的人物来命名的。这些地方还有周围的氛围从某种意义上来说表现了美国的政治思想和法律观点，其毫无疑问可以成为学生们实践学习的重要材料。

---

[1]　赵飞："中美学校德育实施途径比较研究"，载《思想·理论·教育》2001年第2期。

美国官方非常关注家庭、宗教和社会的集体教学，通常会使用社会的各种资源进行关联，参与公共意识教学。第一，家庭方面的教学是非常关键的一个环节。美国非常关注对学生母亲的教学，其不仅对个人权益、家庭权益和国家权益非常重要，对于让家庭中的年轻人拥有优秀的素质和道德品质而言也是至关重要的。第二，展开丰富的社会实践教学。利用不同的公共环境条件，将公共思想教学推广开来，构建教学体系。比如，拥有历史韵味的纪念地点、博物馆是爱国思想宣传、历史文化知识教学和未来教学的关键位置，在隐性教学的步骤中，接受教学的一方会受到公民思想教学的感染，进而达到教学的目标。第三，宗教教学在国家的公共思想教学中充当了一个非常关键的角色。美国通过宗教来影响人们的思想和改变社会环境，从而改变家庭生活，以此来实现掌控国家的目标。美国有关部门非常清楚如何来对公民的思想进行教学，使用具体的团体活动和宗教形式，对人们的思想观点进行有效的支配。公共思想教学的关键方法是让学生参加社会活动。其中，备受国家关注的针对年轻人的公共思想教学就是一个非常行之有效的教育方式，也就是组织学生在实践活动中学习知识，理论结合实践，让课堂上的知识变得实用。高等院校的社团活动、文化行为和各种庆祝活动都是形式多样、花样百出的。这些实践活动渗透着公共思想和政治观念，让学生不拘泥于课本，获取各种实践知识，增强学生的心理素质并提高学生的道德品质，使之逐渐形成正确的价值观和人生观。

美国高等院校法治教学最为重要的是师资力量的保证。师资力量主要包括三个角度：一是招聘高等人才和拥有实践经历的律师，这种方式是比较普遍的，也是主要的教师来源。美国高等院校教授法律知识的老师都必须要拥有法律专业硕士及以上学历，还有部分老师是法律专业的博士。二是给专业的法律人才提供较好的生活和授课环境。三是在教学过程中使用轮换制度，也就是对于同一个教学科目，分别由不一样的老师来进行讲授。这样的讲课和老师分配方法能够让听课的学生有一种焕然一新的感觉，也能够使老师置身于竞争的环境中，提高他们的讲课积极性，这有利于挖掘教师的创造性。

（二）英国的经验

经过近百年的发展演进，大学和职业组织逐渐成为英国法律教育的重要力量。通过两者的分工合作，英国建立健全了一套比较完善的法律教育体制。近年来，英国的公民意识教育是伴随着英国公民教育计划开展的，以重建公民社会作为教育的目标，重新建立了一套新的公民意识教育标准，完善了教育的具体内容和途径。

英国法律教育的传统是注重实践，以实践为目的去培养法律人才，注重对人才职业素养的培养，并且，这种传统被一直延续至今。目前，英国各大法学院都是针对培养职业性的法律从业者来培养学生的，而不是一味地培养法律理论家。

利用什么样的模式培养法律人才多半取决于法律教育人才的培养目标。中世纪时期，兴起了一种以培养懂法、用法的技能型人才为目的的律师会馆。这些会馆会通过一些有经验的业内人士去培养青年人，注重知识的实用性。随着社会的发展，高素质人才的需求量越来越大，法律教育不仅要传授具体的法律知识和法律学说，还要培养学生的职业素养，目标是使其成为具有优秀的法律思想和行为能力的人。由于法律教育培养人才的目标发生了变化，因此相应的法律教育体制必须做出对应调整。英国从19世纪末开始在加强传统职业法律教育的同时，开始强化基础法律教育的作用和地位，利用大学和学院来完成

基础教学，建立一个新型的法律教育体制。

近代以来，英国出于本土学院大学自由教育的传统观念和现代社会对法律人才的需求，将法律教育建立在学院大学之上，利用大学完成法律教育中的基础教育环节。另一方面，法律与社会的密切联系也决定了基础教育在法律教育中的重要地位。杰斐逊曾经这样强调过，学习法律的人要阅读广泛，涉猎各个学科，扩大阅读量。"如果具备了这方面的基础，你就可以从事正规的法律学习；如果掌握了相互联系的科学，也将有助于精通法律，这些科学主要由自然法、纯文学、物理学、伦理学、评论、修辞学、宗教和演说才能组成。"[1]"职业教育和自由教育不存在根本的矛盾，相反，两者构成了法律教育的必不可少的内容。"[2]由此可知，大学法律教育有着自己独特的优势，使得法律教育成了大学教育中的一个有机组成部分，从而使大学法律教育获得了较大发展。

英国新型法律教育体制主要被分成两部分，即大学和学院，两者分工协作。学院的主要职责是教授学生相关的职业责任（包括对整个法律体系、对当事人所承担的责任），教授从事法律职业的基本法律技能（写作、研究、思考、像律师一样行为的能力），向学生教授实体法律的基本内容，以为学生日后实践工作打下基础。依托这种新型的培养体制，法律人才的法律知识会被不断精炼，并逐渐体系化和理论化。英国的法律课程开放范围非常广，无论是于19世纪创办的大学学院还是像牛津剑桥那样有深厚历史的古老大学，都开设有法律课程，通过上课

〔1〕 〔美〕丹尼尔·布尔斯廷：《美国人：开拓历程》，中国对外翻译出版公司译，生活·读书·新知三联书店1993年版，第234页。

〔2〕 Kahn-Freund，"Reflections on Legal Education"，*Modern Law Review*，Vol. 29，No. 2，1966.

或讲座等方式来完成对学生的法律基础教育。学员在修完所需课程并通过课程考试后，可以直接获得所在学校（如伦敦大学、牛津大学和剑桥大学）的大学学位，或者通过申请获得伦敦大学的校外学位。在法律人才的培养过程中，大学的地位日渐重要，并逐步奠定了 20 世纪英国大学法律教育的基础。虽然说大学法律教育和在大学中取得的学位并不能直接影响学生在未来从事法律职业，但这并不意味着大学法律教育不重要。学院大学教育将法律课程的学习系统化、标准化，通过理论结合实际的教学方法传授法律基础知识，利用案例使学生更直观地在大学学院中掌握法律职业的素养和相关的基础知识。为了更好地完成大学教育的任务，学院和大学分工协作。学院负责对具体的基础法律知识的教授，而大学只负责评估考试；学院负责教学管理，大学负责发放学位。大学本身不招生授课，这使得大学从一个教学机构转变成了一个考试机构。而负责法律教学任务的学院在招生、管理、教学、财务上各自为战、分区自治。根据 1887 年的相关法律，学位申请人在毕业前必须向大学学位委员会提交自己发表的著作或论文，然后，学位委员会找两位专家对申请人提交的材料进行评审审核，通过专家的反馈意见来决定是否向申请人授予学位。

　　学生在完成了法律基础教育并获得学位之后，还要通过职业组织的职业教育和职业培训。培训可以锻炼学生通过实践法律基础知识来增强法律职业素养，从而使自身具备相应法律职业的从业资格，进而可以从事相关的法律职业。英国本土的事务律师的法律协会通过组织四大法律会馆的方式不断完善化、体制化英国的法律讲座，并且建立健全了法律考试制度，将模拟法庭辩论、法庭观摩和案例讨论的方式贯穿于整个法律教学过程中，培养学生从事相关法律职业的职业素质。除此之外，

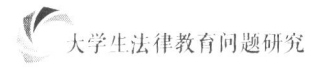

业界组织还会邀请业内权威专家开展讲座，以此培养学生的角色意识。

基于应用新型法律人才的培养模式，英国的培养特点是虽然各法律院校和各地区在法律人才培养过程中具有较大的自由度，没有统一的司法考试制度和法律教育体制，但是有相应的机制来保证法律人才具备达标的职业素质。要想培养学生法律实践和应用能力就要关注法律教育。英国法律教育的价值追求是既强调人文教育，也强调职业法律教育，通过将职业教育和人文教育有机地结合起来，充分发挥法律教育功能，不仅要教给学生个人有用的知识，还要培养他们的独立思考能力。通过大学学院与法律职业组织分工合作，很大程度上提升了法律人才的职业素养。

在新型的法律教育体制环境下，整个英国的法律教育体系被分割成了两个部分，大学学院主要通过适当的方式完成法律的基础教育，法律职业组织利用合适的手段对学员进行专业技能培训。

在英国，课程的系统化备受大学学院重视，从基础教学开始，如何组织教学，开设哪些课程，都由大学学院考虑决定。相应开设的一些选修课，都偏重于教授理论基础知识。大学学院的课程体系是会随着社会发展的需要而不断变化的，以使其自身得以适应目前社会的发展。就如19世纪时的英国，法规之多、程序之复杂，使得业内人士不可能胜任多领域的工作，因而相应诞生了个人侵害、医疗事故等多个领域的专业组织，而进入这些专业组织的律师都要通过各个专业领域的考试。为了适应这些新兴的专业化法律组织，英国各个大学的法律教学环节都做出了相应的改变：首先，大量增加法律课程。为了扩大学生自由选择的空间，添加一些如国际法那样的符合社会需要的新课程。其次，基础课程逐渐偏于理论化。通过加强理论学习知识来培养学生的法律思考能力，教授学生分析和观察问题的方法，以期通过理论结合实践的方式培养出具备思考能力的优秀的法律工作者。除此之外，在课程安排上，大学学院还增加了许多法律历史和法学理论以及比较研究和法学方法的课程，通过这些课程来培养学生的抽象思维能力并加深学生的理论深度。在这方面，英国与美国有很大的不同，在课程体系上，英国在 19 世纪起就开始重视开展法律史等理论性课程，而美国则更晚一些。众所周知的是，学生必须具备"罗马法-民法"这一系列的基本知识才能真正掌握普通法的精神和原则。只有站在历史发展的角度去理解、看待这些精神和原则，才能真正地掌握它、运用它。

在英国，所有的大学基本都开设有法律课程，学生经过 3 年的课程学习，通常都能获得法学学士学位（剑桥大学与牛津大学授予文学学士学位），但取得律师资格并不一定非要获得相应学位。大学期间的法律教学只是普通法律教育的一个环节，仅仅是提升学生素养的一种方式。英国的大学与其他西方国家的大学的最大不同在于，英国的大学非常注重教学环节，直到第一次世界大战期间，牛津大学仍然把教育目标设定为造就一个人，而不是撰写一本书，延续了它根深蒂固的精英教学模式。牛津大学和剑桥大学在录取学生时筛选得非常苛刻，学生不仅要具备很高的智力、身体素质，还要得到其所就读的中学的推荐，通过大学的笔试和面试。除此之外，学生还要通过普通教育证书高级水平测试。因此，在这两所学校中接受法律教育的人数增长得很慢。在法律教育的内容上，英国坚持自由教育理念，不仅重视对学生的道德培养和学生身心健康发展，而且注重向学生传授从事职业所需要的知识技能，提高学生的素质和

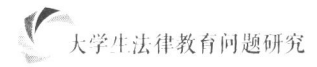

修养。综上所述，大学学院的教育在很大程度上填充了现代社会对高素质法律人才的需求。

高校的法学院虽然可以通过模拟法庭、法律诊所、毕业实习或者邀请知名法学专家讲学等多种方式让学生感知真实的法律工作，但是，由于受到时间和其他外部条件的限制，学生通过以上方式的收获是有限的，法律职业的教育不能达到系统性的要求，所以需要专门的职业教育机构的补充。18 世纪之后，律师会馆这种法律职业组织的形式并没有完全消失。经过适当的战略调整，律师会馆与高校之间的衔接越来越紧密，在新时期下依旧发挥着其传统优势，其在英国的现代法律教育中依然拥有不可替代的作用。

法律职业组织教育的目的是提高学生运用法律知识的能力。职业训练阶段的目的是培养学生的法律技能。该阶段的学生要通过大量实用课程的考核。实习阶段的目的是提高学生在实践中运用法律技能的能力。法律职业教育首先要增强学生的职业责任感，第一年主要进行的是职业道德教育，使法律职业责任深入学生的内心，成为法律学生的“基本底色”（backdrop）。法律从业者必须具有良好的法律社会责任意识，较好地掌握和运用法律技术和方法，如果学生在职业教育阶段有违法行为，法院和律师会馆有权依法对其处罚。另外，学生还要选修法律应用和律师职业等课程，学习如何将理论知识运用到实际工作中，学习撰写法律文书，学习如何使委托人的利益最大化以及如何在法庭上辩论，同时利用分组讨论和模拟法庭等教学手段强化教学效果。实习对于英国律师来说是一段非常重要的经历，实习可以让学生充分发挥自己在学校学到的知识和在律师会馆习得的技能。在英国，律师有事务所律师和出庭律师之分，与之相应的实习要求和方式也不尽相同。事务所律师的实习时间相对较长，签订的实习合同是训练合同。采用学徒制，即徒弟作为师傅日常工作的助手，师傅帮助徒弟制定实习计划和目标，最后由师傅提供实习证明。学生通过课程考试和机构的考核后可以获得职业资格证明。"如果想成为一名出庭律师，首先必须要在伦敦四大律师会馆学习一年，期满后需通过结业考试，并且要有跟随出庭律师当学徒并完成实习的经历。"[1]

英国的法律教育体系是在英国的法律形式影响下形成的。因为，"法典对于法律教育有重要的作用，如果没有法典，以法典为基础的法学教育就无从谈起。在欧洲，法典是重要基石，法学教育的目的是以法典为中心传播其理论……但是英国的法学教育却不是以传播学说理论为主的，其注重的是培养具有法律家思维的专业人才"。[2]在新型法学教育体制普遍推广的前提下，传统的律师会馆学徒制也紧跟时代步伐，不断进行自我完善。作为英国法学教育的一大特色，新型的导师制度和讲座制度成了当代法学院的主要教学手段。

讲座是法学院在日常教学中的一种常用方式。讲座不仅仅是教授规则和体系，还能方便学生的实践，并且，讲座本身也能够影响实践。讲座使得实践更具有秩序性和连贯性，有助于归纳、分类实际中遇到的问题，让学生根据规则来推测其立法的原因。[3]讲座中传授的规则和推理是实践的前提，也可为学生后续的实践打下坚实的基础。讲座可以让学生明白法律系统的基本原则，能够激发学生对实践的兴趣，有助于学生掌握相关实践技能。另外，采用"讲座+个性化辅导+考试"的方式，

---

〔1〕　[日] 大木雅夫：《比较法》，范愉译，法律出版社 1999 年版，第 390 页。

〔2〕　[日] 大木雅夫：《比较法》，范愉译，法律出版社 1999 年版，第 255 页。

〔3〕　Anstle Smith, *A History of Education for the English Bar with Suggestions as to Subjeets and Methods of Study*, London：Butterworths, 7, fleetstreet, 1860, p. 194.

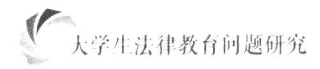

更能加深原则在学生心中的印象。在英国，讲座是法律教育最常见的方式。

导师制是英国高校法学教育的另一大特色。每个法学院的学生都配备有个人导师和专业导师。个人导师的作用是解决学生学习的一般问题（比如如何选课和听课）帮助学生规划下一步的学习和实践计划。专业导师会参考学生的课程设置或者按照年级设置指导选择该课程的所有学生或者整个年级的学生。在导师制度下，学生大量的工作都是在导师和专门教练的指导下完成的。[1]导师要与学生在课堂上讨论相关问题，为学生列出参考书清单，布置作业并按时检查。在遇到问题时，导师会及时向学生提出并给出相应的指导。在这种导师和学生面对面的教学方式下，学生不仅能学习到如何自学和如何做研究，更重要的是可以培养自己的独立思考能力。

采用导师制进行法律教育，要求导师和学生都必须阅读大量的文献，因此，英国高校图书馆的设施和藏书都非常完备。其中比较著名的有牛津大学的布德雷恩（Bodleian）图书馆。该馆的收藏的图书超过 600 万册，并且还有一个仅次于大不列颠图书馆的巨大地下藏书室，面积位列全英国图书馆的第二位。除了一些珍本、孤本，所有的图书和资料都可以借阅，图书馆有阅览室供读者阅读，还有更加安静的、用于深入研究学习的场所，并且，图书馆还有专门的讲座教室和讨论室。完善的高校图书馆硬件条件保证了学生可以进行自主学习。

考试是一种评价教学的有效方式，英国的法学教育也非常重视考试的作用。传统的英国法学教育教给学生的是规则和案例，然后根据学生记忆的程度评分，不注重学生能够将记住的

[1] H. S. Richards, *Legal Education in Great Britain*, Washington, 1915, p. 17.

东西运用到实践中。这样的方式存在很多弊端：首先，靠记忆对于学习法律的作用非常有限；其次，一味地死记硬背只能增加学生的负担，降低学生的学习热情，到最后，学生除了应付考试将没有其他实践技能。英国从 19 世纪开始改革考试制度，考试的内容更加贴近社会实际，让学生从更加广博的角度理解所学的知识，同时注重锻炼学生解决某一特定领域的特定问题的能力、客观分析问题的能力、清楚表达自己想法的能力和判断事实的相关性的能力。英国高校的法学院和律师协会同样设有"中期考试"（intermediate examination）和"最终考试"（final examination）。律师协会每年会组织 4 次中期考试，通过大学法学学士学位考试的人以及通过牛津大学和剑桥大学的荣誉考试的人可以不参加中期考试。律师会馆每年也会组织 4 次中期考试，入学后即可参加，没有时间限制，考试的范围包括罗马法、宪法概论、法律史、不动产法和印度法。英格兰和威尔士的所有大学的法学院都设有中期考试，其中的必考课程是罗马法。大学生经过 1 年的住校学习就可参加中期考试。牛津大学和剑桥大学的中期考试范围更广，还包括了非法律专业的课程。其他大学（如里茨大学、曼彻斯特大学、利物浦大学和伦敦大学）的中期考试还有哲学、经济学、逻辑学和古代史等有关内容。[1]学生通常经过 3 年的大学学习便可以参加最终考试。只有中期考试和最终考试全部通过的学生才有资格获得法学学位或者取得律师资格证。以牛津、剑桥为代表的高校法学院和以律师协会、律师会馆为代表的法律职业组织参照学习荣誉考试的成绩有相应的奖励方案。参加荣誉考试的学生必须先通过最终考试，这项制度也是对学生的一种激励，能够很有效地促使学生积极、

---

〔1〕 H. S. Richards, *Legal educationin in Great Britain*, Washington, 1915, p. 14.

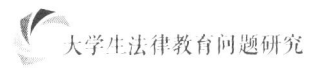

主动地学习。

(三) 德国的经验

作为大陆法系国家的德国，其法学教育是完全以法官为中心的。德国大学法学教育的培养目标是法官，这与美国高校法学院培养律师的目标完全不同。在德国，所有从事与法律有关职业的人，其受到的教育和实习的根本性质是一样的。而且，德国法学教育很好地体现了德国高校以学术为主的传统，按照法律科学的体系开展教育，大学教育的学术水准非常高，并且将严格的学术要求和实践相结合。因此，德国法学教育分为大学教育和实践培训两个主要部分，完成整个过程大概要花费 7 年的时间，培养出来的学生能够胜任法律系统中的任何工作。[1]

在德国的法学教育中，第一阶段是正规的大学学习，大学学习的时间一般为 5 年。5 年的大学教育完成后，学生便可以参加第一次国家级法学考试。第一次国家级法学考试既带有结业考试的性质，同时又决定了学生能否继续下一阶段的实践学习。第一次国家考试的要求非常严格，学生通常需要花费大量的时间准备，但是，其只要通过第一次国家考试便可以取得见习法官资格，然后继续接受实践培训，为期 2 年。见习法官取得的资格是临时文职人员的资格，需要在规定的时间内完成实践培训，见习地点可以是法院、检察院或者当地的政府部门。这期间，学生必须有 4 个月的时间在律师事务所实习。2 年的实践期完成后，学生便可以参加第二次国家考试，这次考试是对大学学习和实践培训的一次综合性考察，学生在通过之后可取得候补法官的资格。第二次国家考试的成绩以及实践期培训法官的

---

〔1〕 洪浩：《法治理想与精英教育—中外法学教育制度比较研究》，北京大学出版社 2005 年版，第 56~57 页。

评价对于学生的职业选择非常重要。学生在取得见习法官资格后可以选择从事法官、检察官、公务员等职业，或者成为私人律师及其他商业机构内的法律职位。有的学生会选择继续深造，攻读法学博士，最后留在高校任教。

综上所述，德国的法学教育目的更具有公共服务的性质，培养律师不是其主要的教学目的。法学院的教授交给学生的是如何用法官的思维方式处理案件，而不是教授学生如何在法庭上辩论，以使自己当事人的利益最大化，而法院及其行政部门则主要开展律师从业培训。高校和社会实践机构的管理非常严苛，各个州的司法部都设有专门的教育委员会对其进行管理。法学院学生的奋斗目标主要是为两次国家考试服务，能否通过两次国家考试关系到学生能否顺利毕业（如果没有通过便无法获得毕业证书或者学位证书）。在这种教育体制下，没有接受过系统的大学法学教育的社会人士通过国家考试会成为一件爆炸性的新闻。

由于大学学习阶段和社会见习阶段的目标不同，因此这两个阶段的教学方法也不同。[1]

各大学均对大学学习时期的教学目标作了明确的规定，学业完成的标志是参加并通过第一次国家级法学考试，主要作用是深化学生对法律的理解和运用程度，帮助学生掌握历史、政治、经济等相关基础知识，通过第一次国家级法学考试的学生即可成为见习法官，有资格进行下一阶段的见习。由此可见，大学学习的目的是掌握法律专业的基础知识并且需要通过第一次国家级法学考试。在这一阶段主要以学校中必修课程和选修课程的学习为主，配合课程设置。主要有以下几种教学方法：

---

〔1〕　洪浩：《法治理想与精英教育——中外法学教育制度比较研究》，北京大学出版社 2005 年版，第 113 页。

①讲授型，即以教师在课堂上的讲授为主要教学方式，体现在大课讲授、基础教程、复习课程和国家考试准备课程的设置中。②互动型，即以指导者和学习者之间以及学习者互相之间的交流、探讨为主要方式，体现在专题研究报告、练习课、初学者学习小组等课程的设置中。

《德国法官法》第 5 条 b 规定，通过了第一次国家级法学考试的学生需要申请才能继续第二阶段的见习服务，并且对见习服务期的要求和内容作了说明和规定。除此之外，各个州的法律还有更加详细、具体的规定。见习服务期的学生被称为候补官员，按规定领取补助，与临时公务员待遇相同。《巴伐利亚州教育与考试规则》对见习服务的意义作了如下说明：见习服务的作用是让通过了第一次国家级法学考试的考生以候补官员的身份进一步深入司法和法律管理的实际工作之中，经过 2 年的见习期，熟悉法律的具体实施方式，能够在未来独立地从事与法律相关的工作，能够适应社会发展的要求。学生在本阶段主要以司法实践操作的体验性学习为主要的学习方式，同时辅以相关的入门培训和小组讨论。候补官员在必选的见习期内必须参加一个学习小组，完成小组负责人布置的任务并且按规定通过考核。自选的见习期原则上要成立学习小组，鼓励候补官员尽可能地参加学习小组。

（四）日本的经验

"日本经济在第二次世界大战以后得以逐渐复苏，其国内的法律制度也得以逐步完善，与此同时，日本也建立了司法考试制度，精英型的法律家阶层也就形成了。法学教育也随着日本大学教育的普及得以渐渐普及。"[1]"在日本，培养法律的专职

---

[1] 丁相顺："日本法科大学院构想与司法考试制度改革"，载《法制与社会发展》2001 年第 5 期。

人才并不是日本大学在四年制本科教育的目的，相反，他们将其当作普及法学思维方式的一种素质教育。实际上，可以说这种教育的目的只是为即将步入社会的学生养成法律思维。"〔1〕"在日本，极少部分的大学法学部毕业生成了法律家，他们虽然是法学部之名，却大多进入行政官厅和企业而不是成为法律家。"〔2〕

在日本，大学教育讲究的是通才式教学。教学方式大多是讲授的方式。〔3〕学生在前两年主要学习人文科学基础知识，后两年则主要学习法学知识。日本的法学教育注重司法考试后的实务训练，这一点与德国可谓不谋而合。在日本，学生会进入专门的司法研修所学习，这些学生被叫作司法研修生。司法研修生的学习主要包括：在司法研修所学习 2 年，先在司法研修所集中学习 4 个月；紧接着的 1 年 4 个月又分为在 4 个地方学习，即法院民事裁判所、刑事裁判所、检察厅及律师事务所；最后则是在司法研修所完成最后 4 个月的学习。在司法研修所中，教育的目的是让司法研修生可以解决实际问题。这一初衷决定了其与大学教育存在很大不同，主要是让研修生阅读过去的案件以及研究、练习起草判决书等。〔4〕

日本高校法制教育重视外在的灌输。在外在因素的不断影响下，日本长期以来形成了效忠天皇的理念。其实，这并不是本来就存在的，这种理念在社会中难以被纠正，从而也导致了

〔1〕　〔日〕铃木贤："日本的法学教育改革——21 世纪'法科大学院'的构想"，2000 年 12 月"21 世纪世界百所著名大学法学院院长论坛"国际研讨会论文集。

〔2〕　〔日〕新堂幸司："'社会期待的法曹像'座谈会"，载（日本）《实用法律学杂志——法学家》1991 年第 984 号。

〔3〕　吴金和："中外法律教育比较——法学教育向实践方向改革的建议"，载《当代法学》2002 年第 12 期。

〔4〕　龚刃韧：《现代日本司法透视》，世界知识出版社 1993 年版，第 267 页。

这种社会理念对日本高校的法制教育有着极大的影响。尽管目前的日本高校通过法学部使大学生自由选择法律课程成为可能，但这并不能改变在课堂上老师拥有极大主动权的客观事实。也就是说，学生是被动地接受教师在课堂上教授的相关理论知识，虽然有相应的实践过程，但是其并不能解决日本学生习惯于用传统手段处理相关法律问题的现状。

在日本，注重传统以及讲求等级和纲常是十分重要的，他们认为晚辈对长辈的尊敬是必需的。这也就导致了日本的学生并不敢挑战教师的权威。在日本高校，教师的这种权威和指导在法制教育当中是十分明显的。也就是说，在大多数情况下，教师是教育环境当中的中心要素。正是由于高校法制教学过程存在教师的知识传授以及学生通过测验等方式，因此，学生在理论上可能会有所建树，但在实践当中却很难做到得心应手。

在法制教育师资力量方面，日本十分重视对相关力量的培养，实施了组建教育法律教研组织、成立法学教育研究会等一系列措施。针对中国的相关情况，我们可以借鉴相应的经验，将法律素质的培养作为素质教育的一方面，并且在大学开设专门的课程，提高大学生法制教师队伍的专业素养和教学水平。

（五）新加坡的经验

新加坡在 20 世纪末期的迅速崛起令其成了东南亚的重要经济中心。与此同时，其文化、法律等"软实力"的发展也得到了大家的认可。由于新加坡的法制进程总是与其相应的精神文明建设相结合，这也就使得新加坡的法制水平与法律教育在世界范围内受到关注，这一点也是新加坡法制的一个重要特点。具体体现是新加坡的法律体系渗透到了公民的日常生活中，不仅体现了它的完备性与细致性，也说明了公民对法律的遵守在很大程度上取决于他们所受的法律教育。新加坡是一个法制程度比较高的国家，只有到了大学阶段，才开始出现法律教育，属于公民教育范畴体系。新加坡也一直非常重视公民意识教育，国家意识、社会责任感、正确价值观这几点一直都是新加坡对于公民意识教育的培养目标，而且这一目标也在不断地处于修正与改进的过程当中。在这样的不断改进之下，新加坡也逐步有了对于他们自己而言最适合的教育体系。

在新加坡，由于公民普遍都非常遵守与认同有关的规则与约束，所以，在他们的教育过程当中，规则这一精神是法制教育思想的精髓所在，对于他们来说，法制教育是将高校的位置摆在国家与社会的大规则的体制之内的。对此，他们均有一个共识，即严厉的处罚是秩序井然的保证。[1]与此同时，政府也出台和完善了一系列法律条例和法规政策，用来对青少年的社会行为进行一定的管制与约束，为了达到效果，他们也进行了相应的宣传，这些都是新加坡良好社会氛围的具体体现。

早在 1991 年，新加坡政府便颁发了《我们的共同价值观》一书，这本书的目的是为社会培养好公民作出一定的指示。在该书中，新加坡人将他们的立国指南确立为为社会培养出好公民。后来，这一指南也成了社会法律制定的依据和道德准则制定的依据。他们指出，这一指南的具体要求就是公民要有自我个性，要与家庭联系，并且他们应当是以国家为荣、对社会有用的一分子。

新加坡前总理、前国务资政、前内阁资政李光耀曾经明确提出，一个社会的文化价值观决定了这个社会会有怎样的表

---

〔1〕 白帆："浅论新加坡规则精神教育"，载《赤峰学院学报（汉文哲学社会科学版）》2008 年第 9 期，第 143 页。

现。[1]所以，在新加坡高校中，学校会注重大学生价值观素养与价值判断选择能力的培养，与此同时，他们也不会忽略各种法律条款的指导作用。新加坡将高校法制教育与忠孝仁爱、礼义廉耻联系起来，进而构建起了多元化的法制教育体系。

道德意识教育和国家意识教育在新加坡的公民意识教育培养中扮演了两个重要的角色。新加坡将儒家文化内化为公民意识教育的主要内容，旨在培养公民的道德意识，形成正确的价值观。

国家意识教育在新加坡的公民意识教育课程中一直是十分重要的，因为他们认为对国家和民族的认同、国家的完整性与一体性都是十分需要国家意识教育的。只有加强公民意识教育才可以使公民增强国家认同感以及自身的凝聚力和向心力，为此，新加坡政府采取了诸如服兵役和悬挂国旗等途径来对公民进行国家意识的培养。

新加坡总体上主要有三种高校法制教育方法：一是课堂授课式；二是将实践与理论相结合，开展课外法制实践和社团法制活动等；三是新加坡高校法制教育中的奖惩手段，这里所说的奖惩手段，可以被理解成学校与社会施加给学会的惩罚是一致的。举例来讲就是，教师会动用体罚（鞭笞）这一方式来对待学生，[2]只要他们有迟到三次以上或旷课等行为发生。但是，奖励也是明显的，只要他们有好的行为就能得到相应的来自社会与学校的鼓励与表彰。

在新加坡，学校通过十分多样的途径来开展法制教育，主

---

[1] 胡俊生、李期："现代化进程中的价值选择——新加坡的'公民与道德教育'及其对我们的启示"，载《延安大学学报（社会科学版）》2003年第1期。

[2] 徐志芳："新加坡中小学法制教育现状及启示"，载《班主任》2007年第5期。

要的途径有与家长、社区、政府等进行合作，这些都是有别于传统的高校校园的单一的法制教育途径的。而且，上述的这些合作也可以作为高校开展法制教育的便利环境与良好教学资源，也就是说，他们十分重视家庭教育在学生教育当中所起的作用。这一点是在 20 世纪就有所体现的，具体表现在为新加坡于当时设立的家庭教育民众委员会。[1]另外一个重要的合作对象就是社区，新加坡时常会组织学生到社区进行社区服务同时进行法制宣传。同时，新加坡高校也会聘请政府官员对学生进行防腐教育，以此来教育学生，只要官员出现贪污腐化等相关行为，等待他们的都将会是毫不妥协的严惩。

政府还有一些可参考的优秀教育资源[2]，主要包括：《没收贪污所得法》以及《反贪污法》等。在新加坡，14 所遍布全国的"警察与少年"俱乐部同样起到了培养青少年遵纪守法的意识、减少其犯罪的作用。[3]

因此，新加坡在实施公民意识的培养与教育当中，将课堂教学摆在了重要位置，但也绝不忽略学校、家庭和社会等对教育的熏陶作用以及教育等。

二、国外经验的比较与借鉴

美国、英国、德国、日本、新加坡在对大学生进行法律教育的同时也注重对公民意识的养成。课堂教育、实践教育这些都只是教育的形式，主要的目的在于培养遵守道德准

---

〔1〕　参见王凌皓、张金慧："新加坡中小学'共同价值观'教育探析"，载《外国教育研究》2007 年第 3 期。

〔2〕　参见王凌皓、张金慧："新加坡中小学'共同价值观'教育探析"，载《外国教育研究》2007 年第 3 期。

〔3〕　参见陈群辉："国外高校中的法制教育及其启示"，载《荆州师范学院学报》2002 年第 1 期。

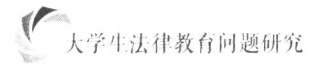

则、具有国家意识和爱国主义精神以及社会责任感的大学生公民。

(一) 国外经验的特点

首先，法律教育内容丰富。针对公民意识这一点，爱国主义教育、公民道德教育等应当是重要的部分，这些都是值得提倡的。公民意识教育可以通过让公民掌握教育内容，让他们在享有公民权利同时可以履行公民义务。

其次，法律教育理念明确。国家认同感、社会责任、参与意识等都是公民意识教育的内容。如果公民想要成为可以承担社会责任的政治参与者，他们必须要做到对宪法、法律知识、政治制度等有所理解以及掌握，这样他们才会具有平等、民主、权利和义务等价值观，才可以促使公民在全球化趋势下积极参与社会公共事务。

再次，法律教育的获得途径多样化。有的国家除了重视教学，还十分关注实践活动以及环境的重要性。在这些国家，政治、经济、文化、法律、道德等课程只是作为一种载体存在，而公民意识教育内容则时刻渗透在专业课教学当中。除此之外，应当通过一些诸如升国旗、参加选举等活动来达到教育学生的目的。民主法制观念也可以在这些活动当中自然而然地养成。传统的教育方式可能并不注重渗透式、隐蔽式等间接的教育方式，虽然这些都是应该受到重视的，因为以往有过成功案例。

最后，法律教育的实践内容多元。许多国家都十分注重将学生的日常生活与法律教育联系起来，也就是希望学生从具体事实中抽象出法制观念。主要的方式有实习、相关的服务学习，以及进行一些社会调查。这样一来，公民的民主价值信念和实践技能都可以得到相应的提升，而学生了解社会的途径也得以增加。此外，一些新渠道（如网络和媒体）也有助于学生提高素质和培养能力。

国外法律教育的连贯性，以及法律教育和公民意识教育的全方位性也应当得到重视。所谓法律教育的连贯性，是指应当针对学生的法律教育和公民意识教育进行连贯（从幼儿园至大学）培养，注意到这些教育都是环环相扣的。而所谓法律教育和公民意识教育的全方位性则体现在这些教育是结合了家庭、学校和社会等各个方面的教育。

（二）国外经验对我国的启示

第一，确立科学的教育理念。我国的大学生法律教育与公民意识的养成应当使大学生确立国家认同感、主体意识、权利意识以及包括参与意识和社会责任感在内的理念。大学生只有先肯定了自己的公民身份，才有可能对我们的国家有归属感，才有可能越来越热爱我们的国家。在科学的教育理念得以确定之后，可以以此作为指导理念，相应地教育与培养大学生的法律意识和公民意识。这样，培养出来的才是有社会责任感，并且会积极参与社会公共事务的好学生。

第二，使多样化的教育途径得到实施与拓展。为了培养我国大学生的法律与公民意识，我们可以将具体的事项落实于很多途径（如课堂、实践以及网络等）。其中，课堂的教育可以使学生获得基本的法律知识、法律技能，这样一来，他们的公民意识就能够得到提高；实践教育主要通过诸如社区服务等提高学生的服务技能；网络教育这一途径可以使教育者与被教育者及时交流，从而使公民意识教育在新平台上得到高效、快速的传播。

第三，明确、丰富的教育内容。主要是指在大学生法律教育和公民意识的相关知识当中，应当合理地对这些知识进行相应的归纳以及分类，这样做的好处是可以使具体的教育过程得到良好实施。例如，开展贯彻和保障社会主义核心价值观的法律意识教育，有利于学生形成平等、诚实守信以及权利义务等相关意识。

公民教育的核心应当是对民族精神的培养。民族精神是一个国家的最大凝聚力、向心力，只有重视对民族精神的培养，才能保证国家与其公民之间的密切联系。要增强对民族精神的培养，国家可以采取的最切实可行的办法就是公民教育。唯有通过公民教育，国家的民族精神才能真正得到彰显。

连贯性和全方位性是在公民意识养成的两个特点。我们必须认识到，公民意识教育并不是一项分散的教育活动，它是由分阶段的连续性教育活动所组成的。这就意味着，针对幼儿园、小学、中学、大学等各个阶段，我国都要制定不同的教育任务与目标，在此之间，教育内容的连贯性是不容忽视的，应当实现将公民意识教育中的阶段性与连贯性良好地结合到一起。除此之外，大学生法律教育与公民意识养成还应注重全方位的教育，即实现家庭、学校和社会等力量的良好结合。在家庭教育当中，父母应当切实地做好对子女法律意识、公民意识的培养和引导；在学校教育当中，学生以公民的身份参与校内外实践活动理应得到鼓励；在社会教育当中，大学生权利的有效实现应当得到保证。

把公民实践和参与摆在公民教育的重要位置上。纵观中国大学生的公民意识教育，我们不难发现，在国内，大学生的公民意识教育主要还是体现在德育的范畴，即并不注重对学生实践能力的教育。公民意识的养成要求公民有相应的能力投身到社会化管理过程当中，而不仅仅是让他们在法律形式上拥有相应的公民权利。归根结底，社会实践是公民意识养成的必然选择。仅仅停留在一般教育层面的公民意识往往是稚嫩的、非理性的，而在社会生活大熔炉中形成的公民意识则是有根基的、坚固的、稳定的，同时也是理性的。

第六章

公民意识养成视阈下大学生
法律教育的主体建设

"高校是法治人才培养的第一阵地","教育系统要努力成为尊法学法守法用法的示范领域,各地各高校要大力推进依法行政和依法治校的意识和能力建设,以法治思维和法治方式深入推进教育领域综合改革"。[1]在对大学生开展法律教育、公民意识培养的过程中,教师直接参与、执行教育工作和教学任务,始终位于向学生传授知识的第一线,因此,教师的素质对法律教育和公民意识培养是否能取得好的效果有着重要作用,完善高校法律教育体系主要在于持续提高教学质量、增强教师的教学能力、建立优秀的教学团队。针对大学生的法律教育具有一定的理论性和专业性,这种特点使得传授法律知识的专业教师要想取得良好的法律教学效果,就必须具备完整的理论体系、充足的专业实践经验和相关知识储备。从这点我们可以看出,目前国内许多高校仍然缺乏专业化的法律教学团队,教师自身素质还得不到完全保证,法律教学效果难以保障,进而阻碍了法律教育工作的推进。对此,高校可以基于教学实际,吸收一些同时具备坚实的法律理论体系和丰富的法律专业实践经验的

---

〔1〕 "中共教育部党组关于深入学习贯彻习近平总书记在中国政法大学考察时重要讲话精神的通知",载 http://www.moe.edu.cn/srcsite/A12/s7060/201705/t20170508_304006.html,2017 年 5 月 8 日最后访问。

高素质人才，充实法律教学团队，增强法律教学的师资力量，达到提升法律教学质量的目的。与此同时，高校可以通过对法律教师进行教育培训等手段优化、完善现有的法律教学团队，淘汰考核不合格的教师，提升教学团队的整体教研水平。教师只有充分发挥自身的主体性，才能对大学生进行有的放矢的引导和指导。公民意识养成视阈下的大学生法律教育，必然要求教育者担负传播法律精神、培育公民意识的重任，这决定了作为教育主体的教师必然要加强自身建设，以应付新的挑战。

一、大学生法律教育主体的自身素质建设

《中共中央国务院关于深化教育改革，全面推进素质教育的决定》指出："建设高质量的教师队伍，是全面推进素质教育的基本保证。"《中共中央关于改进和加强高等学校思想政治工作的决定》指出："办好社会主义的高等学校，培养德才兼备的学生，教师起着决定性的作用"，高素质的教师队伍，是高质量教育的一个基本条件。高校是开展大学生法律教育的主要阵地，在学校对受教育者产生教育影响的各种因素中，最关键的因素便是教师。由于法律教育是政治性、思想性、理论性和实践性都很强的综合性教育，因此，我们更需要建设一支政治过硬、品德高尚、素质全面的高素质的教师队伍，这是提高大学生法律教育和公民意识养成效果的重要保证。事实上，高校的法律教师不仅要深谙学校教育规律和青年学生的成长规律，而且要具备比较系统的法律学科知识和明确的公民意识。

（一）过硬的政治素质

教师是学生增长知识和思想进步的导师，教师的一言一行，都会对学生产生影响，因此，一定要在思想政治上、道德品质上、学识学风上，全面以身作则，自觉率先垂范，这样才能真

正做到为人师表。教师要"言传"与"身教",必定要发挥"举旗定向"的引领作用,不但应该培养兢兢业业、踏实做事的工作态度,还应该塑造淡泊名利、宁静致远的精神境界,利用人格魅力去熏陶和教育学生,与学生建立起亦师亦友的关系。同时,高校教师教"法"育人,必须具备高超的政治素质,有对国家负责的政治责任心,体现对全体社会成员共同利益的深切关怀。"打铁还需自身硬",高校教师应该时刻不忘提高自身的政治素质,以适应法律教育实践的新要求。

1. 要有坚定的政治立场

在政治立场上,高校教师要始终坚守马克思主义立场,始终站在广大人民群众的立场上,在法律教育实践中时刻遵循科学理论的指导。政治立场坚定,行为实践就能自觉、主动、坚定。一名高校法律教师立身三尺讲台,只有政治立场鲜明才能把握当下的时代大趋势,明确奋斗前行的指示标,赋予台下莘莘学子智慧与能量。相反,如果在政治立场上模棱两可、模糊不清,高校法律教师就不可能理清社会发展规律,容易被其他政治思潮所蛊惑,容易陷入错误的社会历史逻辑之中。毫无疑问,这将对广大的受教育者造成莫大的伤害,使之不能全面、准确地对当下的社会现象作出判断,从而容易在未来的工作、生活中积累消极负面情绪等。

高校法律教师不仅对科学社会主义的相关原著、原理要做到基本遵循,而且要明确科学指导思想在当下及未来都是一面不倒的精神旗帜;不仅能够在高校讲台深刻阐述马克思主义的立场、观点、方法,而且能够对当下治国理政的理念与战略作出科学释疑;不仅能够树立正确的世界观、国家观,而且能将理论联系教育实践,并进一步引向深入;不仅能够对党的战略决策作出系统性、整体性的深入阐述,而且要知其然更知其所以然。总之，在对大学生进行法律教育的各个环节，高校教师都应立场鲜明、行事果断、严谨治学、教风正义，切忌立场不定、价值观模糊。

2. 要有较高的政治品德

政治品德是政治素质的又一组成部分，没有高尚的政治品德就没有过硬的政治素质。党中央将"德才兼备，以德为先"作为选贤任能的标准，高校法律教师同样要时刻谨记"士有百行，以德为先"的要求，不断提高自身的政治品德水平。

高校法律教师在政治品德方面能够自身垂范，就能在教育环境中自觉生成感染力、号召力，优化教学过程。不断提高自身的政治品德水平，就要求高校法律教师正确认清集体利益与个人利益的关系，旗帜鲜明地拥护集体利益，树立起大局意识，干好自身的本职教育工作。不断提高自身的政治品德水平要求高校法律教师走群众路线，主动贴近群众，主动了解人民群众的想法和愿望，明确真理不可能独自掌握在自己手中，不再局限于书本的理论知识，而是主动走进群众生活，去发现真知。不断提高自身的政治品德水平要求高校法律老师要一身正气、廉洁自律、坚守原则，敢于批判有违公平与正义的事情，对身边有违道德与法律的行为要敢于拍案而起、积极作为，在关键性时刻凸显关键性作用。不断提高自身的政治品德水平要求高校法律教师充满自信，富有勇气，勇担责任，不断创新，不断革除阻碍前进的因素，培养自身的积极个性。总之，高校法律老师要不断反思自身政治品德的不足之处，并不断思考如何去科学、有效地引导学生，在学生面前成为成熟而不世故的领路人。

3. 要有较高的政治水平

政治水平是政治素质的又一组成部分，体现着个人的政治实力和政治水平。政治水平的高低可以反映一个人政治素质的高低。高校法律教师所面对的价值判断问题较多，一些法律难题同时也在考验个人的道德选择，这些都对高校法律教师政治水平提出了较高的要求。高校法律教师要认清形势，时刻保持较高的政治敏感度，提高自身的政治勇气、政治智慧和政治水平，以全面应对各种风险和挑战。

为提高自身政治水平，高校法律教师应成为学习型的师者，树立起终身学习的理念，不断更新观念，提高自身的思想理论水平，丰富自己的世界观。只有通过读书学习才能促进知识的更新换代，才能以清醒的头脑去传授知识和智慧，才能练就一身过硬本领，才能提高自己的专业素养与人文素养。为提高自身的政治水平，高校法律教师应继承批评与自我批评的优良作风，要对本职工作保持一种高度负责的态度，要对自己严格要求，要自觉、谦虚地接受他人的意见和建议，热情服务学生，掌握正确的教学方法和工作方法。高校法律教师应时刻牢记"理论联系实际"的思想路线，做到知行合一，在亲身探索与实践中获得第一手资料，对所教授的问题作出令人信服的回答，并且以与时俱进的姿态探索深层次问题，实现理论创新与实践创新的良性互动。

社会成员政治素质的高低可以用来衡量社会政治文明演进的程度，高校法律教师作为开展法律教学的主体，在政治素质上理应有更高的水平。高校法律教师需要继续去发现、创造、前进，提高政治素质、坚定政治立场、提升政治品德和政治水平，不断为学生探求真知、发展真理开辟道路。

（二）专业的法律素质

"教书者必先强己，育人者必先律己。"[1]高校法律教育工

---

[1]《江泽民文选》（第3卷），人民出版社2006年版，第502页。

作者必须要有一个专业成长的过程，使自身具备专业的法律素质，掌握系统化的法律知识，能够胜任法律教育事业。

1. 坚持以马克思主义法学思想为指导

马克思主义法学思想是马克思主义完整体系中的有机组成部分，带给我们的不是教条而是方法。高校法律教师应当继续重温经典，从马克思主义经典文本中汲取思想营养，坚持以马克思主义法学思想为指导。

作为法律教育工作者，高校法律教师应当对马克思主义法学原理有全面、系统、完整的认知：首先，要以唯物史观的眼光来看待法律产生、形成、成熟的整个过程，对人类实践的重要性坚定不移，认清人类物质资料生产方式的变迁对法律发展史的决定性影响。其次，正确把握法律的阶级性本质，明确不同表现形式的法律只不过是统治阶级利益和愿望的表现，复杂的法律条文是阶级统治内在逻辑的外现，国体不同则法律的聚焦点也不同。再次，要认清法律的历史过程性，法律不是永恒不灭的存在，在人类文明演进轨迹中也有其漫长的演化过程，也就是说，法律顺应人类文明的进程从无到有，也会顺应人类文明的进程从有到无。最后，要准确把握法律的强制性特征，所有社会成员均不能逃避法律的约束力，在社会生活中都不可随心所欲、任意作为，一旦触及法律条文就会受到规则的处罚。

坚持马克思主义法学思想的指导，不仅要掌握法学原理，而且要持续地为其增添富有生命力的崭新内容，使其成为一个开放的系统，不断丰富和发展。同时，更要使其与当前实际需要相联通，积极将马克思主义法学思想运用到当前具体问题的解决过程之中，这是至关重要的。高校法律教师要基于马克思主义法学思想，及时对当前所发生的问题、纠纷作出科学合理的解释，进一步树立学生的法治观念，勇于维护社会公平与

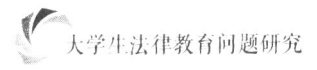

正义。

2. 要全面掌握专业法律知识

作为高校法律教师应当具备法学知识全面而系统、理论功底深厚扎实、综合能力强等素质，否则便不可能胜任高校教师的岗位。我国的法律部门分类较多，现行各部门法之间联系紧密，高校法律教师要熟知理论法和应用法、实体法和程序法、国内法和国际法等基本内容，要认识到国际法在我国有一个合理融入和被承认的步骤。高校法律教师要结合具体案例，对专业法律知识作出详尽解释，让学生感受到法律对社会环境和公众生活造成的影响。高校法律教师应增强国际意识和国家观念，既要提高分辨能力，又要善于学习优秀法律思想。另外，我国的法律体系具有鲜明的社会主义特色，它的建立是立足于我国社会主义初级阶段的基本国情，以宪法为根本大法，并且是为社会主义的根本任务服务的。高校法律教师在开展教育实践活动时，要紧紧围绕我国国情的特殊性，主动适应社会发展的要求，切实提高观察时务、判断形势、解决问题的能力。并且，教师要做的不仅仅是全面、深入地把握好专业法律知识，更要牢记自身的教育使命，将现行的法律规范体系内化于心并进一步转化为教育学科体系。法律教育作为一门系统科学，其实效性的发挥离不开相关学科的支持，这就要求法律教育工作者要学习心理学、教育学、社会学、现代教育技术等相关学科的知识，并使之统一服务于教育实践过程。故步自封没有未来，原地踏步无法进步，高校法律教师队伍应当是一支锐意进取的队伍，应加强学习，不断拓宽自身的知识面。

3. 要继续培养科研能力

筑牢高校法律教育阵地，要求法律教师将培养科研能力作为专业素质中必不可少的一部分。高校法律教师要在法律专业方面有所造诣和贡献，就必须要积极钻研学术空白，在学术实践活动中有所建树，这样才能在法律教育实践中赢得主动，走向前沿。

高校法律教师要有意识地提高自身的专业创新能力，以科研能力的提高促进自身专业的成长，在自身兴趣以及所掌握的专业资源的基础上，寻找适合自己的科研方向，探索科学、有效的实验方案，努力填补专业领域的空白。要注重开展团队合作，在团队中展开有效争论，凝心聚力，促进教师之间相互感染，产生思想共鸣，共同解决纠纷与争端，圆满完成科研项目。要培养科学的思维方法，广泛搜集相关文献资料，埋头苦干，踏实硬干，在前人成果的基础上升华认知，提出富有前瞻性、引领性的观点。要博采众长，谦虚求教，尊重知识，善于学习，不断提高自己的科研和业务能力，加强对疑难问题的分析研判。要有开放的视野，用世界的眼光观察形势，连接中外，吐故纳新，并自觉抵制国外错误言论的侵蚀，维护公平与正义。要以科研促教学，成风化人，带动学生保持思想观点的敏锐度，提升法律教育的质量，引导学生积极钻研，使学生可以将创新精神和科研热情贯穿到日常学习之中。

在全面深化改革的今天，社会利益的调整正影响着社会格局的分布和人们的心态，公民的法律行为变得多种多样，与之相对应，我国法律的立、改、废等相关工作同步快速展开，同时也积累了大量的法律实践经验。对此，高校法律教师首先要彻底学懂、吃透，学会宏观思考，还要学会从具体的法律条文中找到公民的价值，在教学内容中融入最新的法律实践案例，加强对学生公民意识的培养。在当前这个知识爆炸的时代，教师必须具有丰富的知识储备，要通过持续学习完善自己的知识体系，才能自信地应回答广大学生的所思所疑，才能真正在法

律教育实践中有所作为。

（三）特定的工作能力

能力素质是法律教育工作者将渊博的知识运用到行动之中的能动力，是保证高校法律教育工作者胜任本职工作的智能要素。要培养学生法律素质、增强学生法律信仰，就需要教师把握实际工作本领，并将满腔热忱充分发挥到日常的工作之中。根据高校法律教师的职业特点，教师职业能力与法律专业技能两方面的能力素质是教师顺利实现教育目标、充分挖掘自身价值必不可少的个人条件。

1. 教师职业能力

高校法律教师在教师职业能力上的高低将对法律教育质量和成效产生决定性的影响，为引导广大即将踏入社会生产和创造的青年学生成为自觉遵法、守法的公民，以及培育广大青年学生的公民意识，法律教师群体必定要不断提升自身的教师职业能力。

首先，教师基本功是教师职业技能中的基本素质，包括观察能力、表达能力、认知能力、信息技术技能等，这些是教师迈入本职工作的必备技能。法律教师要善于观察课堂局势，对学生的学习状态体贴入微，及时察觉学生的心理变化，引导学生的思维过程。法律教师要提高表达能力，包括口语表达、书面表达、形体表达。立身教育岗位，教师只有具有了良好的表达能力才能阐明自己的观点、对外在作出基本评价，将严密的法律逻辑推理授意给学生。法律教师要进一步提高认知能力，全面认识事物的特点，掌握事物发生和发展的规律，正确分析、评价法律现象。法律教师要熟练地把握信息技术技能，充分发挥教育技术对教育过程的优化作用，并引导学生运用信息技术手段去完成课下的知识拓展。其次，在修炼教学基本功的同时，教师还要在职业生涯中不断自我拓展教师职业技能。教师要具备较强的组织管理能力，整顿班风，采用灵活多样的手段，协调班级学习过程中的人际关系，选用合适人选做学习活动的小领导和带头人，带动学生开展合作化学习、开展有效竞争。教师要在教育教学能力上更上一个台阶，在对学生基本学情进行准确把握的基础上，勤勉敬业，保证教学计划更加及时、科学、有效，在日常的教育实践积累中练就看家本领，形成独特的个性魅力，得到更多学生及同行同事的积极认同，朝着优师、名师的方向去努力。教师要坚持不懈、精益求精，对自身的专业成长不断提出新要求，常怀求疑之心，不断完善自身本领，培植属于自己的精神家园。教师要敢于担当，时常反思自我的不足，加快知识更新，加强品格陶冶，养成勤学敏思的习惯，做到恰如其分地衡量和评估自己。教师要提高自我调控和管理能力，将自身调控到最佳状态，学会由内而外地进行自我管理，敢于迎难而上，以顽强的意志、坚韧的毅力不断完成自我超越，达到修身增才的目的。毫无疑问，抓好高校法律教师的教师职业技能是增强其工作能力的重要组成部分，在教育实践活动中强化锻炼，才能使高校法律教师发挥骨干力量、增进工作能力。

2. 法律专业技能

高校法律教育工作者必备的另一项工作能力是法律专业技能，要求其在掌握法律专业理论及专业法律知识的基础上，可以灵活地开展法律实践活动、独立地解决现实法律问题。法律教师虽然身居教育岗位，参加法律活动、处理法律关系的机会较少，但是由于专业的特殊性，高校法律教师群体也要有意识地提高法律专业从业能力，培养法律专业技能。高校法律教师只有法律专业技能过硬，才能满足高校学生多方面的法律专业发展需求，培养出专业技能高、综合实力强的法律专业人才，

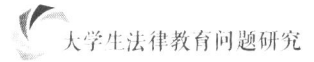

才能更有效地增强高校学生的公民意识和法制观念。

首先，在法律语言表达上，高校法律教师应当注重运用法律专业术语，避免以一个门外汉的姿态夸夸其谈，要以法律语言与学生积极沟通。这就要求高校法律教师具备深厚的法律理论功底，能够清晰、准确地把握法律概念，拥有系统、完整的法律知识储备，对国内国际法律法规了然于心，可以将现实案例与法律法规相联系并作出详细的法律专业解释。其次，在法律专业思维上，高校法律教师要树立法律规范性思维，要以法律的逻辑看现象、想问题，建立起专业法律人的思考模式。在对法律事件的分析和处理中，要求高校教师增强法律意识，熟识法律操作的程序过程，以专业法律人员的视角答疑解惑，带给学生成熟、专业的法律解释。高校法律教师应当时刻牢记法律准绳，用它来评价当事人是否违规违纪、是否犯罪、应当担负起何种程度的法律责任，不可以个人的偏私态度去判断是非。高校法律教师要确立凡事讲求证据的基本思路，根据证据考证案件疑点，以证据事实发现深层次的问题。要树立起程序意识，按照法律审判程序得出最终结论，准确判断案情，依程序办事，不可凭一己好恶或者外在意志的影响扭曲是非。最后，在法律事务操作能力上，高校法律教师要积极参加专业实践训练，熟悉其中的程序规程，能够综合运用法律专业知识，对案件处理中的阶段划分、层次步骤、各种注意事项有所把握。高校法律教师应走向法庭、法院观摩、见习、实习、亲历庭审活动，还可以在校园内开展模拟法庭、法律辩论比赛等活动，增长自身的法律事务操作能力，校园内的多种活动是锻炼学生实践能力的好机会。

教师职业能力和法律专业技能是高校法律教师必不可少的两项特定工作能力，同时，教师还要了解公民意识的最新动态和学生的实际。新时代的大学生较以往具备更开放的思想、更突出的个性和多元化的价值观，高校教师应该对社会时事动态和学生中发生的事情多加关心，学会在这些现实的材料中提炼出与公民意识有关的教学资源，将理论教学与实际生活牢牢结合，促使学生学会用法律专业知识解决现实问题，从而提高学生对法律学习的兴趣，取得良好的教学成果。

（四）明确的公民意识

教师首先应培养自己的公民意识。因为教师在公民意识教育中占主导地位，教师必须热爱自己所教授的专业，才可能教好学生。只有树立好自己的公民意识，才可能确保公民意识教育的正确目标及方向，在学科教学中正确掌握公民意识的内涵、基本内容等，才会让学生在教师的帮助下通过课堂学习树立自己的公民意识。

1. 参与意识

为提高自身公民意识，高校法律教师要培养积极的参与意识，主动、理性地参与政治生活、社会公共事务，不可以冷漠的态度对待公众、消极回避社会活动。要坚定信念，将社会公共的需要和利益与自身的需要和利益结合起来，培养公共精神，认真聆听和对待周围群众的呼声，活跃在社会公共活动中，做一名积极参与的公民，增强民间力量对社会发展的影响力。要积极实施自己的公民参与权，利用当下便捷多样的公共参与渠道，随时随地以主人翁的姿态参与对公众话题的讨论，力所能及地参与到实际问题的解决中。要保持参与热情，相信个人之力会汇聚成集体合力，团结周边人共同去攻克难关，解决最需要解决的问题，战胜前进道路中的各种困难。在积极参与社会各领域生活的同时，要将周围人的参与热情调动起来，使大家善于参与、乐于参与，使公民参与公众活动成为一种常态，集聚社会正能量。身为教师，更要鼓舞、支持、引导学生走出"象牙塔"，积极参与社会实践，号召学生能够积极发表意见、建议，敢于以自己的知识和理论去引领社会风气，唱响社会正气歌。当然，积极参与应在法律法规的框架之内，不能做出有损公众利益的事，不能对社会秩序造成不良的影响，不能破坏社会稳定局面。

2. 监督意识

高校法律教育工作者要增强监督意识，敢于对公共事件做出监督、管理、审视社会成员的所作所为，勇于察觉和制止公权力的失范行为，并且做好表率，将这种监督意识传递给广大青年，让监督意识在学生心中生根发芽。在思想观念上，高校法律教师要明确监督对维护社会公平与正义的重要意义，鼓励监督行为的社会是充满活力的社会，乐于接受监督的领导是开明、智慧的领导。高校法律教师要进一步明确，开展监督的目的是为维护好广大人民群众的根本利益，监督意识的高低、监督效果的强弱关乎社会文明进步的程度。高校法律教师要提高监督实效，拓宽自身知识面，依法行使监督权利来制约权力。高校法律教师要敞开胸怀，欢迎外界对自己思想和行为进行监督，以虚心的态度接受领导、同事及学生的意见，善于从外界的声音中寻求智慧，增强自身本领。高校法律教师更要将这种监督意识传递给青年学生，使学生谨记自身所拥有的监督权，整体把握党纪、政纪及相关法律法规，引导他们采取切实可行的监督措施，审视公共权力的行使过程。

3. 责任意识

责任意识是公民意识中极其重要的一部分，要求公民走出狭隘的个人私利或者小集团私利，积极关注并维护集体及社会公共利益，主动履行公民身份所要求的一系列义务。高校法律教师要增强责任意识，正确处理好各类责任之间的关系：首先，要承担起自己的责任，养成负责任的习惯，将自身分内之事踏实做好；其次，要关注社会责任，守法守规，不做违反规矩的事，尽自己所能维护社会秩序稳定；最后，要有无私奉献的情怀，力所能及地服务周边群众，将自身价值的实现与报效社会、服务群众结合起来，并且要有报效祖国之心。高校法律教师要明确，在社会生活中，责任有轻重、主次、缓急的区别划分，在我们所面临的许许多多的责任面前，要懂得选择，在社会所需之处、在十分紧要的关键时刻能够挺身而出。高校法律教师要明确，做一名负责任的公民不是空喊口号，而是对个人知识、技能、品德等方面都有较高要求。要想成为负责任的人，个人需要加强自我修炼，将个人学识和技能充分运用到为社会、为集体进行创造性劳动中。高校法律教师要明确承担责任便意味着个人会付出些许代价，会有痛苦的经历，甚至连健康与生命都会受到威胁，但是这些都将成为促进个人成长和进步的宝贵财富，付出之后将收获更加美好的未来。高校法律教师应具有强烈的社会责任意识，将自己的责任扛在肩上，培育责任感，勇于承担责任，不忘职业理想，尽最大努力做好自己的分内之事。

4. 法律意识

法律意识可以被称作规则意识，是公民意识中的基本构成要素，公民参与社会公共生活必然要在一定的行为规范下活动，法律意识要求公民明确活动规则，依据规则对个人意愿和行为作出有效约束。法律知识和技能是高校法律教师的看家本领，所以，更应该尊重和遵守制度、规则、程序，而且要明确制度、规则、程序不是少数官员或者一部分社会成员为局部利益而秘密商定的，而是所有社会成员共同努力、追求的结果，是为所有社会成员服务的，并以国家意志得以最终确立、强化。高校法律教师要在自身法律专业知识和技能的基础上，培养法律意识，形成对当下法律法规以及法律现象的正确观点和认识，并保持积极探究的热情，尝试对当前法律现象或者特殊案例做出解释和评价。高校法律教师要树立起权利意识，权利是法律依法赋予公民的，一旦自身权利受到威胁或者侵害，就要做出积极、有效的回应，公共权利一旦被冒犯，就要主动组织社会力量去维护权利。当然，法律教师要对维权的方式和具体途径有所把握，在维权的过程中也不能对其他公民的合法权利造成侵犯。与权利意识相对应，高校法律教师要时刻不忘履行法律义务，树立起义务意识。法律层面上的义务与其他行为规范中的义务有所不同，公民对于法律所倡导的行为要积极去做，同时，法律义务强调强制性，公民在法律义务的规定中必须做出某种行为或者禁止做出某种行为，否则就要受到相关法律条款的处罚与惩治。高校法律教师应进一步增强法律意识，明确公民本身就处在一定的法律关系之中，法律既是一把保护伞又是一道不能触碰的底线，并通过各种教育媒介将法律意识传递给学生。

目前，有些大学的法律基础学科的教师并非毕业于法学专业，有的甚至是由思政专业的教师兼职担任，这样难以确保教师的公民意识。所以，高校必须吸收一些法律素质较高的专业人才，同时进一步加强法律教学队伍公民意识的培训。

（五）良好的职业心理素质

职业心理素质是法律教育工作者诸多素质的基础，是促其做好学生法律教育教学工作的重要保证。高校法律教育工作者首先要养成良好的职业心理素质，端正工作态度才能为广大青年学生打造出充满活力、富有感染力的授课课堂，进而有效地促进学生法律思维和公民意识的养成。

1. 拥有健康的心理

高校法律教育工作者立身三尺讲台,不光是在完成法律知识讲授的教学任务,也是在影响青年学生的生活态度和个性发展,并且有可能会对青年学生的人生历程造成影响。由此来看,高校法律教师不光要法律知识储备丰富、法律专业技能过硬,还要拥有健康的心理,在青年学生面前表现出积极的个性特征,能够与学生积极互动。具体来说,高校法律教师要在专业过硬的基础上培养广泛的兴趣,培养自己的业余爱好,富有强烈的求知欲望、敏锐的洞察力;要有丰富、健康的情感,包括高尚的道德感、坚定的法律信仰,做到是非标准鲜明,坚持正义;要养成坚定的意志品质,包括完成任务的明确目的性和力求达到目的的坚定意志,遇到问题要沉着自制、富有耐心,在是非判断面前讲原则,处理问题的态度要果断。教师本身就是自带光环的职业,社会普遍给予教师较高的期望值,教师容易受到外界舆论的压力,同时,教师也担负着沉重的教学任务及科研压力,受这些负面因素的阻碍,教师的心理健康容易产生一些问题。在这种情形下,教师要提高自身的抗压能力,适时调整自己的心态,疏导内心郁结,敢于直面挫折,劳逸结合,努力保持乐观情绪,驱走负能量,激发正能量,拥有健康的心理状态。

2. 加强思想道德修养

"身正为师,德高为范",品质素养向来在教师职业素养中居于较高的地位,高校法律教师要以渊博的学识处理道德关系和法律关系,同时需要具备较高的品质素养,这样才能站在道德的制高点上给予学生明确引导。高校法律教师以传授法律知识和技能为教学任务,但在教学过程中应始终伴随着道德层面的言传身教,应认识到学生通过内心道德自律可以养成良好的行为习惯。高校法律教师的思想道德水平高低将直接决定其对学生思想道德水平的影响力，所以，高校法律教师必须要加强思想道德修养，不光要完成法律知识和技能的教授任务，还要努力完成提高学生思想道德水平的任务。高校法律教师应当增强自身的主人翁意识，增强自身的教育使命感，积极向难题进军，不断改进教育策略，努力实现自己的教育理想。高校法律教师应当培养强烈的社会责任意识，及时发现和思考社会问题，关注社会发展的不平衡之处，关心社会弱势群体。高校法律教师的胸中应充满正义，不为强势所胁迫，敢于鸣不平，将伸张正义作为自己的责任，支撑起一片崇尚法治、充满正义的晴空。高校法律教师应当常怀一颗善心，宣扬真善美的生活，鞭笞假恶丑的行径，注重修炼自己的心灵，心怀苍生，拥有一颗审视个人行为和社会现象的慧眼。高校法律教师应当坚守职业道德，将生命价值的实现与社会理想结合起来，踏实肯干，立德修身，尽自己的能力为法律教育事业添砖加瓦。

3. 增强创新意识

高校法律教师在日常的教育实践中应当致力于在承继前人优秀教育成果的基础上进行创新创造，增强自身的创新意识。当前，我们正处于一个信息化的社会，学习型社会正在形成，全民学习、终身学习已成为一种发展趋势，人们可以通过各种渠道随时随地地取得自己想要得到的资源和信息。高校青年学生求知欲强，对知识资源的需求更全面，对专业性知识的汲取更加深入，对传统论断可能会产生批判性的观点。高校法律教育工作者要对青年学生的学习特征有所把握，持续探索、勇于创新，在理论视野和实践经验方面优于学生，能够针对学生疑问作出科学引导和及时释疑。一味继承前人的知识成果只会原地踏步，固守已有认知只会裹足不前，高校法律教育工作者应结合时代特征和社会生活的变化，敢于以批判的态度去审视已有的概念、结论等，不断更新认知，使之适应当今社会形势的需要。高校法律教师不可迷信权威，不可固守书本，不可神化自身角色，要主动认清世界发展大势，坚持创造与创新，勇于攀登真理高峰。高校法律教师应当俯下身来，倾听学生的心声，常思常疑，多设问、多钻研，努力挖掘自身潜能，力争在专业领域取得新进展。

4. 更新教育理念

教师要具备良好的职业心理素质就要做到更新教育理念，教育理念的更新将影响整个教育事业的生命力，高校法律教师不可将法律教育工作当作简单的机械性的工作，要对教育现实展开积极的思考，确立自己的教育思维，更新教育理念。高校法律教育工作者要时刻牢记"百年大计，教育为本"，明确自身职业与生俱来的崇高使命便是"育人"，教师担负着促进全体学生全面发展的重任，也要心存一颗热爱教育之心，为促进学生培养终身学习的良好习惯。高校法律教师只关注青年学生的分数是不行的，毕竟社会需要的是拥有良好的法律认知、丰富的法律知识储备、过硬的法律技能的法律专业人才，所以，教师的教育理念中不能只展现出对成绩优秀率、合格率的考虑，而是要考虑学生各方面的综合素质指标。高校法律教师教育理念的更新要紧随社会发展大势，用发展的眼光看待教育问题，明确社会生活的更迭变化对法律人才的要求，顺应时代精神的要求，做好长期奋斗的准备，培养出越来越多的能为国家和社会积极做贡献的人。更新教育理念，要求高校法律教师在积累教学经验的基础上，敢于尝试新的教学方式，敢于推动教育改革，从课程实施环节到生成总结性评价环节都要认真做好工作，努力打造出独具特色的高效课堂。

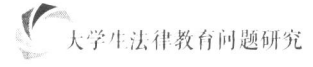

二、大学生法律教育主体的培养

法律教育是一项理论性和实践性都较高的综合性教育工作，为了确保培养出高质量的法律专业人才，高校必须在进行自身建设的同时配备具备完整的理论体系和丰富的实践经验的法律教学团队。高校应该不断提供机会，注重对法律教育工作者队伍的培养，提高他们的整体素质。高校应根据自身的专业设置和师资等特点，努力建设一支分层次、高水平的教学团队。同时，加强提升教师的专业教学能力，使其不断学习法律知识，努力提升课堂教学质量。

（一）法律业务的培训

大学生法制教育是不断发展的，法制教育的理论结构、具体内容和教学形式也应该根据实际情况加以变化。因此，教师应该不断地学习，积极按时参加法律业务培训，全面增强自身的法律教育业务素养，以适应大学生法律教育发展的要求。法律业务培训的方式灵活多变、种类多样，只要能够达到提升高校法律教师的知识水平和教育水平的目的，培训的方式途径可以灵活选择，包括岗前培训、定期轮训、脱产进修和校本培训等。

1. 岗前培训

岗前培训是法律教师初入职场的必经培训，是高校法律教师踏入教学岗位的起点培训方式，培训任务主要在于使法律教育工作者认识到法律教育的重要意义，端正教育态度。通过岗前培训，高校法律教师应对教师行业的工作准则、岗位职责、工作任务等有基本的认知，熟悉学校工作环境、学校教育与管理体制，充分做好跻身教育教学岗位的心理准备，全面增强自身的工作能力。

2. 定期轮训

对在法律教育一线工作的教师要进行定期轮训，进一步提高他们的法律教育水平。定期轮训应及时有效，坚持业务培训与业务考评相结合，为提高法律教师业务素养提供持续动力。轮训内容应覆盖面广、贴合实际、针对性强，使高校法律教师得以巩固所学、更新所知。

3. 脱产进修

对法律教育工作者队伍中优秀的中青年骨干教师，要鼓励他们脱产进修，如参加教育部举办的"全国高校思想政治理论课'思想道德修养与法律基础'课"，报考"高校思想政治理论课教师在职攻读马克思主义理论博士学位研究生"等，在职攻读硕博学位，提高学历层次和业务水平。

4. 校本培训

每所高校都有每所高校的专长，每所学校也都有不足之处，高校要想取得长足发展的动力，就要结合学校工作实践的发展需要，开发校本课程、开展校本培训。学校领导应当在高级教育行政部门的带领下，接受专门法律教师培训机构的指导，面对全体法律教职人员组织培训活动。高校教师既是校本培训的组织者，也是校本培训的受益者，高校法律教师要以认真的态度参加校本培训，总结教育经验，查漏补缺，增强自身的职业修养。

除此之外，高校法律教师还可以通过争做国内省内访问学者、参加学术会议、参加骨干教师进修班、参加高级研讨班等途径促进自身专业的发展。高校要在专业综合水平继续教育中加入法律知识的学习，促使所有教师在传授知识、依法办事等方面都能为学生作出榜样。加强法律专业教师的业务培训，提高法律专业教师的法律素质和教学能力可以全面提高高校的法律教学质量和办学效益。总之，采用多种多样的培训方法，可以为教师的继续学习和发展构建良好的环境，促使教师持续学习，帮助教师提升自身的教学能力。但是，高校法律教师培训的具体内容应面面俱到，应该包含具体的学习任务、学习内容和学习方式、教师的学习时间和次数，以及学习任务未完成时应该采取的惩罚措施等。应坚持把教师的发展需要与学生的发展需要有机结合起来，促使教师的培训制度完善化、合理化。

（二）法律业务经验的交流

开展法律业务经验交流是促进法律教育主体专业成长的良好途径，高校应当时常组织法律教育工作者到其他高校进行参观、考察，学习其他高校在法律教育上取得的先进经验。一是可以与法律教育质量较好的高校加强沟通，共享法律教育实践已经积累的有效成果。当前，我国高等教育法学专业的教育发展程度参差不齐，各所高校办学效益有所差异，许多政法类专业院校和综合类高校因为发展时间较早，其法学专业学科发展较好，从而推动了其法律教育水平的发展，较其他类别的院校更具有优势。所以，其他法学专业发展较晚的院校能够通过与这些有丰富教育经验的学校建立沟通联系机制，进行研究交流，充分吸收它们的理论成果，学习其发展经验，作为促进自身快速蜕变的良好途径。无论是在院系设置、课程设置，还是在具体的施教环节上，后起的法学专业院校或者专业都应当向发展程度较高的法学专业院校或者专业学习，主动弥补自身发展的不足，获得自身进步的有利条件。二是可以加强与本地高校的沟通，主动开展高等院校之间、法学院系之间、法学专业之间的教育合作。本地院校的法律教育普遍存在着一些共通之处，与地区社会政治动态相适应，本地各院校能够通过加强相互之间的沟通，互相学习，并根据当地的实际情况、联合研究、制定适用于当地学生法律教育的教学方法。另外，由于与本地高校的空间距离较近，方便学校之间的联系，高校间可以联合开发利用本地相关资源，组织学生参加法律实践活动，持续丰富法学研究的实践成果。三是可以与同类院校建立交流机制，在共同的教育实践过程中增进法律知识的教化培育，我国高校呈多样化的发展趋势，包括综合类大学和专业类大学，每个学校的专业设置和侧重都有所不同，导致其进行法律教育的方式和内容也不同。不过许多同类院校由于专业设置、教育模式等具有相同或相似的地方，因此形成了客观类似的专业认知，因此，它们之间能够进行沟通合作，一起推动法律教育的发展。例如，理工类院校因为专业侧重点普遍相似，其学生往往也具备相似的特点，这类院校之间进行交流合作，能够提高其法律教育研究的专业性、针对性，提高院校法律教育的水平。

此外，应鼓励、支持法律教育者参加国际性和全国性相关方面的学术会议，如通过讲座、课题研究和开展观摩示范课等多种方式进行培训等，也可以鼓励法律教育者以访问学者的身份，到国外或者国内高校学习等。

（三）法律实践能力的增强

法学专业的学科价值只有在实践中才能体现出来，它本身就是一门实践性较强的专业，鼓励教师参加法律专业实践工作、增强法律实践能力、丰富实践经验，才能改变学生对专业知识的生硬理解，才能使学生的法律实践能力更上一个台阶，保障法律毕业生在综合素质上能够过关。

首先，高校法律教师要增强对法律应用和实践能力的认识，改变以往那种"轻运用、重知识"的偏见态度，把有限的教育精力从高深莫测的科研钻研转移到法律实务应用的教授上来，明确自身在法律实践经验上的诸多不足之处，激励自己成长为与法律职业资格身份相符的人才，做到对法律知识的活学活用，做到以法的智慧去解决各种矛盾和纠纷。

其次，高校法律教师需要适时走下讲台，走进社会法律生活，力所能及地参与到各式各样的社会司法活动之中。同时，高校可以与法院、法律援助中心和律师事务所等法律机构加强沟通，鼓励法律教师在保证教学的前提下参与律师工作，或者参与司法行政部门的执法过程，或者到司法行政部门交流锻炼，不断积累实践经验，为更好地进行法律教育奠定基础。

譬如，高校法律教师可以以自己的法律知识和才学参与诉讼过程。有的教师已经具备了律师职业资格，这样的教师完全可以依法参与诉讼程序，直接在法律事务所获得兼职的岗位，为需要帮助的人提供法律咨询和帮助。而没有获得律师从业资格的教师也可以在赢得当事人的同意和信任下依法参与诉讼过程，将多年所学运用到维护当事人合法正当的利益上去。高校法律教师还可以以人民陪审员的身份积极参与法院的审判过程，这需要法律教师根据人民陪审员的申请程序主动、积极地争取一席之位。通过参与陪审，高校教师可以对法律审判过程有零距离的接触和感受，对整体程序、证据出示、结论判定等形成更直观的感受，从另一方面来说，这也是高校教师强烈公民意识的表现，是对公民政治权利的珍视和享有。

另外，高校法律教师与司法工作人员同为法律人，可以依据专业条件向司法机关申请挂职锻炼的机会，到法院单位、检察院单位，从基层助理岗位做起，拉近与法律实务部门的距离，增进双方的交流，不断向身处司法工作一线的工作人员汲取实践经验。同时，高校教师的专业优势可以继续在日常生活中发挥出来，可以在不影响自身教学任务的情况下，在自己时间和能力允许的条件下，担任企事业单位所需要的法律顾问岗位，为企事业单位日常法律事务的处理提供帮助。

最后，高校法律教师应当定期参加各类实践性培训，将法律事务经验的积累作为必备的职业要求，在法律教师入职之前，就应当主动填补法律实际操作知识和能力上的空缺，充分利用岗前实践培训基地培训，严格按照各类培训项目标准评判自身的实践收获。同时，司法工作人员的日常学习培训对高校教师而言也是十分有价值的实践锻炼机会，高校教师应当积极地参与到职业法律人的培训活动中去，深入了解一些法律适用环节，达到提高整体法律素养的目的。

当然，提高法律教师实践能力的根本目的在于培养出具备较高法律事务水平的学生，所以，在今后的法律教育实践中要充分利用实践经验丰富的教师的组织、协调能力，组织学生参加各种法律实践，通过实践过程积累相关经验，提高法律教育的成果。

（四）法律科研能力的提高

高校法律教师身负教学、科研等多项任务，其中，科研工作意味着对法律学科的创新创造，更是高校法律教师探求新知、紧跟前沿、完善自身知识体系的过程，科研任务的认真完成彰显着教师精益求精、卓越发展的积极态度，也必将推进法律教育取得更好的成效。高校教师法律科研能力的提高要从以下几个方面做起：

首先，增进对科研重要性的认识，以提高科研能力、促进自身专业成长，要求高校法律教师改变以往的懈怠情绪，不要把科研任务简单地当成一项上级指令来对待，也不要把科学任务仅仅作为职称评定的重要抓手。要从长远处看待科研工作对于法律学科建设的积极意义，更要时刻考虑到科研难题的突破对于现实问题解决的重要指导作用，应当认识到法律学科的课题是紧贴实际生活所需的，应当把有限的科研资金运用到实处，明确自身的科研方向与今后的职业发展规划是紧密联系在一起的，对法律科研工作的懈怠将对今后的法律专业成长之路造成较大的消极影响。高校法律教师要进一步明确，个人总是团队中的一员，个人的科研能力关乎的是整个团队的科研能力的提高，个人在科研工作上的消极态度和懈怠习惯将会拖及整个团队、整个学科的科研成果。

其次，对当前法律专业科研动态有所把握，关注实践需要和社会热点，深刻反思法的基本精神与法律法规日常运行之间关系。闭门造车的研究不是科研，不反思现实问题的研究终究是无效研究，科研就是要在追寻问题的真切答案的过程中产生，高校法律教师在科研能力上的出发点就是找到最有价值的、最被需要的法律问题，在不断的钻研和实践积淀的阶段性过程中发现规律性。随着社会法治建设的日益推进，全社会法治意识和法治化程度日益加强，当然，法律专业的发展态势也在不断变化，高校法律教师要在充分考虑的基础上牢牢地抓住专业发展态势，在前人研究成果的基础上，在与团队成员的合作中，推进科研工作更上一个台阶。当然，这也要求高校法律教师注重创新，以自己的科研敏感和坚持不懈解开他人不能解开的矛盾和问题，提高逻辑思维能力，根据科研成果制定出解决现实法律难题的基本路径和具体方案。

最后，高校法律教师需要增强科研意识、提高科研能力，做好日常的学习积累环节，全面提高自身的法律科研素质，以胜任各种类型的科研任务。高校法律教师身处文化氛围浓厚的高校校园内，应当以终身学习的观念不断砥砺自我，保持求知求真的热情，不断地丰富自己的法律知识储备，不断地增进学科专业之间、学科方向之间的交流和沟通，使自身专业的成长之路更加宽阔，为增强自身科研实力打下坚实的基础。高校法律教师在科研进程中，要多思多疑、善疑善思，保持对热点难题的敏感度，敢于不走寻常路，勇于标新立异，乐于找出新思路，善于提出新主张，自着手科研任务时就要努力做到与众不同。当然，为了促进法律教育发展，不断提高法律教育工作者的综合水平，国家与院校要通过多种形式和途径，鼓励他们申报课题，参与科研活动，培养法律教育工作者参与科研活动的兴趣和能力，在部门经费允许的情况下，在经费和信息上为法律教育工作者开展科研活动提供足够的支持。另外，高校法律教师应认识到科研方面的工作需要付出长期的努力和奋斗，需要耐得住寂寞、坐得住科研人的冷板凳，排除外部诱惑，持之以恒地取得新的进展，要有将科研的使命进行到底、不抛弃也不放弃的伟大精神力量。

（五）教育主体讲授水平的提升

课堂教学可谓是法律教育实践活动得以有效、有序进行的主阵地，高校法律教师讲授水平如何直接决定着学生能够接触到法律知识的广度、深度，教师讲授风格和特色也决定了教学艺术的高低。对广大高校法律教育工作者而言，课堂讲授能力无疑是其终身职业发展能力的最重要能力之一。讲授水平的提升需要高校教师做到以下几点：

首先，高校法律教师在讲授内容上以教材为基础，查阅多种资料，并着力做好信息甄别工作，以丰富的法律论据为支撑，丰富教学内容。要在备课过程中，尊重学生的学习程度和认知规律，内容选择注重各知识点之间的层次联系和循序渐进性，可以让学生在自然放松的状态下由易懂、易学的知识逐步深入到层次高、难度大的知识，避免学生对知识点进行囫囵吞枣式的接受，避免学生对课堂教学产生厌烦情绪，增进课堂活力。

高校法律教师还要注重课堂内容讲授上的体系完善性，将各个细化、零碎的知识内容统一联结起来，找到课堂授课的主线索，使得每一堂课自成体系，使学生留下鲜明印象。另外，高校法律教师要对基础类知识、应用类知识、操作类知识等作出明确分类，注重每类知识要点在讲解时间和方法上的不同之处，不能一刀切式地去对待不同类型的教学内容。

其次，高校法律教师要进一步在提升课堂语言表达能力上下功夫，提高语言表达艺术，将教学内容以特有的语言魅力活灵活现地展现在同学们面前，这同样是法律教师提高讲授能力所必备的功课。法律教师站在大学讲台上，要想练就出语言表达上的深厚功力，首要的任务就是要培养出强大的职业心理素质，排除课堂心理障碍，战胜不自信、胆怯、紧张等诸多消极情绪成分，勇敢地接受学生、同事或者领导给予的中肯评价和建议，在课堂讲授过程中赋予自己积极的心理暗示，积累心理上的正能量。高校法律教师要认识到表达教学语言同时也是在表达自己的思维动态，语言表达能力的提高要紧紧依靠有效的思维训练过程，教师要对教学问题展开多个角度的思考，理顺教学思路，善于运用对比、分析、综合等逻辑思维方式分析和解决问题，帮助和鼓舞学生成为思维严密的人。高校法律教师可以通过提高自我演讲能力来提高表达能力，善于抓住日常的发言机会，在停顿、连接等技巧上积累经验，根据语境选择合适的语气，在词句选用上更好地传神达意。

最后，高校法律教师在讲授方法上要灵活选择，立足课堂动态，讲求讲授策略，形成自己特有的讲授风格。在课堂内容的引入上，高校法律教师可以将问题所处的大背景讲授清晰，使学生明确导致问题产生和存在的原因，对前人所积累的研究成果有一个基本的把握，这也有利于使学生养成良好的研究习惯。在具体问题的讲授上，教师应当将法律的来龙去脉说清楚、讲透彻，不可敷衍了事，要结合实例作出充分的说明和论证，通过举一反三、触类旁通，让学生学懂、吃透，如果是操作性较强的内容，教师可以引导和组织学生进行现场模拟，或者带学生进入模拟实验室，分角色展示教学内容。高校法律教师还应当遵循一般与特殊的辩证统一关系，可以以一般性的结论为引，抛出现存的特殊性难题，因为特殊性问题的解决可以印证总体结论的准确之处，这样也会逐步养成学生良好的逻辑思维习惯。

除此之外，高校法律教师队伍应当坚持集中备课制度，使教师之间相互交流在法律教育中遇到的法律专业问题，共同探讨学生提出的疑难问题，同时拉近青年教师群体与经验丰富的老教师之间的距离，也可以使年轻教师尽快地进入教学角色，了解和掌握教学基本规律，学习和汲取老教师在课堂讲授上的优秀经验。同时，高校法律学科应当经常性地组织教师进行讲课比赛、教案展评、教学质量评估等活动，使教师看到自己在教学工作中的长处和不足，通过相互学习、取长补短，使自己的教学质量、教学效果和专业水平不断提升。

三、优秀法律教育者的引进

由于当今高校教师自身所受教育的原因，许多高校法学专业的教师并没有法学专业教育背景，高校普遍缺乏深厚的法律知识、较高法律素质和丰富实践经验的法律专业教师。因此，高校引进法律素质较高的专业教育人才，是增强法学师资力量的必要手段。高校在招聘人才时，要从多方面综合加以考核：一方面要考查教师具备的理论知识水平；另一方面要考查教师的教学、实践技能。学校应该通过多种渠道吸收教育人才，可以是应届法律专业研究生，也可以是海归法律人才，还可以是具有丰富法律工作经验的人员，比如法官、检察官、律师等，这些人从事法律工作的时间较长，理论知识完备、实践能力较强，能够采用更符合实际的方式对高校学生进行法律教育。

（一）海外法律人才的引进

在如今的发展阶段，各国、各地区都在为人才的流入创造有利条件，人才已然成为增强国家和地区竞争力的重要、稀缺资源。对人才资源的积极占有除了要大力发展本国教育事业、不断锻造出人才，还要创造吸取海外人才的有利条件、加快海外人才的引入。采取积极措施吸引海外优秀法律人才是世界发展中国家壮大本国法律人才队伍的通行做法，也是在较短时间内提升科研水平的一条宝贵经验。海外经历的法律人才有着国际的视野，熟悉先进的法律教育方式，为此，应加大海外法律人才引进的力度，充分发挥他们具有特色的教学教育观念和教学方式的作用。这样才能有效地改善高校法律教育师资的结构，不断充实高校的大学生法律教育师资队伍，提高大学生的公民意识。

随着改革开放的深入推进，我国各项事业蓬勃发展，为各方面优秀人才提供了前所未有的发展空间和广阔舞台，吸引大批海外高层次法律人才的时机已经到来。2008 年出台的人才引入"千人计划"以及 2010 年出台的人才引入"青年千人计划"都为人才引入提供了便利，各省区、各地区也都应当提高海外人才引入意识，依照国家计划的精神和基本条目要求，按照本地区对法律人才的需求状况，制定出有利于海外法律人才在国内安家落户或者长久居住方面的具体方案，推进长期或者短期的创新发展热潮。国家在政策层面应当继续为海外人才提供便利，使绿卡政策更加人性化，简化其中繁琐的程序步骤，放低海外优秀人才的申请门槛，向发达国家已经成熟的制度规范学习，改革、完善《外国人在中国永久居留审批管理办法》以及《外国人入境出境管理条例》等，打破不合理的制度性障碍。在海外法律人才长期或者短期入住我国境内之后，要为他们的创新工作提供基本的便利条件，保障实现他们在权利和义务上的对等和统一，使其能够在我国境内安心工作和愉快生活。除了制度政策上的实质性进展，还应当做好对外宣传工作，通过各种传播方式向全世界范围内的人才和学者发出诚恳的邀请，使越来越多的高层次法律人才可以了解到有利于自己安身立户的积极信息，可以体会我国法律专业的进展状况，可以感受到我们的诚意。

（二）法律职业教育学者的引进

法律职业教育学者是一个社会法律和法学发展的重要基础和基本保障，包括法学教师和法学研究者，他们是法律知识的传授者，也是法律知识的创造者。他们的优势在于对法律科学有着专业性的认识和理解，能够比较准确地把握法律精神，是最具法律素质和能力的一类群体，也是最符合资格的法律教育者。他们对于法律的精深研究是一个国家和社会法律乃至社会进步的基础与动力，是一国法治的理论保障。可以说，没有法学专家的社会，必然是法律停滞的社会，必然是法律落后于时代的社会。高校法律教育要想更上一个台阶，需进一步推进师资力量建设，凝聚越来越多的法律职业教育学者走上高校教育讲台，成为法律学科教育的重要支撑力量，为大学生群体指点迷津，使得学生群体能够以更加成熟的法律认知能力把控相关法律现象。很多法律从业人员最初选择学习法律专业并不是为了获得教育岗位，而是为了参加与法律事务相关的工作。但是，从事法律职业教育同样是法律人施展才华、提升职业价值的可行平台，法律人理应看准行业发展方向、用更加积极的姿态把自己锻造成为一名优秀的法律职业教育学者。为确保高校法律专业师资力量，使高校能够胜任法律教育的使命，应建立起有利于法律职业教育学者引入的持续机制和长期保障，由此保证课程教授的质量，为学生营造起良好的成才环境。

（三）司法机关和行政执法机关教育者的引进

特定的司法机关、执法机关的教育者作为社会法律教育的规划者、组织者、宣传者，对于普及知识、介绍法律出台背景，有着绝对的优势和丰富的司法、执法实践经验，他们进行的特定的法律教育往往是针对个案、个别事件所进行的法律教育，实效性较强、针对性较强、教育效果也较好。这部分法律从业人员非常熟悉法的完整适用过程，担负着司法的职能和责任，熟知各种法律程序，可以为广大学生群体带来最权威、最详尽的法律知识讲解，可以最活灵活现地向广大学生展示法律操作环节。学校可以聘请司法机关的工作人员（比如法官、检察官）、律师等理论知识丰富、实践能力较强的人员担任兼职教师，对高校学生进行法律教育。他们可以向高校学生教授法律专业技能，增强大学生的法律素质、全面收集、整理法律宣传相关资源，增进学生对学法、用法的兴致，有利于高校学生法律教育水平的提高。同时，这类教育者走进大学生课堂，还可以使广大学生认识和了解司法行政等相关工作岗位的特点，明确我国司法职权配置的相关知识，把握司法改革进程的动态，把握各个司法机关之间的相互关系，了解基层法律工作者是如何进行日常工作的，等等。高校要积极向司法单位发出诚挚的请求，邀请特定司法人员开办校园讲座，或者根据学校法律专业发展的要求，聘请他们在时间允许的情况下长期为高校法律课程服务。

第七章

公民意识养成视阈下大学生法律教育的内容

在对大学生进行法律方面的教育时，其教育内容的选取是以法律教育期望的目标来决定的，它决定着法律教育的实施效果，是实现法律教育目标和任务的重要保证。法律教育有着广泛而又具体的内容，并且会受到时代、社会要求和教育对象等因素的影响，随着这些因素的变化而变化。所以，在构建公民意识养成视阈下的大学生法律教育的具体内容的时候，要拓展原有法律教育的内容，并且在建立的时候实现教育内容的系统化。

一、法律意识教育

法律意识教育的核心是高校对其在校大学生的社会主义制度下的法律意识进行培养，旨在对大学生的法律基础知识的学习、基本法律常识的认知、依法办事的法治理念进行强化教育，帮助在校的大学生正确树立自身权利义务方面的观念和与现在社会经济市场相符合的法律观念。

（一）法治意识教育

法治国家这一治国观念的确立，必将有力地促进我国的民主法治建设迅速、健康地发展，这也是我国的法律制度建设价值取向发生根本变化的标志，即由法治取代原有的人治。依法治国这一观点的改变具有非常现实的意义。大学生的法制教育内容是多方面的。例如，大学生要想对法治和人治进行正确的区分，需要对我国法制方面的历史有一定的认识，包括历史经验和历史教训；依法治国观念要求大学生真正理解法治的内涵和法治的价值取向，正确认识到法治中的法律就是民主、公平、正义、善良的法律形式，正确认识到法律的权威，并且树立正确的法律至上的法律观念；依法治国的根本依据是我国的根本大法——宪法，宪法是民主政治的结晶。

法治意识是公民社会建设中的重点培养对象。所谓法治意识就是社会公民通过对法律基础知识的学习，在内心逐渐形成对法律的情感和态度。当他们遇到事情的时候，首先想到的处理办法就是严格地依法办事，即我们所说的法律思维。法律意识的主要内容就是对法律基础知识的理解、所形成的对法律的态度和情感、依法办事的法律意识和信念的形成这些方面。

公民对现实生活中出现的法律现象按照法律的基本思维进行认知和处理，这就是通常所说的法律认知。法律认知的内容是多方面的，如公民正确地认识我国现在的法律法规，并且能够知道法律在生活中的意义和作用。法律是按照国家的统治阶级的意志来建立的，是统治阶级价值观的体现，公民通过学习法律知识，熟悉法律的形成过程以及形成规律。并且，公民要了解现在所实行的法律的主要内容、基本特征和基本要求，并且按照这些内容去评价和判断公民在社会活动中的行为。法律还对公民的基本权利和义务进行了明确的规定，这就使得公民能够从意识和行为上培养遵法和守法的基本观念，进而能够自觉地维护法律的尊严，在自己的行为中遵守相关法律的规范，从而能使得公民的合法权益和社会的秩序得到保障。

公民受到社会政治经济条件以及文化传统的影响，会自然地在自己的内心中形成对法律法规特殊的感受和体验，这就是我们所说的法律情感。公民的权利和义务是社会主义法治意识形态的根本内容。社会公民通过认知和学习相关的法律基本知识，在内心形成主观法律意识，并且在处理事情和行为活动的时候遵守法律法规，对他人的合法权利给予尊重。公民在社会实践中的行为和对法律知识的认知程度都会对公民的法律情感造成影响，因此，要形成正确的法律情感，公民要严格按照社会准则和法律法规规范自己在学习和生活中的行为，既要维护自己的合法权益，又要履行自己的法律义务，并且逐渐在内心形成自己的主观情感，从而发自内心地相信法律法规。

公民通过对社会上出现的法律法律现象进行一定程度的认知，进而从思想上表示出对法律的尊重、信任和认可，这就是法律意志。公民只有对法律的基本知识进行熟练掌握，有一定的法律知识储备，才能真正形成法律意志。例如，公民只有对法律规定下的合法权利和义务、法律的公平原则以及社会契约论等基本的法律知识进行学习，才有助于培养自己的法律意识。公民信任法律的尊严、严格地按照法律规范来要求自己的行为、在内心形成稳定的法律意志等都需要建立在具备一定的法律信念的基础上。所以说，公民对法律的态度和遵法守法的行为都要取决于法律观念的形成，公民法律观念的形成对公民法律意志的培养是具有重大意义的。

公民具有坚定的法律品质是形成法律信念的前提条件，公民在行为准则中严格按照法律的规定，是法律的价值所在。公民是否能够认识到法律的作用是很重要的。首先，法律能够对公民的日常行为规范进行指导，对结果进行预测评价，能够规范和调节公民的行为。其次，在社会中，政治、经济、文化生活相互渗透、相互交错，所以，它们之间的关系会相互影响，从而就需要通过一些工具进行调整，法律正具有这样的作用，只有有了法律的调整，社会的统治阶级和相关政府部门才能在社会生活中发挥其最大职责。公民养成坚定的法律信念，并且在行为生活中能够选择法律这一规范来要求自己，这对良好社会秩序的形成和公民合法权利的维护是很重要的。例如，新世纪的开拓创新者是当代的大学生，他们对未来的社会建设作用重大。在大学生的公民意识教育中，首先要教育大学生关于民主和法治方面的系统知识，在这些教育中，大学生要学习民主集中制的基本法律原则，对我国实行的人民代表大会制度有一定的了解，能够具备基本的民主方面的法律法规和养成正确的法治意识。只有这样，大学生才能正确地认识到法律的产生和发展的重要性，才能在行使自己的权利、履行自己的义务的过程中严格遵守法律的相关规定，才能在我国建设有中国特色的社会主义民主政治中发挥更大的作用。

（二）权利意识教育

为了使法制教育从义务占本位转化为权利占本位，一项重要的教育内容就是对学生实行权利意识教育。权利意识教育主要涉及的是权利和义务这二者之间的关系如何界定的问题，增强权利意识从另一方面说也是对义务意识的明确。权利与义务之间存在着一种密不可分的关系，具有一致性，个人在享受权利的同时需要履行相应的义务，权利是义务的前提，义务是权利的基础。在权利意识的教育过程中，受教育者应当及时认清身为现代公民理所当然地享有的权益、利益，现有的国家法律为确保公民拥有、行使这样的公民权利而制定、更新、实施，国家制定法律就是为了去更好地保障公民的权利，这也是法律的目的。所以说，社会成员应当争做合格又负责任的现代公民，不忘行使合法权利，以主人翁的姿态积极参与到社会公共的生活之中，推进整个社会的法制建设进程，提升社会法治文明水平，建设良好的法制社会秩序。还有，公民在行使合法权利的时候受到他人或社会组织的非法阻碍和限制的，要敢于挺身而出，拿起法律武器保障自身权利，依法作出申诉。当他人或社会组织的行为偏离法制轨道，侵害了自身合法权利时，公民应当增强依法维权的意识，培养自己的法制思维，养成依法维权的习惯。当然，切忌以非法的途径和方法去报复侵权者，应当明确以暴制暴的行为不能确保自身权益得到弥补，反而还可能诱发违法犯罪行为，使自己陷入违法犯罪的深渊，这是十分危险的。从内容上来说，法律体系主要包括民法、行政法、刑法这三大法律内容，相应地，这三大法律内容均规定了公民的权利内容，规范着全体公民依法行使自己的权利并且依法对自己的权利实行保障。法制教育要注重联系大学生自身发展的实际情况，根据他们的需求内容或者可能会碰到的内容着重地展开相关介绍，确保他们能够熟识各项权利的来源和受保障的细节情形，获得最起码的权利常识，以免在遇到侵权行为时不知所措。当前，大学校园之内存在着许多不安定的因素，校园贷、传销、诈骗、暴力等案件依然存在，这些违法事件在很大程度上是由大学生群体模糊的权利意识造成的。这也体现出了大学生权利意识教育的重要性和紧迫性，如果每所高校、每节法律课堂都能踏实、有效地开展法治教育课堂，不断增强高校学生的权利意识，那么很多悲剧就可以不再上演。其实，增强大学生群体权利意识不仅仅是为保护大学生的权利免受损害，也是在告诫侵权者增强规则意识、把握住法律底线。基本法律体系相关的知识内容对公民权利方面有了总体的概括，增进高校学生权利意识还需增进他们对于法律处罚知识的了解。我国法律规定的处罚包括治安管理处罚、行政处罚及刑事处罚，从权利层面讲，各种处罚都是为了惩治侵权行为，不同处罚在性质和程度上各有不同。没有哪项侵权行为可以逃避法律惩处，并且依照对他人、对社会侵权行为的严重性来界定应受何种类型的处罚。除了继续注重法律知识教育，权利意识教育还应该对现代的法律观点教育给予更多的重视，让广大青年学生明确，随着现代法治的完善与进步，人们对权利方面的观念和意识也会进一步增强，对侵权行为与维权行为所投入的关注也就越多，从而可以全面把握现代法律的精神。虽然大学生群体可以通过各种途径接触到很多基本法律知识，但是由于法律条文具有易变的特点，大学生群体在接受法律知识的时候很难把握法律的精神。大学生通过学习法律的基本知识和精神，可以从心底消除法律的陌生感，逐渐将法律作为生活中的一部分。最重要的是，通过对法律知识和法律精神的学习可以培养学生的权利意识。当前，高校必须立足于社会主义经济市场的实际生活实行法律教育，向高校学生宣传法律的基本价值、权利的本位、法律凌驾其他规范之上、在法律面前人人平等的基本法律观念，使大学生能够正确地看到现实生活中法律链条存在的种种不完善之处，依靠法治力量的保障才能建立起安全、自由、正义、公平、美好的社会生活。总之，应当不失时机地增进大学生权利意识教育，使他们认识到，在现实生活中，法律具有至高无上的权力和权威，能够制约权力、保护公民的权利、实现公民的利益。

（三）诚实信用意识教育

诚实信用意识教育是大学生法律意识教育的一个重要内容，大学生能够成长为一名合格的现代公民，必须增强诚实信用意识。诚实守信是"金"，是中华民族历来重视的传统美德，当然，现代社会生活同样需要诚实守信的伦理标准。而且，从现代市场经济的运行来看，诚实信用原则是一条极其重要的法律性规范，有利于约束市场主体的行为，规范各种市场交易活动，打击各种带有欺诈性质的经济行为。从法律规范的角度来看，诚实信用是指人们在民事活动中应当讲究诚实、恪守信用，并依照善意的方式行使权利、履行义务。诚实信用常常被称为民法（特别是债法）中的最高指导原则，即"帝王规则"。[1]公民只有在认知和把握诚实守信的过程中才能形成诚实信用意识。该意识是人们认知和遵守诚实信用的内容和价值的一种思维方式。诚实信用既具有道德调节的功能又具有法律调节的功能，大学生群体可能对其道德调节作用较为熟悉，对其法律关系的调节作用所知不多，这显示出了大学生诚实信用意识教育的必要性。大学生群体不光要将诚信作为道德原则放在心上，更要在把握诚信道德内涵的基础上形成诚实信用的法治观，把它定义为法治社会中的一项基本法律规范。诚实信用意识决定着公民的诚实信用行为，只有增强大学生群体的诚实信用意识教育才能使其在行动过程中按诚信原则行事。首先，诚实信用是个人品德修养的表现形式，该意识要求人们诚实守信，在表达自己的想法和履行自己的诺言的时候要做到真实、认真，这是取信于他人的基础。诚实信用关乎一个人的道德品格，是一面反映一个人思想道德素质的镜子。一个信誉高的人往往可以展现出良好的道德风貌，反之，一个不讲信誉的人的道德品行往往会被质疑。很多道德失范行为都是由诚实信用层面道德品质的缺失，人与人之间失掉起码的相互信任，进而导致人与人之间不愿尽守彼此的社会责任造成的。和谐人际关系的建立、良好合作关系的形成都热切呼唤诚实信用原则。没有人会对"诚实"二字感到陌生，其讲的是要实话实说、踏实办事、不弄虚作假、不唬人；"信用"指的是要一诺千金、言而有信、信守诺言。人

---

〔1〕　〔日〕森田三男：《债权法总论》，学阳书房1978年版，第28页，转引自王利明：《民法总则研究》（第2版），中国人民大学出版社2012年版，第126页。

们在奉行诚实信用原则的过程中可能会遇到一些困难和阻碍，这些困难和阻碍可能来自外部环境的诱惑，也可能来自内心世界的懦弱与犹豫。所以，对诚实信用原则的身体力行谈起来轻松，真正落实到自身行动中却并不容易。尤其是在相对独立的私人空间中，个体行为无人监守，若个体道德意志不够坚强，就会发生违背诚实信用原则的事。其次，诚实守信还要求公民在坚持公平正义的条件下形成一种公共准则，人与人之间相互讲诚信。在社会大环境中，诚实信用原则如果只在少数人或者一部分人中被奉行，那么就会造成部分人得利、部分人失利的结果，就会影响整个社会的道德风气，影响整个社会的公平正义。长此以往，将影响人们对诚实信用原则的尊崇，对社会信用体系的建立、对社会的稳定和谐造成负面影响。可见，诚实信用原则不是对某个人或某些人的约束，少数人或者部分人的遵循无法促成整个社会诚实信用原则的形成。人们需要树立起强烈的诚实信用原则意识，尊重和遵守现实生活中的诚信规则、制度、程序，大学生作为社会的一分子，在参与社会生活的过程中必须按照诚实信用原则行事。诚实信用原则的出台，初衷是维护全部社会成员的切身利益，而不是为少数人谋私利，没有诚实信用原则，社会生活将会乱作一团，没有全体社会成员的鼎力支持也就难以实现诚实信用的社会环境。违背诚实信用原则的行为不光是没有担负起自己的责任与义务，也是对社会责任的推卸和逃避，损害的是公众的利益和他人的正当权益。扰乱社会秩序、阻碍社会的进步和发展是非正义的，必然会遭受道德的谴责，若有违法之处，还会受到法律的制裁。最后，诚实守信还要求公民对自己的行为负责，这种责任当然包括法律责任，所以会有一定的震慑功能，让人们能够在行为上按照规范严格要求自己。每一位社会成员都愿意生活在一个诚实信用的社会环境中，在这样诚实信用的环境中，充满着真善美，正义力量得到扶持，非正义行为得到有力遏制，人们可以获得更高的安全感和满意度。然而，诚实信用的社会环境不是凭空就有的，这要依赖每个人的自觉性，依靠每个人对诚实信用原则的坚守和维护。在纷繁复杂的社会生活中，每位公民都应正确行使权利、自觉履行义务，认清自己的法律责任，明确不可触碰的法律底线，按照诚信原则指导自己的行动。诚实信用在我国的民法中被规定为一项基本的原则，民法中还明确地规定了有害于信任利益的责任制度，这有助于交易的安全实行和社会秩序的保障。可见，为了使公民培养成良好的道德情操，树立起正确的道德理念，能够按照道德规范选择合理的行为，并且使自己的行为符合法律规范，培养公民的诚实守信意识是十分必要的。

（四）程序法意识教育

依据不同的标准，我们可以将法律分为不同的种类。其中，按照不同的规定内容，法律可以被划分为实体法与程序法两种形式。具体来说，主要内容形式为对公民的权利和义务进行确认和规定以及对公民的职责和责任进行规定的法律形式为实体法，如宪法、民法、商法、行政法等，这些都对公民在社会关系中事实存在的权利与义务关系作出了非常明确的规定。公民在保障自己的合法权利的时候，必定会遵循一定的法律程序或者步骤，这些程序和步骤就是法律的程序法，与实体法一词对称，体现出程序性法律规范的要求，对具体的诉讼过程和环节作出规定。比如，我们生活中经常会遇到的行政诉讼法、民事诉讼法和刑事诉讼法。程序法的根本目的是使公民在保护自己的合法权益的过程中能够做到有法可依，同时确保公民个人行为在法律许可的范围之内，不得因个人的法律参与活动损害他人或者社会的利益。但是，人们会把程序法误认为是实体法的附加部分，这也是受到了我国的传统思想的干扰，所以，在行使法律的过程中，人们更倾向于遵守实体法，而不重视程序法部分，这种重实轻程的思想观点普遍存在。从法学界对程序法的认知来看，程序法的重要性、独立性一直受到轻视，程序法在大多数情况下被看作是实体法的依附者，它本身的实际意义并不是很大。在这种偏见之下，社会主义法制建设对程序法的关注度不够高，难以达到现代法治社会的要求。大学生群体受这种错误观念的影响，有很大一部分人轻视程序法的重要性，将其置于实体法的附庸地位，更有相当一部分大学生不知诉讼法为何物，对诉讼法的内容、运用范围、重要作用等不甚了解。事实上，程序法自身的存在价值是非常高的，它涉及法律运作过程本身，体现着"依法治法"，避免出现法律自身运作过程的随意、混乱，对个别别有用心者形成约束力，防止出现操作司法过程的不合规、不合法行为。程序法能够对实体法的不足进行补充，实体法的字句之间会都体现出法律的强制约束力，实体法的内容不论多么完备，在法律运作环节，实体法的约束力都是缺失的，这就需要程序法来作出法律关系调节。在我国的法制建设以及维护公民的合法权益方面，程序法有着非常关键的作用。程序法自身的作用和重要性决定了其独立的一面，使人们的法律关系调整过程"以法律为准绳"。所以，程序法除了具有补充实体法的价值外，还具有其自身的独立价值。只有认识到程序法的独立性，人们才不会把程序法仅仅视为是实现社会目的的方法，不再仅仅是受指使的程序客体，而是将其看作是独立的整体。因此，只有对程序法给予重视才能确保程序法的独立性，才能使公民真正认识到程序法是真正意义上的正义方式，进而才会遵守和尊重法律。

　　程序法意识的教育是法律教育的重点和难点，帮助公民对自己的合法权利进行合法的保障的具体方法就是对程序法进行明确。所以，在学生的法制教育中，要体现出程序法和实体法这两种法律形式之间的关系、程序法在公民保障权利中的作用、程序法对实体法律规定的功能和影响。

　　现代大学生的法制教育要摒弃传统的教育中的重视实体法律而轻视程序法律的弊病，注重大学生的法律素质和法律意识的养成，充分认识到程序法在法律中的重大作用，其主要内容包括民事诉讼法、刑事诉讼法、行政诉讼法中的基本的法律法规。解决公民的民事纠纷的主要法律依据是民事诉讼法，而解决民事纠纷的另一个途径就是仲裁法律的相关制度，主要内容是公民在处理纠纷的时候，根据双方约定的仲裁条款，将纠纷交由仲裁机构进行审定，并且作出仲裁裁决，这种裁决具有一定的法律约束力。国家的公诉机关对相关犯罪行为进行揭发、证实和惩罚，这就是刑事诉讼法的基本制度。当公民的合法权益受到相关行政机关或者人员在行使权力侵害时，他们可以依据行政诉讼法起诉到相关的法院，并且寻求相关的法律保护，确保法律实施过程的公平与正义，这是行政诉讼法的相关规定。在大学生的法制教育中，通过对实体法和程序法的相互关联，促使学生能够熟练地运用法律制度。如此一来，学生在接受法制教育的时候，不仅仅能学到法律的基本知识，还能学到法律执行时的程序，这就为他们以后的工作和生活起到了导向作用，使他们能够熟练地运用法律来保护自己的合法权益。

　　（五）专业法律意识教育

　　在我国的各所高校中，法律教育要求大学生对一些基本的法律常识进行学习掌握，但是，因为学生的专业不同，所以他们接触的社会方面也是不同的，而且他们在专业领域范围内所面对的法律问题也是不同的，因而，每个专业的同学对法律知识的需求不同，这也是传统的法制教育所忽略的问题。在传统的大学法制教育中，每个学生接触的法律知识是相同的，不管专业是否相同，上课的老师也不会对不同的专业学生教授不同的法律知识，采取基本相同的上课方式。在这样大同小异的法律教育中，学生们只能学习到法律最基本的知识内容，尽管他们又有很多自己的专业知识和技能，但是，由于缺乏相应的法律知识与之相呼应，他们不能在自己的专业领域内熟练地运用相应的法律知识来解决相应的问题，所以，专业技能和法律知识之间就会出现一定的反差。

对此，在现代的法制教育过程中要充分发挥法律素质教育的导向作用，不仅要传授学生基本的法律知识内容，还要对不同专业的学生进行课程的整理和融合，将法律再细分为各个分支学科。针对不同专业的学生，应设置相应的法律课程，重点分析专业领域内出现的法律问题，以及如何利用相关的法律知识去解决这些问题，使学生能够根据自己的专业或者兴趣去选择不同内容的法律知识教育。教师还应该根据学生专业的基本情况，制定相应的教学计划和培养方案，在课堂上，将法律教育的知识和学生的专业相联系，多列举和他们专业相关的案例和教案。这样不仅能使学生对自己专业领域内的法律知识有所掌握，还能提高学生学习法律知识的积极性，从而使学生在课堂上自觉地去学习相关的法律知识，在学习中培养自己的法律意识，并且课堂也不会沉闷枯燥。比如说，在哲学课堂上，老师除了传授基本的法律知识以外，还可以讲不同的哲学家（哥白尼、苏格拉底等）所处时期的相关法律和法规。在行政管理的课堂上，老师除了使学生接受基本的法律知识外，还可以在课程中添加其专业领域的行政法律的内容，尽量选取行政方面的法律案例。在外语的课堂上，针对不同的语种，教师可以选取对应国家在国家上的法律法规进行介绍，使同学们了解该语种的国家是如何行使法律法规的。针对学医的学生，教师可以着重介绍相关医疗管理方面的法律法规以及行医时所应遵守的基本法则，如《侵权责任法》《执业医师法》《传染病防治法》《母婴保健法》《献血法》等，使学生在学习相关法律的同时，能够逐渐培养起自己的法律思维和法律意识，这能够在他们工作的时候起到很大的作用。因为医学研究者或者医生在进行医药研究或者是治病救人的时候都要依据相应的法律法规、行为规范进行工作，这也是他们必须要遵守的，只有这样，才符合相应的法律规范。[1]对地质类院系的学生增加《环境保护法》《矿产资源法》等法律内容，在金融类的课堂上，教师也可以给学生教授一些《银行法》《票据法》的法律规定，这和他们以后的工作是息息相关的，是学生们真正需要和关心的。在这些课堂上设置和他们专业相关的法律知识，不仅能使学生学习到更多的法律知识，使法制教育的范围更广泛，开阔视野，而且能使学生更自觉、积极地去学习法律，并且，在以后的工作生活中能够运用法律，增强法制教育的实用性，增强他们日后的工作适应能力。

在当前大学生法律意识相对淡薄，鼓励大学生创业、参与市场活动的形势下，大学生的刑事法律教育应该得到加强，这样做就是为了预防、减少犯罪行为的发生。刑事法律教育的三个基本原则是：罪刑法定原则、罪责刑相适应原则、刑法面前人人平等原则。学习这些法律之后，学生能够根据犯罪活动造成的损失去判定具体的罪名，以及该如何去惩罚这些犯罪活动

---

〔1〕　奚晓明主编：《〈中华人民共和国侵权责任法〉条文理解与适用》，人民法院出版社 2010 版，第 411 页。

等。现在，很多大学生会到社会中实习或者创业，这也是大学所鼓励、倡导的活动。在这些实践过程中，他们会接触到金钱或者是高新的科学技术，通过对他们的法制教育，能够使他们对各类的经济犯罪有基本的认识或者了解，比如签订合同或者履行合同时的诈骗罪、挪用公款罪、侵犯商业机密罪、假冒商标罪、强迫交易罪等。如果大学生不能认识或者了解这些最基本的经济犯罪形式，那么他们在社会实践中很可能会触犯这些法律，受到法律的制裁。在现在这个信息技术高速发展的时代，有很多大学生都精通电脑，他们也有可能会不自觉地触犯相应的法律法规，所以，在对大学生进行法制教育时，还应该加强针对高科技犯罪的法律法规教育。

市场经济讲求的法治，是指在市场经济活动中，为了保障正常的经济秩序，需要一套完整的法律法规来规范商品的交易活动。相应地，要建立一套健全的法律体系，使得交易商品、公平竞争、经济市场的稳定得到更好的保障。所以，在大学生的法制教育过程中，还要加强对与市场经济有关的法律法规的传播。在市场经济活动中，利益最大化是每个厂家所追求的，但是有的厂家为了一味地追求所谓的利益，在生产过程中用料不足、作假欺骗，生产出不合格的商品。这些商品严重影响了稳定的经济市场秩序。国家为规范经济市场秩序，严厉制止这种行为，保护消费者的利益，专门制定了相关的法律法规，如《消费者权益保护法》和《产品质量法》等。由于我国的市场经济还处在高速发展的阶段，社会体制也处在越来越深的改革之中，这就出现了很多问题，比如工人下岗、社会保障体系缺陷明显、物价提升等。为了保障消费者和劳动者的合法权益，国家也制定和完善了一系列与劳动法和社会保障法有关的法律法规。未来市场经济活动的主体是当代的大学生，所以，为了使他们适应经济市场发展的需要，首先要使他们具备一定的法律知识。

现今高校的法律教育要打破传统的法制教育模式，不再局限在教育学生了解基本的法律知识，要根据学生专业的需求，在法制教育中融入和他们专业相关的法律知识，根据学生的专业需求，制定不同的法律案例和材料，这样不仅能使学生掌握自己专业领域内的法律知识，而且能使他们在学习中更积极，从而更好地完成高校为社会提供具有高素质建设人才的任务。

二、宪法教育

宪法是我国治国安邦的总章程，是根本大法，是最高的行为准则，对国家的根本任务、根本制度、国家政权组织形式等都作出了确切规定，也规定了公民的基本权利和基本义务，适用于国家全体公民。习近平总书记曾指出，全面贯彻实施宪法是建设社会主义法治国家的首要任务和基础性工作。同样，就高校大学生法律教育的内容选择而言，应当突出宪法教育的根本性，这是由宪法的性质、地位、作用等决定的。虽然从目前的法律教育的实际操作来看，我国是把宪法和部门法放在了同样的位置和重要性上实施的，但就实际的法律教育成效来看，宪法的实际普及程度并不高。因此，大学生法律教育在内容的选择上，更要突出宪法教育的核心和根本性地位。从宪法教育实践过程来看，将宪法教育简单化为宪法知识的教育，没有体现宪法承载的法治精神和法律价值。宪法教育的内容在相当程度上是由宪法的内容所决定的，应紧紧围绕宪法的核心内容和宪政的精神展开。公民权利和权力的教育、公民信仰方面的教育都属于宪法教育的基本内容。

（一）权利教育

权利是一个比较宽泛的概念，每位公民在道德规范层面上享有权利,在法律规范上也享有权利。这里所说的权利教育指的是宪法权利教育。我国的宪法文本中明确指明了我国公民的基本权利,这些基本权利可以说是宪法权利教育的主体内容。宪法权利教育要使高校大学生明确宪法赋予公民的基本权利,明确自身相关利益需要运用法律武器去维护。列宁曾经说过,宪法就是将人民的合法权利明确地写在了纸上。[1]这说明,宪法不仅仅是一纸代表人民权力的宣言书,更是权利的保障书。作为国家的根本大法和最高的行为准则,宪法权利的主要内容包括:国家正确地使用权力和公民正确地行使和保障合法权利。这两者之间的关系是密不可分的,其中以保障公民的权利为主,宪法中法律法规的一切出发点都是更好地保障公民的权利,宪法赋予了公民在权利方面有所作为或者不作为的准许和保证。

宪法教育的重要内容就是宪法权利教育,具体来说就是要引导大学生群体认识权利、行使权利和享受权利。首先,要引导高校大学生认识权利。"指导权利"一词是现代意义中描述法律关系的法律概念,宪法权利不仅是对个人与个人之间关系的调整,也是对国家与个人之间关系的调整,表达了个人的正当合理诉求,也代表着公民在国家政治、经济、文化等生活中的地位和作用。宪法中的公民权利内容具有一定的抽象性、概括性和原则性,是一套综合性的权利体系,在其他法律中,公民所具有的具体权利都是以宪法权利为基础的,其他法律权利是具体权利。宪法中所规定的公民权利内容是一个开放性的有机体,在宪法字面条文规定之外还可以使权利内容进一步地向外拓展。充分认识和理解宪法对公民权利的规定是增强权利意识和提高依法维权能力的基础,也是开展权利意识教育首先要做

〔1〕《列宁全集》(第12卷),人民出版社1987年版,第50页。

好的工作环节。其次，要引导高校大学生依据宪法行使权利。宪法教育的根本目的就是要在宪法精神的引导下，公民能够按照法律规定更好地对自己的权利进行实现和保障，并且能够对国家的政治活动和社会活动进行积极地参与。只有这样，公民才能使得自己的合法权利得到充分的体现；只有这样，公民才能捍卫和保障自身基本权利不受侵犯，才能遏制政府的独权和专制。公民通过宪法教育，不仅能够在社会活动和政治中实现自己的合法权利，而且还可以通过宪法这一有力武器去争取自己的合法权利。最后，要引导高校大学生学会享受宪法所赋予的权利。高校大学生在初步了解公民宪法权利的基础上，还要学会积极享有权利，做一名负责任的合格公民，主动参与社会生活，关注国家和社会发展动态，尽己所能，向周围群众推崇宪法权利精神，积极依法行使监督权，勇于同侵犯公民和公众权利的行为做斗争，真真切切地参与到国家政治生活之中。

　　宪法还对社会成员有一定的导向作用，使他们能够知道该怎样去做一个合格的社会公民。只有宪法意义上的社会公民才是一个真正的社会公民，这种公民能够对自己的权利具有深刻的认识，对社会活动具有很强的荣辱责任感。在社会活动中，能够使用宪法这一法律武器来维护自己的合法权利，尊重国家法律履行自己的义务。可见，宪法教育的目的就是要对社会成员的权利意识进行培养，使社会成员能够严格按照法律的要求去维护自己的权利和履行自己的义务，并且守法遵法，把自己培养成合格的公民。

　　（二）权力教育

　　维护公民的切身权利与正确实行国家权力构成了宪法的两项最根本的前提。"权力"与"权利"二词虽然只有一字之差，但是，从宪法教育实践的开展来看，二者相差甚远。"权"在古时是指衡器，所以权力多定义为权衡力量、平衡能力，而宪法权力则是依据宪法规定享有的权力。宪法是权力之法，因为不论从哪个层面来讲，想要有效地保障公民权利，就要规范国家权力，所以，宪法教育的核心一定是权力教育，宪法是保证权力有效执行和控制国家权力使用的根本大法。因为规范国家权力的法律根本是宪法，也因为国家权力诞生的法律根本是宪法，所有国家权力的运行都全部依据于宪法。国家的所有权力的使用方法也全部由宪法确立，只有宪法才可以让统治阶级实行国家权力具有合法性。这就是为什么说权力教育是宪法教育的根本核心，宪法从总体上规定整个国家的权力结构体系及其运行机制，确认国家权力的主体、内容和范围，确定国家权力的行使原则与方式，确定公民权利对国家权力的监督等。处理各种权力危机以及纠纷的最基本的法律方式就是宪法，因为宪法是国家权力分配的宪章，宪法是处理宪法危机与权力纠纷的最基本的法律体制。

　　权力教育的重点是对高校大学生开展宪法权力教育。宪法规范下的权力有多种分类标准：从宪法权力的行使者来看，有国家宪法权力、国家机关的宪法权力、社会组织的宪法权力、公民的宪法权力；从宪法权力本身的作用来看，有立法权力、行政权力、司法权力、监督权力等。不论怎样划分宪法权力类型，它们都有一个共同之处，那就是授予性权力都来源于人民的授予。在人民主权原则下，只要是宪法未作出明文规定的权力部分，都由人民保留，这是"剩余权力原则"的体现。在宪法权力中，需要重点了解国家机关的权力，对内，各种不同国家机关各司其职。但是，国家机关所具有的权力并不完全都是宪法权力，只有宪法明文规定的权力才是宪法权力，这也是宪政精神的体现。在不同类型的国家，国家权力的来源是不尽相同的，专制制度下的国家权力大多来自于暴力事变、军事冲突等，民主制度下的国家权力最主要的来源是宪法的授权，也就是人民的授权。在宪法所规定的诸种权力中，国家方面的权力所有权在国家，但是其使用权属于国家机关。对国家机关的权力而言，它的所有权也是属于国家的。所以，不管涉及国家的权力还是某国家机关的权力，从权力所有权上讲其都是属于国家的，从权力使用权上讲其都是属于国家机关的。作为抽象存在的整体国家，不可能去直接行使权力，不能充当国家权力的直接使用者，国家权力也不同于个人权力，需要具体的国家机关以国家和人民的名义去行使国家权力。我国奉行人民民主专政，一切权力来源于人民，人民是国家主权的所有者，但人民不可能作为直接管理者来行使权力、管理国家的各项事务。人民需以民主选举的方式选出一定数量的代表人员，并且由他们组成国家权力机关来行使权力、管理国家的各项事务。国家权力机关来自于广大人民的推选，体现了人民主权原则。

"政府不是为了任何人或任何一群人为了谋利就可以设立或者是经营的店铺，政府的本质是一种信托，百姓可以给他这种信托，同时也能够随时收回。政府本身并不具有权利，有的只是义务。"[1]这更加说明了所有授予政府的权力人民都有收回的权利，它只是一种委托，因为政府的权力是人民代表制定的宪法授予的根据。所以，宪法教育就是让政府知道在政府和公民关系中其自身所在的位置以及自身的权力性质，这样才能保证政府正确地使用自己的权力。宪法教育教导政府不管干什么、做什么，都要维护社会基本的稳定和福利，都要坚决维护全体人民的根本利益。因为所有公民都是国家的主人，政府的所有

---

〔1〕〔美〕托马斯·潘恩:《潘恩选集》，马清槐译，商务印书馆1981年版，第25页。

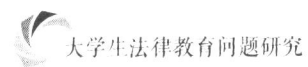

权力都必须只为人民谋福利。因此，宪法教育就是教导政府怎样正确使用权力。同时，一切的权力都必须按照现有的基本法律来施行。

（三）信仰教育

从人类的发展史来看，信仰对于人类文明的发展壮大起到了关键性的作用。中国人民正是由于虔诚地信仰马克思列宁主义以及毛泽东思想，才激发出了中国革命巨大的思想与力量，才推翻了"三座大山"，获得了革命的胜利。就像伯尔曼所说的那样，"一个国家的法律必须被信仰，否则这个法律的存在就是形同虚设"。[1]宪法教育中必须加入并实行信仰教育，因为从某些层面上来讲，有了宪法的信仰才能让宪法得到有效的施行。

宪法是拥有国家最高权威的法律，同时也是国家的母法。想要树立宪法权威，培养社会宪法信仰势在必行。人民的宪法信仰是建立在人们对宪法有着全面了解和深入认识的基础上自然而然产生的一种向往和遵从。对每个人来说，宪法信仰是一生的人生理想以及崇高的法治精神。宪法信仰需要现代公民对宪法的积极关注，了解与宪法相关的基本知识，培养尊崇宪法的态度情感，形成尊重宪法的心理倾向。在公民的日常生活中，认同宪法存在的价值和功能，自愿地为尊崇宪法付出努力，担负起一名公民应当承担的责任，向周围群众积极地宣传宪法知识和价值理念，使人们可以心悦诚服地尊崇宪法，养成维护宪法的习惯，而不仅仅将宪法视为一种约束力。宪法信仰不仅仅是对既有宪法文本条例的尊崇和信奉，而且能够明确宪法中涵盖的现代政治体系和运行秩序，信仰宪政理念，找到宪法的社会价值所在，理解宪法对社会文明进程的推动作用。宪法信仰

---

〔1〕〔美〕伯尔曼：《法律与宗教》，梁治平译，中国政法大学出版社2003年版，第3页。

需要公民做到对宪法权威的尊崇，需要引领公民认识到宪法的产生、形成、发展、成熟的过程，知道从制定和修改程序上来讲，宪法比其他法律都更为严格。对宪法的认识只停留在感性认识阶段难以达到信仰的程度，需要在感性认识的基础上上升到理性认识阶段，在宪法的理论认知上提升一步。构筑起宪法信仰的理论基石才能够打牢宪法信仰的基础，使人们能够增强对社会现象的理论判断能力，增强对宪法的信任与尊崇。宪法通常被冠以"母法"之名，被认为是其他法律的立法依据和基础，相应的其他法律是"子法"，是宪法之下的具体化法律体系。宪法信仰的建立也是整体法律信仰建立的重要内容，若没有对根本大法和最高行为准则的遵循和信仰，公民法律意识必将十分淡薄。当前，全社会正在大力弘扬法治理念，全面依法治国作为"四个全面"战略布局的重要内容将为中国特色社会主义事业提供法治护航。人与人之间的社会关系印证着法律关系的色彩，当对个人权威的崇拜变作对法治权威的崇拜时，法律信仰便会逐渐地建立起来。在法律信仰树立的过程中，宪法信仰的树立起着非常重要的作用。一个宪法意识缺失、宪法信仰空缺的个人在法律意识上肯定是淡薄的，不能算是懂法的现代公民。只有在宪法信仰建立的前提下，个人才能对法治体系有整体的感知，才能对法律规范从内心做到敬畏与遵从。宪法指示着每位公民基本的权利与义务关系，宪法信仰也要求着每位公民切记这些基本权利与义务的条目。没有宪法信仰的树立，公民对这些基本权利与义务的重视程度就不够高，也就淡化了宪法所具有的价值内涵。宪法信仰需要被坚定地在民众内心树立起来，才不会被轻易遗忘，人们才不会远离宪法，才不会偏离法治的轨道。我国经历了一个漫长的封建文明历程，老百姓受传统意识的禁锢，对现代法治以及宪法精神接触时间不长，

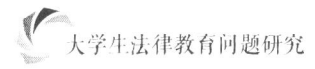

对宪法历史缺乏一个整体认知。只有让人们体会到宪法的神圣之处，取信于民，人们才能在具体的实践活动中增强法律意识，自觉地遵守、维护、宣传宪法，打击违反宪法的行为，扭转轻视宪法的观点。法律专业的学习者或者从业者来说，更加需要树立宪法信仰，承担起职业责任，矫正周边否定宪法重要性的观点，对身边群众施加正向影响，帮助越来越多的人认识宪法的地位和作用，增进对宪法的信仰。

宪法信仰是社会法治文明的灯塔，是法治精神的风向标。法律如果没有信仰的支撑，不论它制定得多么完善，都无法形成一种民族精神，这样也就难以实现理想中的法治社会。因此，当今中国所面临的最紧迫、最难解决的问题应当是利用一系列创造性发展和制度性安排建立一种理想的社会环境。

宪法的信仰教育是宪法教育的本质，宪法教育必须依附于信仰教育，形成宪法至高的权威是宪法教育的核心。宪法权威就是有让人们遵从的威信与力量，而这种力量来源于人们油然而生的、发自内心的信仰。因此，在宪法教育过程中应将宪法信仰的培植提到重要的地位，让每一个公民都潜移默化地从心里认同宪法至上的信仰，并将该信仰的效能在第一时间转变为权利能力，让所有公民都发自肺腑地信仰宪法。当然，宪法信仰不是轻而易举就能建立起来的，需要一个较长的阶段，需要每一位社会成员把握好自己的公民身份，不断地增强自身的权利意识、权力意识、培养社会主体意识，逐步地实现人们对宪法态度的转变，慢慢地让人们体会到宪政精神的社会价值所在，逐步彰显出宪法治国安邦总章程的价值。

三、纪律教育

开展大学生纪律教育，使高校学生严明纪律、遵规守纪是高校法律教育的重要内容和基础工作。每一位高校学子都是大学校园中靓丽的风景线，每一位高校学子也都是集体中必不可少的一分子，是组成集体的细胞。身处集体之中，就要促进集体的团结，就要遵守集体的纪律，就要守护集体的利益和荣誉。在纪律教育的开展过程中，高校应当促使每一位大学生都懂得纪律是集体权益的牢固保障，只要是处在一定的集体之中，就要执行集体形成的纪律和规则。专门因高等教育而诞生的一些与教育有关的行政法律规章制度、高校的校纪校规都会在一定程度上保障平日的管理与教学，从而约束大学生在校期间的行为。它们在某些层面上是法律的具体化，对学生养成良好的遵纪守法习惯具有重要作用。校规校纪是最基本的行为要求，内容具体、明确且与学生息息相关。学生进校首先接触到的行为规范就是校规校纪，学生良好的行为习惯的养成也是最先从遵守纪律开始的。学生通过遵从校规校纪设置的学习生活等方面的行为规范，逐渐形成文明守纪的好习惯，从而形成良好的校风和学风。校规校纪直接影响着学校法律教育的效果。法律教育是一个循序渐进的教育过程，校规校纪教育是法律知识学习的入门课，遵守纪律的观念是守法观念树立的思想奠基。一个严格遵守纪律的人会有主动认识、了解法律的自觉性，能自觉树立法律观念、遵从法律法规，能够对法律有深入认识。校规校纪教育的深度和广度会在一定程度上影响到法律教育的成效。

（一）教育法律法规的教育

高校教育事业关乎成千上万个家庭的安康幸福，开展高校大学生法律法规教育是建设安全校园的必要之举。现代高等教育是逐步走向开放的教育，现代高校校园逐步面向全社会打开校门，需要高校教育法律法规也能跟上开放时代的要求，走向高校法治教育的法制化时代。高校教师需要熟悉和掌握相关的教育法律法规，从而可以做到依法执教，并可以将相关的教育法律法规传递给高校大学生，这将有利于促进高校教育者在教学实践中执教水平的提高，也能提高高校全体教职员工的教育法律素养，带动高校整体管理水平的提高。很多高校学生对教育法律法规比较陌生，不懂得自身在受教育过程中时刻受到教育法律法规的保护，依法维权的意识欠缺，同时，也不懂得以教育法律法规来约束自身的行为，不能很好地珍惜受教育权利、积极履行受教育的法定义务。教育法律法规是让学生懂得自己在接受学校教育时自身的义务与权利关系的基本依据，同时能够据此保障自身受教育的权利。

从内容上来看，教育法律法规教育包括不同类别的具体教育法律，如教育法、学位条例、教师法、高等教育法、职业教育法等；包括一系列的行政法规，如教师资格条例、学校体育工作条例、学校卫生工作条例等；还包括一些具体的部门规章，规定了教育工作的相关实施办法。在这些教育法律法规的内容中，教育法居于核心位置，内容为教育专门法的法律制度，是教育领域的根本大法，为我国教育事业的改革与发展提供了根本的法律保障。在教育法中，对国家教育基本制度、教育机构的系列设置、教育者与受教育者的行为规范、教育的相关投入与条件保障等作出明确规定，指明了扰乱正常教育秩序、违反相应法律规定应当担负的法律责任。高校法律法规教育应当把握好教育法的指导思想，引导教育关系中的参与主体严格按照其中的法律规定来规范自身的教育活动、约束日常的施教行为。每一位高校大学生都应当增强对教育法律法规的认知，明确高校教育法律法规不仅时刻都在规范着教师和学生的行为，时刻都在发挥着维护高校教育秩序的作用，而且对教师自身素质的提升也发挥着潜在影响，进而影响着高校学生的思想观念和具体的行为方式。既然是法律法规，那么就具有普遍的强制约束力，某项教育法律法规只要出台就意味着所有的教育工作者与受教育者都要严格遵循、认真执行。受传统观念的影响，教育者站立讲台，容易形成个人权威，造成与学生的矛盾和争端，甚至对学生的权益造成一些侵犯。在教育法律法规面前，所有人都是平等的主体，"法律面前人人平等"，保证每个人的合法权益都能得到维护。当前，教育法律法规的出台都是经过日常经验总结而成的，都经过了现实实践的检验，也充分尊重了教育教学行为独有的教育规律与教育特征，对日常教育教学活动的正常展开起到了根本保障。与其他的教育政策和文件相比，教育法律法规更加切合社会发展的要求与教育发展的基本规律，并将这样的规律以法律法规的形式制度化，比某项教育政策的发布更加细致、具体，明确地规定了教育者和受教育者应该做什么、禁止做什么，如果违反法律法规的规定将会承担起什么样的法律后果。一部教育法律的出台，从立法依据的考察到法律的适用情况，都要严格遵守法律的制定和实施过程，都要通过权力机关的最终审议，体现出最广大人民群众的意愿和利益。当前，社会主义法治建设进程正不断地加快，教育法律法规是全面依法治国战略布局必不可少的一方面，广大的教育工作者应当以更饱满的热情投身于探究教育教学规律，不断发现教育教学问题，为推进教育法律法规的完善和发展贡献自己的一分力量。高校大学生在校园生活中，应当树立起强烈的法律意识，并从点滴着眼，养成尊法、守法、护法的习惯，拉近教育法律法规与自身的距离，既要学会运用教育法律法规同侵害自身利益的行为作坚决的斗争，又要时刻牢记教育法律法规的具体要求，遇事不冲动，不给他人带来一些伤害。当然，高等教育法律法规体系的构建和完善还需要各方面做出不断的努力，促进

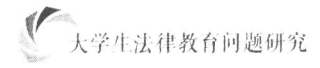

高等教育事业走向法制化的运行轨道，带动高校日常管理的科学化、法治化，进而提高高校整体的教育质量。

增强高校大学生的教育法律法规教育，要在高校大学生中大力开展普法教育，使高校大学生可以逐步成长为法治观念强、法律思维严密的现代公民，规范自身行为，正确认识和处理权利与义务之间的关系。在这样的法治视野之下，高校大学生才能在受教育的过程中，认清教育法律法规与其他法律法规之间的关系，自觉重视教育法律法规的约束力，充分地享受各种高等教育资源，获得专业知识与技能，促进自身的健康成长。如果出现侵犯大学生个人或者集体权益的行为，需要尽早地明确行为人的法律责任，做到"执法必严、违法必究"，加大执法力量，使不法行为得到应有的惩处。

利用规范学生和教师的管理与办学行为，使高校、教师和学生三者之间两两相互的权利义务关系得到明确，用规章制度与法律法规相结合的方式来规范他们的行为，逐渐营造出校园环境的法治氛围。这样就能够使大学生感受到自己在学校生活中有法可依、有法可循，并且规范自己、提醒他人使每个人都置身于法律当中。高校应当充分发挥出法律专业的办学优势，鼓励法律专业科研水平的提高，使拥有法律教育教学能力的教师充分施展教学技能，并为高校大学生创建浓厚的校园法治氛围，鼓励大学生群体自主地去关注相应的教育法律法规。高校应当不分上下地去完善校园法制建设的氛围，开展高校学法的法律教育实践活动以及建立相关的舆论体系。

（二）校规校纪的教育

就像法律之于公民，校规校纪对于学生来说就是与他们在校期间的学习关联最为密切的行为准则，它对于树立校园的良好氛围以及学生良好的生活习惯与学风都能够起到关键性的作用。加强校纪校规教育是大学生法律教育不可或缺的一个方面。一名时刻将校规校纪放在心上的大学生基本上都能对自己严要求。反之，将校规校纪抛在脑后的大学生难免会忘乎所以、做出出格的事情，为自身的全面发展造成一些障碍。同样，拥有良好校规校纪教育传统的高校，更容易为学生创造优良的教学环境，为学生的发展之路铺设好教育台阶，也有利于创设出文明校园。反之，校规校纪教育落实不到位的高校，它内部的不稳定因素容易积累，可能会给大学生个人成长带来非常不利的影响。学校的各项规章制度（包括校规校纪）是社会法制在高校校园的具体化、实践化。教育内容一般包含学校符合自身情况的教学管理制度、学生的学习行为规范等。高校在教学管理时也必须在具备法律规范的前提下营造出一种民主、平等的校园环境。在平日的管理教育中，公平、公开、公正地对待每一个学生的权利，让学生在校园学习及日常生活中每时每刻地感受到法律法规的熏陶，日积月累地产生对法律的遵从和信仰。

1. 发挥校规校纪的养成教育功能

养成教育追求的就是培养学生养成良好的行为习惯，即教育引导学生行为的自觉性、能动性，引导学生自觉用制度和纪律约束自己的行为。从点滴的事情做起，通过长期的制度约束和纪律教化，逐渐培养起大学生良好的生活、学习、工作和行为的习惯，由原来的被动接受纪律到自觉遵守并维护纪律，成为纪律的宣传者和提倡者。高校应当构建具有自身特色的校规校纪体系，关注高校大学生的行为，了解高校大学生的成长需求，使校规校纪得以为广大学生服务。高校可以尝试成立以校规校纪工作为中心的委员会，鼓励有威望的师者、德才兼备的学生干部担任委员和分工组长，定期和不定期地召开与校规校纪密切相关的会议，不断地使遵守、维护、宣传校规校纪成为校园常态化的工作任务，统筹于高校教育实践的日常安排之中。高校大学生应当对校规校纪的创设给予全力支持，并且时时、事事都不忘记相应校规校纪所带来的约束力，全力配合学校有关校规校纪方面的具体工作。高校大学生还应竭尽所长地为高校校规校纪建设提供宝贵意见，对身边违反校规校纪的人和事都要多加关注，及时地给予批评、指正。校规校纪的养成教育内容是十分广泛的，从细处着手，改变学生对周边环境的观点和态度，从交往过程到合作过程再到竞争过程，从常规学习任务的完成到实践活动的完成，都要致力于学生良好习惯的养成。每所高校都有自己特有的机构设置、组织体系、运作秩序、管理规则，学校的制度规范包括了校规、校训学生行为准则等方面，这些都是高校赖以生存和发展的基本保障。正是一整套的规则激发了学校的办学活力，使高校向更好的方向发展。从表面上来看，校规校纪是一整套硬性的规则办法，具有一定的强制约束力。但是，从深层次上看，校规校纪也体现着高校的文化氛围，可以对学校学生的行为起到思想指导的作用，透射出一所高校的教育教学思想和特定的办学理念。对于全体高校学生来说，学校的校规校纪不是一纸空谈，而是既具有硬性规范作用，又具有思想指导作用的规则体系。从规范作用上讲，学生以校规校纪为日常行为规范，使得校园学习生活得到安全、有序、全面的管理，在规则的框架下确保校园生活的和谐与安稳。从思想指导上来看，校规校纪可以确保学生正当合法权益得到很好的维护，为学生的日常学习生活服务，引导学生开展积极、正向的活动，避免学生做出有悖规则的不正当行为。可见，校规校纪是为全体学生的健康成长服务的。在高校对学生的教育实践活动中，各种教育环节的展开都应当注重良好行为习惯的养成教育，按章管理、依法治校，要积极、耐心地引导学生融入法律氛围。不管是课内还是课外，都应督促学生的行为趋于文明规范，大学教师应当积极地探索新的教育教学方法，多方位地阐述校规校纪，对学生的日常行为多加示范、多加指导。一旦发现学生存在着不文明、不规范，违反社会秩序，甚至违法的行为的，都应当在第一时间帮助学生转到正轨上来，改正已有的不当思想观念和行为，使学生树立起强烈的规则意识，让学生树立的每一个规则意识都有法可依、有法可循，注重每一种行为习惯的积极养成。当然，个别学生或者少数学生可能存在着顽固性的坏习惯、坏行为，不容易在较短时间内彻底改正。他们从思想意识上可能就轻视校规校纪的约束力，蔑视师长的权威，盲目自负，做出违背纪律、规则的事情却不能自觉、自知。对于这样的学生群体，施教者应当抱有足够的耐心和信心，留心观察这些学生的一举一动，注意总结学生的个性特点和不足之处，对症下药，加强沟通，从一点一滴做起，逐步引导他们认知和接受规则及纪律，逐步让他们端正对校规校纪的态度。其实，每一名学生个体都具有两面性，甚至多面性，每一名学生个体都希望得到师长的肯定评价。发挥校规校纪的养成教育功能，高校教育者要为这些成员多发表一些肯定性评价，满足他们内心深处被肯定的需要，同时也要改变单调的教育方式，多创新出适合大学生内心需要的教育措施。校规校纪教育是法律法规教育中更加基础的内容，高校大学生只有对遵守校规校纪的时候态度坚定，才能对遵守其他的法律规范、社会规则态度坚定。一名大学生对校规校纪的态度影响着其在校求学的历程，也将在其离开校园走向社会的过程中继续发挥潜在影响，遵规守纪的行为习惯与优良的思想品质会对一个人的终身产生积极影响。如果连学校的内部制度都无法真正遵守，对法律权威的认同就更是无从谈起。所以，高校教育者应当继续发挥校规校纪的养成教育功能，从一朝一夕、一点一点去积累、实践，培养高校大学生的健全人格，增强他们的理性判断能力，帮助他们树立起强烈的规则意识，使他们富有教养，努力成长为能够承担社会重任的合格社会成员。

2. 发挥校规校纪的正面导向功能

校规校纪具有正面的导向功能，它为大学生的正确行为提供了方向，即校规校纪要求学生可以做什么（可为），应该做什么（应为），禁止做什么（勿为），并通过对优秀学生、先进集体的表彰和先进典型的宣传以及对违法违纪行为的处理，彰显校规校纪的正面导向功能。高校大学生的健康成长一直是全社会关注的焦点，发挥校规校纪的正面导向功能能够对确保高校大学生的健康成长产生积极影响。发挥校规校纪的正面导向也是在坚持正确的育人导向，带给高校学生更明确的积极导向，有助于提高学生群体的综合素质，引导高校学生各方面的素养向更好的方向发展。高校校规校纪传递给广大学生的不仅是硬性的制度规范，而且是正向的激励导向，带给高校大学生一种向上的内心动力，使每名学生的日常行为朝着先进、优秀的学生看齐，这也会促进集体不断地凝心聚力，朝着共同的前进方向拧成一股绳，带动全部成员。只把校规校纪当作固定不变的硬性制度，自上而下地传递纪律的权威性，机械地去规范约束高校大学生的行为举止，对学生的日常学习生活加以控制，才可能在短期内对学生产生较强的控制力。全面地看待校规校纪对学生的影响力，使校规校纪在观念影响力上不断得到增强，由硬性控制力量更多地转化为软性内化力量，久而久之，营造出守纪守法的良好氛围，不断地对高校大学生的人生态度和价值观施加正面影响，增强他们对于纪律、规则的基本认知和情感认同，使相关校规校纪可以延伸出更加持久的影响力，促成长效机制的建成，长期、持续地发挥出正向导向作用。个体的能动自觉是最宝贵的，需要校规校纪的正面导向作用来激励，使高校大学生能够培养出自律精神，严于律己，积极配合学校和老师所安排的任务，传递正向能量，带动周边同学也能够遵规守纪。每名大学生个体都具有自身的个性特征和发展需要，对周围信息的敏感性也不同，他们的思想动态也各自相异。显而易见，高校大学生对日常生活过程中校规校纪的接受度大不相同。也就是说，不同大学生个体拥有不同的纪律教育需求，需要教育者具体问题具体分析，因此，发挥校规校纪的正向导向功能一定要立足于不同个体的特殊需求。对于自身价值观不稳定、欠缺规则意识的高校大学生而言，除注重发挥校规校纪的硬性控制力之外，更要在发挥校规校纪的正面导向功能上下功夫。这部分群体需要做的功课比较多，需要教育者仔细掌握他们的思想动态，增进与他们的沟通距离，全方位、立体化地对他们的意识形态施加影响，不断缩短与其余学生在思想观念上的成长差距。对于规则意识较强、社会角色意识较强的学生来说，尤其要注意发挥校规校纪的正面导向功能，努力找准与这部分大学生的思想共鸣之处，不断地开创出以宣扬遵纪守规为主题的、喜闻乐见的活动形式，营造出更有利于学生健康成长的学习生活环境。校规校纪正面导向功能的发挥不能完全依赖于教育者的谆谆说教，要注重从学生群体中挖掘可用素材，发挥学生榜样的作用，使先进的学生代表可以不断地导引和帮助身边同学，进而实现相互进步和共同提高，这样可以起到事半功倍的效果。如果只有教育者一方面的反复论述与一味劝解反而可能引发受教育者的负面情绪，产生厌烦情绪和叛逆心理，使正面导向无法建立起来，反而触碰出负面影响。高校要不断地改变校规校纪教育形式机械化、单一化的局面，自觉地从各个教育环节入手逐渐将校规校纪教育的正面导向作用凸显出来，尝试创新、凸显高校大学生主观能动性的教育方式和方法。鼓舞高校大学生创立自助校规校纪教育组织，积极支持他们开展自助教育活动，这样对调整学生内部和谐关系，提高学生解决实际问题的能力也是一种比较大的促进。高校大学生个体之间年龄相当，各方面的认知水平和实践能力相类似，校规校纪的正面导向功能也需要高校大学生群体朋辈影响力的发挥，使学生可以自发地以简单、便捷的途径来相互安慰和支持。应当相信学生的创造力，不断发展中的高校学生有着善于发现和善于探究的热情和能力，应给予他们担当重任的机会，进而形成互帮互助、和谐融洽的关系。遵循以学生为中心的教育思路，使每一位学生都能做校园的主人，每条规范规章的设立都应尊重学生的参与权和知情权，欢迎每一位学生适时、适度地进行有效参与，进而形成良好的群体氛围，将校规校纪的正面导向功能发挥出来。在关乎学生切身利益的问题上，比如涉及学位、毕业、学分、奖学金等关乎学生切身利益的方面，需要建立制度的时候应该举行学生代表参与的听证会，积极采纳学生代表的建议。如此可以增强大学生的责任意识，采用公正、公平的方法进行民主管理，长时间的坚持可以形成一个规范、成熟、完善的通用规范标准，确保各项事务都可以根据已有的规范来解决。每位高校学生都有着自己的成长和发展需求，因此，高校鼓励学生积极参与，让学生成为校规校纪的自觉监理人，加强他们对规章规范的认可和接受调节师生间、学生间关系，维护大学校园的和谐稳定，保障校规校纪的正面导向功能持续有效地发挥出来。

3. 发挥校规校纪的目标教育功能

学校把对学生最基本的政治素质、思想道德素质、科学文化素质、能力培养等各方面的要求通过纪律规范固定下来，并辅之必要的教育管理手段，特别是通过严格执行校规校纪建立起一套行之有效的约束机制，从而使大学生养成自觉遵守纪律的良好习惯，认识到违纪是违法的开始，树立守纪光荣、违纪可耻的思想观念，做遵守校规校纪的模范。发挥校规校纪的目标教育功能须时刻牢记校规校纪的行为导向功能，恰当地运用校规校纪来克服教育难题，鼓舞全体学生的群体参与，鼓励学生勇于挑起责任，使学生善于自我排除困难，善于自主管理自己，善于自我调适。发挥校规校纪的目标教育功能，需要不断地总结教育经验，注重教育效果的及时反馈，以教育成效来反思与调适各环节的有效性，精心安排，贴心谋划。发挥校规校纪的目标教育功能，需要从不同学生的客观实际出发，着眼于不同年级、不同年龄层次、不同认知水平的区别，为他们分别制定出有所差别的不同目标。目标层级分差应当明确，对学生提出有差别的要求。譬如最低层级的目标可以是，懂得人与人交往要注重尊重他人、平等待人，愿意与周围人群沟通，真诚回应老师的要求，增进规则意识，学会用规则去衡量自身行为是否正当，明确校规校纪在学生日常行为规范中的地位和作用，增强自身的心理承受能力，端正学生态度，锻炼学生的心理承受能力，引导学生知错就改。在此基础上，中级层次的目标可以是，学生综合素质继续迈上新台阶，在学习生活中有较强的正义感与责任感，能够带头遵守日常纪律，在校规校纪面前有较强的使命感，在维护班级、学校利益和荣誉上做出一定的贡献，不断地促进自身人格的成长。最高层级的目标是对学生整体素质提出更高的要求，校规校纪内化于自身的道德规范，可以以身作则，不计较个人利益的得失，在群体中传递正能量，与教师积极互动，可以帮助教师完成教育实践活动，在学习活动中能够取得优异的成绩。层级目标不是静态不变的，而是要随着学生的个性发展不断地做出调整，体现出与时俱进的精神，坚持以学生为主体的地位不动摇，保证层级目标的动态性，使其对学生的成长保持激励性，促进学生养成锐意进取的精神，促进学生锻造出更好的自己，充分挖掘学生潜能，为每一位学生的全面发展创造可能性。目标教育归根到底就是以学生的成长、成才为目标的，大学生群体即将面临择业、就业，目标教育将对他们未来的职业生涯带来直接影响。校规校纪的目标教育也要关注高校大学生在职业道德修养上的提高，使在校大学生可以不断地修正自己，培养自己的自律精神，在胸中牢固树立起一把纪律与规则的戒尺，修炼出一身干事、创业的本领，把自己锻造成一名富有真才实学的人。校规校纪目标教育的展开需要优秀教师的引导，其不仅要求教师了解学生、热爱学生、责任心强，还要有过硬的教学本领，较高的综合业务素质，能够承担起目标教育实施的引导、评价工作，可以成为学生学习与生活的导师。校规校纪目标教育过程的开展同样需要优秀学生发挥带头作用，教育者要善于在学生中挖掘榜样模范，引导学生的身先示范，将他们对校规校纪的感想与感悟传递给同龄伙伴，充分分享他们成功的经验，总结出一些经验教训。高年级学生所积累的经验与教训对低年级学生是种借鉴与警惕，可使目标教育成为校规校纪教育的常规之策，并积极做出改良和调整，不断地推进质的飞跃，显著地提升目标教育的质量。校规校纪的目标教育要想答出一份漂亮的答卷，需要充分地用好各方面的教育渠道，包括课堂教育开展、校园文化建设、社会实践活动的开办等，不断地研究新情况、解决新问题，了解学生的成长需要，尊重学生的认知规律，更加贴近学生的现实学习生活，确保校规校纪教育能够保障他们的大学生涯可以安全、愉悦地度过。

目标在每个人成长的过程中都起着非常大的领航功能，目标教育会不断地为大学生确立起坚定的人生目标，做好人生规划，确立崇高的理想信念和精神追求，校规校纪教育贯穿于目标教育的全过程，可以为大学生综合素质的提高以及他们成长成才之路提供一道保障。一名优秀的当代大学生，较强的规则意识是必备的素质，这需要在校园生活环境中逐步地养成，需要校规校纪教育不断为其奠定基础。校规校纪的目标教育功能需要被贯穿于大学生日常教育的全过程，渗透在学业教育、思想政治教育、职业生涯教育等层面，对学生的自主学习和探究、自我管理、自我完善可以提供有效的保障。校规校纪的目标教育开展应当是全面、普遍的，应当始终如一地紧密围绕全体学生的发展需要，致力于每一名学生的改变和进步，不使任何一位学生落单。每一位学生都要有符合自身实际的目标规划，并且随着发展进程去做适当调整，定期反馈目标的落实情况，及时修正已经出现的教育问题，在每一位学生的切身成长中落实到位。校规校纪的目标教育开展应当是注重层次的，注重目标设置的层次性才能切实保证目标教育的全面普遍性，要注重年级、年龄、专业特点之间的区分，制定出不一样的具体教育方案，并把效果反响良好的方案保留下来，在今后加以学习与推广。在具体方案上，校规校纪的目标教育需要加强对校规校纪的宣传，在课程体系中列入校规校纪的内容，在学生奖评上须参考学生的校规校纪表现，开办丰富多彩的实践活动等。

校规校纪不仅仅是用来约束学生行为的，它对引导学生朝着正向的方向发展可以起到保证作用，校规校纪由硬性的条目内化于学生的内心世界，成为学生群体所普遍认同的内容，就能够促进学生道德心理的成长，改变学生的道德面貌。对每位学生进行校内的规范管理时，假如可以有一种乃至多种方法及通道来维护学生的切身权益，积极接受学生发现的问题，及时处理、改善这些问题，便能够增强学生知法、用法的能力以及为学生今后的社会道路铺垫上法律意识。校规校纪的目标教育过程需要学校各部门的大力支持，也需要教育者付出不断的努力与探索，更需要学生主观能动性的发挥，各方面努力形成一道合力才能使校规校纪的目标教育功能不断地发挥出来。

四、实践教育

法律绝不仅仅是理论学科，它是范围相当广的、是十分注重实践能力的，传统法律教育存在忽视学生法律实践能力和法律职业技能的缺陷，难以有效地培养出专门的法律人才。毋庸置疑，只对法律知识有所认知远不能达到法律教育的目标，只有受教育者练就一身法律本领、提高法律实践能力才能做到学以致用，适应社会发展对法律人才的需求。大力推进法律实践教育，促进大学生法律实践能力的提高，是大学生法律教育的一项内容，可以实现与就业市场的紧密衔接。实践教育一般指的是通过教育引导大学生将自身所接受的法律法规持续应用到生活学习中，对他们懂法、用法、守法的能力进行锻炼。其关键在于鼓励学生在懂法守法的基础上去学会"用法"。理论固然重要，但其只有经历了实践的理论才能体现出价值。加强实践教育能够让学生的法律知识从懂法、守法转变成法律能力，能够在关键时间运用好这把强有力的武器。因此，实践教育是大学生增强法律能力的重要步骤，是法律职业培训的必要之策，通过实践教育环节可以促进法律专业学生成长为应用型法律人才。实践环节能够鼓励学生的学习、运用积极性，增强学生实际应对的心理素质以及解决问题的能力，能够让学生的遵纪守法意识和自我保护意识得到加强，同时，对所学法律知识也能起到巩固作用。所以，应当加强活动课程的安排，不要拘泥于传统的学科课程全揽的局面，积极创设法律实践活动形式。在日常的授课过程中，也应当注重对实践问题的探索和引导，让学生感受法律过程的实际运行，增进对法律实务知识的了解和把握。

因此，在今后的高校法律素质教育过程中，教育者一方面要利用学科课程有较完整的学科体系的优势，引导学生掌握必要、基础的法律理论知识；另一方面要发挥实践活动的有利之处，让学生有机会在实践中运用已经学到的法律书面知识，促成学生法律素质的最终养成。两个方面应该有机结合、相互渗透、相互补充。高校的法律实践教育主要包含以下这些方面：

（一）设立实践基地

实践教育的场地对于增强学生的法律能力能够起到关键性的引导作用。在一个理想的场地来举行法律辩论、旁听及法律咨询这些活动可以起到比一般教室更明显的效果，所以，学校应该根据自身情况建立相应专业的实践场地。

如前面所述，想要建立特别的校内实践场地，学校应该建立专业的法律教育实践活动场所，同时需要配套专业的实践活动道具及教学设备。法律授课场地可以被称作"模拟法庭"，鼓舞每一个学生都应该在学校的引导下参与进来，由学生角色转变为法律职业从业者，不仅是走进"模拟法庭"，更是要切身去体验法庭气氛，检验所学到的理论知识以及法律实践能力。学生可以在老师的帮助下通过扮演角色、分析案例、讨论判决来进行法律能力实践活动，这样比在普通教室枯燥的讲解更能激起学生的兴趣，也更能让学生产生深刻的思考和印象，从而对加强学生的法律能力能够有更大的帮助，同时可以加强宣传，专门开课，提升"模拟法庭"在全校的影响力。它的影响力越大，实践教育活动的效果就会越好。学校方面应当为法律专业学生拓展更多的校内实践平台，考虑学生今后从业的法律方向，按学生对未来法律工作的可能倾向，搭建起法院模型场所、公证处模拟场所、法律援助中心模拟场所、律师事务所模拟场所等。这些都可以设立专门的学生负责人，标注各个法律岗位的具体岗位要求，不仅使每名学生都努力增进法律实务本领，以公平、公正的办法和自愿的原则完成各个岗位的竞聘，做好角色扮演，各司其职，还可以形成一种"能者上、庸者下、劣者汰"的竞争氛围，积累学生的法律实践经验，搭建起校内实习环境，使之成为学生整体学业规划中必备的实践教育环节。受传统法律教学的惯性影响，大学法律教育实践多为课堂法律知识传授，校内实践场资源建设十分有限，还有些场地是空设的，没有得到有效的运用，这是对教学资源的极大浪费。这样会使得法律教育很难达到知行统一的要求，学生没有掌握实践性知识，体验不到法律的实际运用。学校校内实践场地的建设和供应要把教师讲授的间接知识转化为学生的直接经验，要求学生在亲身体验中不断实践进取、抓住充分展示自我的机会，也要求教师掌握更多的实践性教学本领，积极探索实践性教学方法，尝试构建实践性教学体系，弥补理论授课中的不足。否则，即便是校内实践场地得以建立，也不能被充分运用于日常的法律教育过程。

虽然校内模拟实践场地的建设可以在一定程度上提升学生的法律应用能力，但是终归只是对不同法律场所的模拟，在真实性上总有不足，这就要求高校充分地利用校外各种法律机关，争取校外各种教育资源。如果想要建立校外实践场地，学校应该按照实际情况合理利用资源来建立实践活动场地，法律专业或者法律院校应当紧扣学业目标，以合作协议的方式，积极与越来越多的法律机构建立合作，并能长久保持下去，使合作面越来越宽，形成一种常态化。例如，可以和当地的检察院、法院联系并合作来发展校外法律教育实践活动基地。如让法院安排学生旁听现实案例，让学生参加志愿者去实行一些基本的法律援助，从而提高他们的法律能力。其他专业与院系同样需要参与进来，拉近与各种法律单位的距离，慢慢积累自己的法律常识，从日常单一、单调的课堂知识点讲授中脱离出来，改变与法律实践相隔离的状态。当然，充分运用校外实践基地，还需要以学生课业目标为指引建立相应的管理制度，确保校外教育实践可以有条不紊地进行。包括设立专门法律实践负责人、实践指导教师的职责范围和工作要求、学生实践过程的管理、学生实践成果的反馈等。在校园象牙塔内，学生接受一堂又一堂的理论讲授课，教师所宣讲的内容就是学生了解相关法律内容的基本面貌，教学效果定是不如人意的，在单纯理论授课的基础增加适量的校外实践课，能起到事半功倍的效果，使学生可以获得学以致用的有利条件和机会，可以在学生头脑中形成较为牢固的印象，更易完成知识、能力、价值观层次的法律教学目标。在校外法律实践基地中的学习与实践，可以让高校大学生能够近距离地接触高水平的法律工作者，认识各式各样的法律工作人才，增长见识，明确自身法律专业本领与专业法律工作者的差距，激励高校大学生努力地成长为应用型法律人才，充分锻炼自己的就业能力。校外实践基地对高校法律教育的影响是非常大的，法律机构所体现的法律威严与公正可以形成很强的渲染力，调动法律专业学生的参与积极性，激发学生对法律学科的学习兴趣，使他们最直接地体会到法律对全社会成员的行为规范作用，明确法律在解决复杂矛盾与纠纷中的作用，明确自己的专业成长在今后职业生活中的价值所在。在传统的教学模式与习惯下，法律专业学生往往是在毕业前夕或者计划学业完成时进入法律相关单位进行实习工作的，在短暂的几个月甚至是更短的时间内了解特定岗位的特点、了解自身对法律工作的适应性。在实习期内，学生还没有完全摆脱学生角色，且面临着毕业、就业的任务，绝大多数学生关注的是如何准备工作应聘、如何准备考研复习、如何顺利通过司法考试等，很难把所有的精力都投放到实习岗位上。没有全身心的投入也就不会得到预先期待的回报，没有一个较长时间的法律实践积累过程就不会在法律实践能力上有很大的进益。法律专业的学生在整个大学法律学习期间，能够持续性地积累法律事务知识，贴近专业法律工作者的工作实际，有计划、有目的地参与校外法律实践，得到一线法律工作者的贴心指导，才可以让自己的法律职业技能得到很好的锻炼，成为一名优秀的法律专业毕业生。不少人可能会认为法律相关专业就业面狭窄，社会需求已经处于饱和状态。其实，社会生活的方方面面都不能离开法律专业人才的贡献，社会需求与法律专业人才供给两方面存在着不相称的矛盾。学生校外法律基地的实践教育将推动越来越多的法律学习者成为高素质的应用型法律人才，使他们更有能力、更有自信，能够做得更好，可以去胜任他们所选择的法律事务工作岗位。

（二）组建法律社团

学生社团是为了提高大学生对实践活动的积极性和兴趣，更好地加强自身的实践活动能力，由大学生自发组织的群众化团体。当代大学校园有着各种类别的社团群体，他们开展有趣并能锻炼自身能力的丰富多样的活动，已然成了大学的校园文化和标志，为校园带来了巨大的正能量。高校也应该与这些社团合作，以学生为根本，让法制教育在学生中推广开来。学生社团是学生根据生活学习结合自身的兴趣爱好自愿、自觉、自发组织的群体组织，社团成员之间因为具有共同之处而保持着密切联系，社团主题可以显示出全体成员共同的追求。高校法律工作者应当与各类学生社团取得密切联系，借助社团宣传开展法制教育活动，将各类学生社团发展成为法律教育的重要载体，不断地在学生中扩大法律层次的影响力，逐步地形成法治文化环境。更重要的是，法律教育工作者应当发起号召，建立专门的法律社团，组建校园法治工作小组，推动学生与学生之间的教育互动，关注社团组织活动中体现出的思想动态，鼓舞学生不断地参与到法律社团中来，扩大法律社团在学生中的影响力。高校中存在的各类法律主题社团都是学生群体组织，代表着学生的法律认知水平和法律实践能力，肯定会有不足之处，需要教师多做指导，引领社团组织向更好的方向去发展。学生会组织、学生党支部、团委都应当对法律社团的日常活动出谋划策，充分利用各方面的资源，互助互帮，积极支持法律社团扩大自身影响力。法律社团应当积极地向不同学生开放，不能依据成绩区分社团成员的优劣好坏，不能因年级给社团成员梯级分层，需要选拔法律知识广博、组织能力突出、大家乐意接受的学生做社团的领导者。法律社团的日常活动要有民主的氛围，民主地制定出社团日常行为规范，通过民主的办法选贤任能，形成公正严明的人才竞争机制，明确社团成员具有的权利与义务，要求全部成员恪尽职守，充分调动每一位成员的积极性，使其都可以努力地为社团活动贡献一把力。不能违背法律社团成立的初衷，社团成员的日常行为更要体现出对法律法规的信奉与遵循，不可假借社团的名义做出出格的事情来，更不能以收取社团活动经费的名义来营利。当然，法律社团的成立及日常活动都要遵守学校的教学秩序，按章办事，维护校园团结，促进学生之间形成和谐、友好的关系。法律社团要带动学生法律实践能力的提高，紧扣法律教育的系列要求，促进法律教育目标的落实，努力与大学生的法律学习任务对接起来。活动主题既可以围绕实际法律问题，也可以是法律教育课堂中教师留下的难题，要具有可操作性，一方面激发社团成员参与的热情，一方面激发社团成员形成热情的讨论，促进学生对法律知识的掌握与运用。法律社团的活动形式和内容是多种多样的，可以广泛采纳学生自己的建议，博采众长。可以是法律理论研究和讨论，可以是对法律知识的见解与交流，可以是社团集体的实践活动。可以开展案例辩论、法律咨询等活动来加强学生的法律能力；也可以成立一些法律服务性社团，组织志愿者进行一些基础的法律援助，帮助需要的学生处理问题。可以联合社会组织和团体的力量，尽自己所能地帮助需要法律援助的弱势人群，这样还可以脱离学校，在更大范围内宣传、发展法制教育活动，能够取得更广泛的影响。丰富多样的法律社团活动内容不仅能促进社团成员的成长与进步，还能促进法律社团集体的壮大和发展，增进法律社团的集体凝聚力。从长远来看，形成良好的社团活动传统，可以为大学生法律教育打造良好的平台。利用这些社团进行的法律学习、法制教育活动可以让学生树立正确的法制观念，培养他们的法律能力，朋辈社团成员之间更易开展互通有无，也可以增强他们的法律交流能力和实践活动能力。当然，要想加强社团法律活动的质量，就必然要有专业的导师和团体来对社团活动进行指导，教师在教育资源整合方面、教育规律的把握方面都更有优势，可以更好地引导各类社团活动的开展。

（三）开展法律特色校园文化活动

文化积淀浓厚的大学校园能带给学生较大的感染力，在潜移默化中改变学生的思想世界、提升学生的综合素质。丰富多彩的校园文化活动可以改变校园空气，形成积极向上的校园风气。大力开展具有法律特色的校园文化活动，是对大学生法律教育实践活动的有利补充，能够有效地提升法律教育质量，能够对加强大学生法律能力锻炼产生积极作用。与法律教育紧密相关的校园文化活动，在活动宗旨上要凸显出对法律实践能力的重视，不断地使学生体验到学以致用能力对实现自身职业理想的重要之处，让学生自己总结出结论，明确法律实践能力是未来法律职业生涯尤为重要的能力。法律文化活动应当变成高校大学生连接校园学习生活和外部社会生活的桥梁，为他们提供意识形态导向。高校大学生通过这些法律文化活动可以实现与社会生活的良性互动。法律校园文化活动要弥补课堂教学单一知识传授的不足之处，也要推进总体德育工作的顺利进行，逐步把学生锻造成具有较高综合素质的法律精英人才，只有敢于实践、善于实践的学生才能获得更多的就业机会和人生发展机遇，才能在职业素养方面积累优势。很大一部分学生在法律理论知识学习方面已经做得很出色了，但是却畏惧参与、怯于行动，思想观念禁锢在传统框架里，法律校园活动的开展就是要带动越来越多的同学大胆发表自己的看法、交换彼此的观点，引导学生积极参与、马上行动、有所作为，尝试培养法律职业人的思维方式和行事习惯，使他们逐步有意识地摆正法律职业态度，树立起正确的职业价值观点。处理复杂的法律关系需要个人不断地积累法律常识、不断地练就法律技能，法律校园活动举办的次数要满足学生发展的需求，成为一种常态化的安排，不能敷衍行事，也不能因与其他事项安排冲突而被取消。法律校园文化活动需要调动学生的参与度、吸引学生的注意力。所以要注意选用生活化的主题，以实际问题的解决为切入点，给

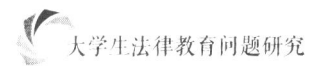

学生的成长带来更多的有利影响，使其更易为学生所接受和认可，形成集体参与的热潮，使学生在文化活动中不知不觉地提升法律认知能力。

法律能力的加强在一定程度上要依靠于法律环境、法律文化的耳濡目染以及不可或缺的实践锻炼。因此，开展丰富多样的校园特色文化活动是非常有必要的，多彩的校园活动能够建立一个充满法律文化和法制观念的良好氛围，能够建立一个这样的氛围就是良好的开端。想要形成这样的氛围，首先需要开展一系列的法制宣传讲座，需要邀请许多校内外知名的法学专家以及法院等相关部门有资深法律实务经验的人士站上讲台，为学生做出精彩的演讲，让大家对法律的了解更加深刻，这样能够对学生的法律教育活动起到非常明显的作用。其次，要开展法律辩论活动，辩论是学生参与到法律教育活动最切身、最有兴趣的方式，学生能够置身其中，有很强的参与感和成就感，这不单能够提升自身的法律知识和法律能力，还能够提升自己的综合素质水平。能言善辩往往是法律从业者的职业标签之一，围绕统一的法律辩题开展讨论，对双方辩手都是一种考验，体现出两者的综合素质。在辩论会中能够崭露头角的辩手一般都拥有良好的人际交往能力、沟通能力等，辩论赛不断开办、不断升级，也是指引参与者不断完成自我突破，在职业技能上更上一个台阶，成为未来职场中的佼佼者。双方辩手可以都安排法律专业学生，以凸显辩手的法律专业化水平，选取比较具体的热点法律难题，从法治的视野去分析问题，围绕辩题做出全面、深入、细致的探讨，按照法律人特有的职业能力与素养去呈现自己的观点。双方可以是法律专业学生与非法律专业学生的对决，在这种模式下，对战双方都能学习到更多，双方可以获得更多的满足感与成就感，也使得双方切实地看到彼此之间的差距在哪里。当然，也要积极鼓励非法学专业的学生参与到比赛中来，他们或许是自己专业里的佼佼者，但在法律意识方面或许非常薄弱，通过参与活动可以有效地增进其对法律法规的了解。最后是设立"模拟法庭"，它能够提高学生对相关知识的灵活应用以及实际操作能力，为学生提供体验法律职业岗位的机会和条件。法庭模拟应力求逼真，审判程序应严格依法进行，审判长、陪审员、书记员、公诉人、辩护人等各角色要一应俱全，让学生可以清楚地认识每种角色的职务特点，各自担负起自己的职责。在各方面条件成熟的情形下，可以开办模拟法庭比赛，给学生一个展示自我法律本领和技能的平台，也可以让学生在参与竞赛的过程中找到相互之间的差距，从而达到互学、互助的目的。还有，要多开办以法律法规为主题的演讲比赛，使学生的口语表达能力、快速反应能力、思维转换能力等都可以得到有效的锻炼。这些方面的能力都是一名职业法律人所必备的。演讲比赛可以大胆地以英语或者其他语种的方式进行，鼓励演讲人不断自我突破，使学生可以提高自己的法律英语运用能力，也可以扩展国际视野，以更好地适应社会发展的要求。另外，法律校园文化活动中需要增设与法律文书写作相关的内容。优秀的法律文书体现着法律职业者的实务技能，是衡量法律实践能力的重要尺度。在法律学习过程中，许多学生轻视写作能力，懒于动笔，对书写类型的课后作业应付了事，通常模仿范文甚至直接复制模板，一旦面对法律写作的考验，就会露出马脚。有些毕业生就是因为欠缺文笔功力而失掉了好的就业机会。一名文笔功力欠缺的法学生是不能胜任未来法律职业的，所以，要突出法律文笔写作的练习，结合文书写作的课程要求，多举办校园法律文书大赛，可以有专业组、非专业组的区分，也可以有限时、不限时的区别，要突出文字写作的规范性要求，要邀请写作能力强的专业法律教师以及专门的文书写作人员来担任讲评人员，给予学生详细的法律文书写作的技巧与方法，指点学生如何在日常学习中积累文字材料、锻炼写作技能。当然，学生法律文笔方面的成绩进步不能光靠次数不多的校园比赛活动，还需高校教师严格把关法律课程的课后作业完成情况，关注学生在文笔写作上的纰漏和出错点，教育、督促学生逐步改进，在各个学期的学期作业中，教师可以布置开放性的法律文书写作任务，并把它们作为学业成绩的评分点，文书写作成绩的优秀、合格或不及格直接与学分挂钩，改变学生对法律写作一贯轻视的态度，督促他们做好日常积累。毕业论文是显示学生法律文笔水平的一面镜子，高校教师在学生毕业论文的指导方面需尽心尽力，力求在书写过程中为学生带来比较多的收获。学校要更多地举办法律主题的征文大赛，让学生围绕着自己感兴趣的问题书写文章，给投稿者多加鼓励，将优秀作品集结成册，或者发布在各院校网站中，供更多的人来阅读。

以上提到的所有法律教育方面都无法分割，他们是紧密联系的整体。它们结合在一起组成了高校大学生法律教育内容体系。在该体系里，宪法教育与法律意识教育是根本，是对大学生进行法律教育的前提，具有指导意义；纪律教育是法律教育的切入点，具有养成意义；实践教育是法律教育的归宿，具有行为意义。

第八章
公民意识养成视阈下的大学生法律教育的途径方法

　　20 世纪 30 年代美国著名的法学家霍姆斯·卡多佐指出，应以"伟大"的方法，应以"想象"的方法，应以"客观"的方法教授法律。[1]意思是说，要提高学生的法律精神，应超越主观的影响，使之进入理想境界，即教给学生一种思想、精神和方法，这才是能使学生终身受益的教育。以公民意识养成为目标的大学生法律教育，课堂教育是传统的方式，"灌输法"等方法发挥了积极的作用。在新的历史时期，为了提高大学生法律教育的效果，在发挥传统途径和方法优势的同时，开拓一些新的大学生法律教育的途径是现代教学须要解决的重点问题。大学生法律教育由于是为了提升国家整体的法律意识，因此其也相当注重法律性。采用合理的课程，设计有效的教育方式，会让学生对此产生兴趣，教育效果也会更加良好，最终实现高校法律教育的育人目标。就学校来说，我们常说校园就是一个小社会，我们经常能在学校中看到社会的影子，因此，大学生法律教育也不应该仅仅局限于在课堂上枯燥地对法律知识进行讲解，在校园生活中也要让学生有机会学习到有关法律的内容。

---

[1]　燕树棠："法律教育之目的"，载《清华法学》2006 年第 3 期。

一、课堂内大学生法律教育的途径方法

由相关教师在课堂上为学生讲授法律相关知识是法律教育的主要环节。课堂教学方法优化是法律课程优化和提升的重要途径。要求教师对课程进行透彻了解，能够抓住重点，提高上课的效率，避免课程枯燥乏味。另外，教育者在平时也应该对学生的法律知识掌握程度有一定的认识，能够根据学生的实际情况制定合理的教学计划。同时也应当结合学生关注的时事，加以相关的法律知识，让学生能够有更深的印象。

（一）优化创新《思想道德修养与法律基础》课教学方法

在大学生法律教育中，新的课程《思想道德修养与法律基础》已经逐渐取代了原先的法律教育课本《法律基础》以及其独立教学模式。这门课已经成为大学生获取法律知识的主要途径，为了使学生能够真正地学习到这门课程的知识，在大脑中形成规范的法律意识，教师在教学方法、教学手段上也应当有所优化和创新。

1. 专题式教学法

开设法律基础课程，必须确保学生有正确的公民意识。因此，教师应调整教案，修正教学重点，着重关注这一点，将法律知识整理成专题来为学生讲解，改善这门课程内容涉及面大、知识体系庞大、不能抓住重点的问题。

开设这门课程就是为了培养学生的公民意识，该课程涉及很多法律问题，内容相当丰富，在课程教学过程中可以结合当前社会法治的新状况。专题式教学是对传统法律通识教育课程的一次较大突破，专题式就意味着打破以往按部就班的课程教授顺序，把内容上所有相关的课程集结于一处，使知识点自成体系地呈现在学生面前，提高学生对专题知识的总体认知，也

可以使学生更容易地找到知识点之间的内在联系。与其他社会科学学科一样，法律学科涉及面广泛，对我们所看到的所有法律现象，对规范公民行为的思考，对法律体系的思考等统统都是法律学科要作出的解释。大学生对自身公民身份所具有的相应标签存着模糊认识，大学教师需要引导他们对法律理论有正确的探索和总结，专题式教学非常适合法律基础性教学，可以完成知识点的集中研究与分配，更易于将知识有效地讲解给学生，起到事半功倍的良好效果。法律学科在某些具体课程内容和具体章节上的差别是很大的，在教授的方式、方法上也有很大的不同。教师只有在不同专题的基础上分类引导，才可以做到有专攻、有突破。对学生来说，每部分的法律学习内容都有不同的学习目标，有些法律知识与技能需要学生花大力气去掌握，有些部分则只需要学生有些宏观的了解，有些专题只需学生以自己的兴趣和爱好去自主拓展与学习。这就更加凸显出了法律专题式学习的必要性，不同专题内容对学生学习的要求程度不一样，不能一概而论，要注重分门别类，做到有差别地对待。专题式法律教学并不是要全盘地否定传统依序上课的方式，其是在此之上的一种创新教学法。法律专题的划分要紧扣教学大纲，从学生的认知规律和成长规律出发，关注学生所感、所想，并适当引入社会法律热点，在确保专题内容独立性的同时做好专题知识之间的相互衔接，在教师引导的同时，注重发挥学生探究学习的主体性与主动性，确保知识要点不被遗漏。法律专题式的教学不是以教师为主导的课堂自我表演，而是要注重充分发挥学生的主体性，打造让学生当家做主的课堂模式，使学生成为法律专题课堂的设计者、构筑者、评估者。可以采用学习小组的模式，发挥小组成员在收集法律专题材料、剖析社会热点法律问题、升华和总结专题知识等方面的作用，促进每个小组、每个小组成员都可以在法律专题的学习和延伸拓展上展现出自身优势，共同为达成专题学习目标而努力。高校学生面临专业学习和就业的双重任务，他们的法律学习时间是有限的，法律专题式的教育可以将有限的学习时间充分利用起来，得到学习效率上的突破，改变以往要面临繁重法律课业任务的传统，也能扭转有些学生对法律课程的抵触情绪。除法律相关专业的学生外，高校学生接受法律知识的学科主渠道是《思想道德修养与法律基础》，但是，显而易见，一本薄薄的课本根本不可能让学生获取足够的法律知识与技能，单纯的教材知识并不能够完全地满足学生成长和发展的需要。重整专题、打破常规，可以以知识专题为单位加入更多的知识内容，完成与专题内容密切相关的知识的紧密连接，使得学生获得更加立体、更加充盈的学习体会，在法律认识上更进一步，学习效果也可进一步增强。专题式教学得以开展的基础和前提是每个法律专题的合理界定与确立。教师需要认真把握授课知识并且找到知识点之间的相互联系，准确判断学生对专题内容的接受度，既要能将整体内容划分为相互独立的专题，又要能保证专题本身体系性强、逻辑严密。法律专题式教学对教师的备课环节也提出了更高的要求，授课前教师要投入更多的心力，广泛、大量地收集相关课程资料，围绕每个教学主题进行集中性的筛选、组织并安排不同内容，也需要教师以更加饱满的热情去参与对社会问题的探讨，将社会事件带来的启发和反思组织到课堂中来。所有的法律专题都不可脱离生活实际，而是要融入现实实例，充分体现时代感，引导学生敢于站在社会前沿发表意见和观点。教师开展专题式法律教育，要更全面、更充分地专注于"学生"，也就是对学生的学情有更充足的把握，要事先了解学生对特定专题的熟知程度，要特别关注学生对某些专题的认知偏差和误区，要注重帮助学生攻克法律知识盲区。每次专题开课之前，教师都应当做好课堂预设，事先预测学生会在课堂参与中提出什么样的问题和疑问，事先判断学生会在哪些法律内容上有较高的兴趣点，事先思索学生会适合什么样的教学方法和讲授方式等。法律专题式教学应该把培养公民意识放在首位，以此为目标在不同的专题中整理出相应的法律知识来进行教学进程。例如，在法理学教学中，法的价值、法律关系、依法治国等知识与公民主体意识、权利与义务意识教育密切相关；宪法教学中的宪法的基本原则、宪政、公民的权利与义务等直接体现了公民权利与义务的内容；行政法的教学应重点突出对行政法的基本原则、行政相对人与行政主体的关系等知识的讲解；民法的教学应重点培养学生的平等的民事主体意识，权利义务对等意识；诉讼法的教学应重点培养学生的正当程序意识。这样，不同的专题可以让学生从多维的视角来看待公民的法律地位，明确公民权利的多重法律保障，让学生牢固树立公民意识。

所以，在对学生进行法律教育的时候，可以实行专题教育的教学模式，即在整体的教学内容保持不变的情况下，不再拘泥于书本章节的划分，根据制定的教学目标和培养计划，更深、更细、更切实地对教学内容进行划分，结合当前的时政热点和学生学习过程中的重点、难点，把现在新出现的学术成果加入到教材的相关内容中去，以这种专题的方式来传授法律知识，对学生进行法律教育。对大学生的法律教育应该以学生关心的社会生活热点为基础，把学生关注的社会生活热点和相关法律知识结合起来，设计成法律专题，以充分调动学生的学习积极性和主动性，同时提高他们的法律思维和领会能力，从而大大提高法律教育的成效。例如，在讲解"社会主义法治观念"这一内容时，教师可以搜集现实生活中的各种法律事件，精心挑选其中最能体现法的自由平等、公平正义等观念的案例、素材，并将其整理成相关的教学专题。在课前，可以让学生提前对这方面的知识进行自行搜集整理，使他们能够大体了解这节课所要学习的知识，这样能够使学生自主、有目的地对专题内容进行学习。当然，在法律专题式教学的设计过程中，要注意各专题内容的设计不仅要"专"，而且覆盖面要宽，并应适当引入法律研究的最新理论动态，突出时代感。在课堂上，教师可以给学生创造一个更加广阔的知识背景，使学生从多个角度去看待问题，能够对出现的问题进行自主分析并尝试解决。另外，在专题设计过程中要注意精心挑选，突出重点，尤其是要选择起主导作用的核心法律事件和具体案例。并在教学过程中对其优先进行讲解和考虑，而对于一般的、理解起来相对比较容易的内容，可以鼓励学生自学或相互讨论分析解决。专题的设置并不是专一的，教师可以有很多的专题形式选择，如案例分析专题、学生间相互讨论交流专题、案情模拟专题、社会实践和调查专题等，这就有效地避免了以往法律课堂的枯燥乏味。通过这样多元化的课堂模式，学生们更乐意去接受知识，并且更能有效地记忆和理解，从而更快地达到大学生法律素质教育的目的。

在传统的法律教学内容中，由于要把每一部分的知识都讲授给学生，所以会造成知识点大量拥挤在一起，难点和重点得不到突出，而专题教育的教学形式能够很好地解决这些问题，使法律教学能够与社会实践相结合。教师在制定教学计划的时候有了更灵活的选择，可以根据学生的实际情况来为教学内容安排成形式多样、生动有趣的专题形式。学生在这样的专题课堂上，会更有热情和兴趣去学习相关的法律知识，从而为以后运用法律知识解决实际问题打下良好的基础。

2. 案例教学法

美国著名的法律教育者和哈佛大学的法律学院院长克里斯托夫·兰德尔在 19 世纪 70 年代提出了一种新的教学方法，通过案例的形式对学生进行教学，即案例教学法。在这种新型的教学模式中，老师不再是单纯地在课堂上讲课，这使得美国的法学教学方法从此提升到了一个新的水平。[1]在各高校开设的《思想道德修养与法律基础》这门课程中，主要是记叙和讲解我国的法律法规以及其他行为规范的相关知识内容，其中很少提到与法律知识相关的案例，更没有案例分析。所以，对那些不是法律专业的学生来说，其通过少量的课时学习，对法律知识的掌握停留在肤浅的层面。为了解决这个问题，应在教学过程中采用案例教学法，使学生在分析和理解相关案例的同时对案例中的相关法律知识进行学习和理解。这种新型的案例教学法和其他的教学方法之间有着很大的不同，它不仅仅局限在教学方法上，而且把重点放在案例上，即根据教学内容选取相关的案例材料，并且这些材料在来源、内容形式和内容排版上都有一套独特的教学体系。[2]案例教学法中同时包含"教"与"学"，老师和学生在教学和学习的过程中都要进行积极的准备和参与，教师在其中不再仅仅是教学者，同时也是学习者。在教学过程中恰当地穿插相关的案例材料，来讲解如何在实践生活中利用法律，这可以让学生参与其中，培养他们对案例的分析和理解能力，从而养成法律思维。只有将学生置身于真实的案例情景之中，他们才会积极运用所学去解决案例中亟待解决的难题，通过不断地参与案例逐渐弥补法律知识层面的不足

---

[1]　Amy Raths McAninch, *Teacher Thinking and the Case Method*: *Theory and Future Direction*, *Teacher College Press*, Columbia University, 1993, p. 63.

[2]　郑金洲编著:《案例教学指南》，华东师范大学出版社 2000 年版，第 8 页

之处，树立起正确的法律立场，也使他们学会合作学习，提升实践应用能力。法律案例都是来源于社会生活的，活生生的案例摆在学生面前，就是让学生与现实生活有个正面接触，以当事人的身份体会法律问题的社会影响，对案例中诸种存在的可能性成果进行预想和把握，增进参与度，提高学习过程的有效性。

案例教学运用的方法：一是分析讲授法，教师通过适当引入、剖析案例来说明理论，便于学生接受。二是启发讨论法，让学生针对案例、分组讨论，教师从旁边启发。三是实践调研法，教师布置难度比较大、案情相对复杂的案例，学生课后查阅资料、分析案情、撰写报告，教师批阅，课堂反馈结果。该教学方法包括案例、提出问题、分析问题和结论，能够在案例分析过程中将理论与实际结合起来，将生涩难懂的法律知识转化为具体的应用，便于学生理解。在教学实践中，对案例要进行详细的分析，重点培养学生的法律思维，给学生分析其中的法律问题，避免只给出法律条文，多给学生讲解法律知识背后的重要意义。具有可操作性的实体案例分析式教学，不仅可以大大提高学生的课堂参与积极性，还可以使得教育内容与现实运用相结合，帮助学生将所学的理论知识与真实的生活连接起来。因此，案例教学法可以拓展教育的时空范围，尽快扭转教育途径单一化、课堂化趋势。

案例教学要想取得良好效果，需要教育者紧扣相应的法律学习目标，选取具有典型性、真实性的案例，没有现实依据、没有普遍说服力的案例是无法为法律教学服务的，教师不可虚构法律案例，不可随意捏造案情。这就需要教师备足功课，深入案情调查，掌握丰富的案例资料和数据，将真实案例与教学任务相结合，将最真实的法律细节展现在学生面前，给学生一种身临其境的真实感,启发学生思维。如果让学生发觉所学案例是虚假的、不存在的,那么他们便会消极地对待教师所提出的要求,应付课程作业,不会再深入集体研究和争论之中。只有最真实的案例材料才能带给学生最真实的感受,学生才可能尽自己的努力投身于对法律难题的解决,致力于探讨、争论、合作、询问,最终实现法律学习目标。要保证法律案例的真实性,同时,法律案例要富有吸引力。对此,教育者可以在文学手法上多下些功夫,注重激发学生的学习兴趣,多采用一些生活化的情节叙述,注意营造气氛,逐步导引学生作出合法、正确的判断,使学生能够清晰地认识案件矛盾所在,最终尽可能地用法律知识化解矛盾冲突。所选取的案例并不是只带给学生一方面法律知识,教师需要运用自身专业所长,不断引导学生去举一反三地思索,并促进集思广益,找到特殊案例所涉及的多重法律关系,学习和掌握案例所涵盖的诸多法律知识点。教师还需适时地纠正学生在案例参与中表现出来的误解之处,纠正一些不够确切的表达,重点讲授学生的薄弱知识环节,力求通过一次案例教学带给学生更多的知识内容,推进教学进程。当然,对于进步较快、敢于自我突破的学生,教师在案例引导中要注意记录,及时给予由衷的激励和表扬,使他们今后也可以不断地抓住展示自我风采的机会,勇敢地锻炼自己,坚持不懈地努力,从而更有自信地面对学业与未来。

从教师方面要做的准备工作来看,案例教学可以被大致划分为三大步骤:首先是法律案例准备,教师需考虑现实实践需要和教学任务规定,在诸多的案件素材中,选取典型性高且又真实可靠的法律案例,并且在正式授课前就需要将所选案例内容告知学生,布置给学生课前的准备任务。其次是课堂案例的展示,教师应使信息技术手段贯穿课堂,教师需管理和组织学生围绕案例中心议题发表观点并展开积极争论，可以是单个人的意见表达，也可以是小组的发声，还可以是全体学生的有序争论。最后是案例的反馈与总结过程，教师表达对案例问题的观点和态度，对学生的结论做出正面或者负面的点评，引导学生相互取长补短，积累学习经验。

案例教学法集中体现出大学法律教育要立足于当代法律实践，是一种创新和突破，实践性强，这正是传统法律课堂所欠缺的。案例教学会花费法律教师更多的心力和时间，也对学生的上课状态和实践能力要求较高。当前，法律教师有责任推进案例教学法由不成熟走向成熟。传统的理论讲授课可能只教导学生什么是对的、什么是错的，什么应该去做、什么不应该去做，长久来看，这样会压制受教育者的自觉性和能动性，引起学生的反感。将一例例鲜活的法律案例呈现在学生面前，就是在鼓舞学生独立去面对问题、独立去思考，案例中难题的解决需要学生不断地去创造性学习，学生还需要将自己的观点和意见发表出来，互通有无，实现学习经验的交流，从而营造出一种同学之间相互学习、积极进取的气氛，激励学生在学业上勤奋拼搏。法律案例教育的过程不仅仅是增进学生法律知识水平的过程，也是锻炼和提升学生法律运用能力的过程，案例分析与问题解决的过程需要学生在加深理解理论知识的基础之上充分运用，不是对有限法律知识的死记硬背，而是引领学生在案例探究中克服学习和成长中的障碍，逐步拓展自己各方面的技能，主动补充自身空白。案例教学法在很多时候需要增进学生与教师之间的相互沟通与交流，学生要拿自己的疑问之处向教师请教和咨询，教师要不断关注学生的知识理解程度和思想动态，以便充实自己的课堂，这是一种双向的促进和交流。在这种教学模式下，师生双方都会有更深的学习体会。学生可以更好地积累新经验、提升自身素养；教师则可以实现自身的专业成长。因此，案例教学法对师生双方都具有特殊而重大的意义。

3. 启发式教学法

这种方法以激发学生兴趣和积极性为主要目的。在课堂上，教师除了讲解知识以外，还要根据学生的情况，鼓励学生自主思考和分析问题。例如，可以提出案例让学生分析其中涉及的法律知识，或者让学生自己提出身边的一些典型案例等。在我国，儒家的主要思想中便有启发式教学这一项，"不愤不启，不悱不发"透露出了启发式教学的思想，发展至今已有了较为科学的教学体系。该方法在各种教育中均得到了很好的利用，也可以根据实际情况演变成各种各样的形式，在今天的教育教学中广泛应用。

启发式教学的优势在于，它是以训练学生的思维方式为主要目的的，而不仅仅是向学生灌输知识。法律基础课教学中的公民意识教育的目的在于培养公民意识，这势必要求教学要突破传统的教学思维。公民意识教育的目的是使学生能够养成良好的权力、权利、义务和责任等方面的意识。但是启发式教学模式的重点是训练学生的心智，使他们开拓思维，激发他们的兴趣爱好，充分发挥他们的能动性和潜能，这正是和公民意识教育的需求相符合的。启发式教学有着非常丰富的内涵，不能简单对待。如有的老师认为启发式教育就是简单地进行一对一的教学，这是非常不科学的。因为这种简单的问答式教学，轻则达不到启发学生思维的效果，重则可能把学生引入歧途。在法律教学中，为了提起学生的学习兴趣，教师应该按照教学内容提出一些相关的问题。老师和学生就这些问题进行讨论和交流。通过互动，学生会更容易地对相关问题进行深刻的思考。通过对问题的思考，学生们会自觉、主动地对相关的法律知识进行学习。在教与学的关系上，既要肯定教师的主导地位，又要充分调动学生的主观能动性，加强二者的互动。教师对教学内容中的一般原理和基本理论问题要采用启发式教学法，因为这种方法传递信息密度大、学生接受信息效率高、教育作用全面。运用这种方法应力求做到：在讲授内容上要有科学性、系统性、思想性，既要突出重点、难点，又要系统、全面；在讲授方式上要少而精，要紧凑、概括、集中；在讲授语言上要流畅、生动、准确、明晰，通俗易懂且具有科学性。注重对学生的启发，培养其主体意识。

启发式教学的具体操作方法是丰富多样的，主要是为学生带来无法抵御的吸引力，激发学生的求知欲，引导学生发问并寻找问题的答案。法律教师可以先采用教学目标启发，强调学生教学的主要内容与基本学习要求，告知学生每章节、每课时的重难点等，为学生打开一道知识大门，令学生可以瞭望到绚丽多姿的风景。法律教师可以用激疑式的课堂讲授模式来不断给予学生启发，围绕教学目标，依据学生的学情，连续不断地提出有效设问，激发学生思维，使学生在特定的问题情境中让思维闪光，寻找法律知识之间的联系，最终得到有效启迪。法律教师可以适时、适当地采用课堂提问的方式带给学生启发，有些法律问题较为复杂，学生在一时之间可能不知作何解释，也可能知其然而不知其所以然。教师的课堂提问令学生在集体面前开动脑筋、讲明缘由，促进学生得以突破自己、展现自己，对其他学生也是一种积极的带动和引领，提问的角度可以是规律概括，可以是具体细节探究，可以让学生试图在一种两难境地中做出自己的解读，也可以用设问的方式引发学生提出更多的设问等。教师可以尝试采用比喻带给学生启发，可以选取学生身边常见的事物和素材，把难以理解的内容用生动形象的比喻描述出来，进而激发学生的想象。教师可以采用集体研讨的方式对学生进行启发，把课堂变作师生平等参与的研讨会，在最关键处号召学生发表自己的智慧，群策群力，共同消解疑问，集思广益，讲求民主，最终推动问题的解决。教师可以适当地运用情感启发的方式，传神入微地打动学生的内心，使学生在情感共鸣中有所体验，对学生的个性心理品质带来正向的影响。教师可以适时采用假设式的启发方式。由于知识和经验上的不足，学生在处理法律问题时可能会得出错误的结论，有一些不正确的推理。这时候，教师强制改正学生的错误认知往往不能取得很好的效果，不妨暂时认可学生，暂时假设观点正确，然后用已有的正确论据来引导学生进行层层推理，由此推出自相矛盾的结论，让学生在此过程中感知自我的不足之处，并加深对相应知识点的印象，从而带给学生正确的启迪。启发式教学法还应当延伸到课堂之下，教师可以在学生的课下自学中给予正确的启发指导。现在，法律教育往往选用比较集中的时间授课，授课内容比较多，教师需要指示学生在课前做好预习，使学生明确各层级的学习目标、怎样去阅读教材内容、如何对待教学重点，引导学生掌握自学方法、增强求知能力。总之，教师潜在的启发引导能为学生学好法律知识和技能起到非常大的帮助作用。因此，教师需灵活运用各类启发式的教学方法，引领学生不断掌握知识之间的内在联系，不断取得更大的进步。

教师在采用该种教学方法时还应该注意几个问题：第一，教学应以启发学生思维为主，要让教师和学生的步调保持一致，并用适当的方法引导学生思考。这是采用启发式教学的一个难点。要解决这一问题，教师必须在课前做好充分的准备工作，掌握学生的实际情况，制定合理的启发方案，引导学生的思维往正确的方向发展。第二，教师应该从学生的角度考虑问题，提出学生感兴趣的问题，并在这个问题中结合相关的课堂理论，带动学生的积极性。如果这一点没有做好，很可能出现教师与学生脱节，教师所讲的和学生所思考的完全不同的尴尬局面。第三，在课堂上，如果授课过程中出现了一些负面现象，教师要为学生具体分析，并把学生的思维带到正义的一方，用法律的眼光看待问题，培养良好的公民意识。由于学生的社会经验有限，可能会对某些社会负面现象产生误解，而开展法律基础课就是为了帮助学生正视这些现象，并深入分析这些现象出现的原因，提升自身的法律道德修养。教师在课堂上不能为学生灌输负面、消极的思想，而是要引导学生正确认识社会的负面现象，树立良好的法律意识。

启发式教学不仅是一种教育方法，而且是一种教育思想的体现，教师不是直接把论断和结论抛给受教育者，而是为受教育者不断地接近目标提供支持。高校法律教育要使每位学生成为负责任的现代公民，需要运用启发式教学，对学生阐明特定法律事例，拨开学生的思想迷雾，开导学生端正学习态度，提高学生的法律现象联想能力，进而使其对法律学科有所领悟。有启发就是有收获，有启发就是在自觉主动地探索法律现象和问题中的内在联系。在这种意义上，启发式教学可以引领学生走向更成熟的学习台阶，为学生今后能够独立地思考和解决一些法律问题做好铺垫。

4. 讨论式教学法

这种方法需要教师以平等的身份与学生探讨问题、分析问题，在师生讨论互动中将教育资源和信息传递给学生。如此一来，能够让学生体会到更加自由的教学环境从而积极主动地与教师交流自己的想法，让师生之间能够有更多的理解对方的机会，课堂氛围也会有所改善，不会出现死气沉沉的局面。并且学生能够在讨论中理解教师对问题的看法，从中学到分析问题和处理问题的方法。

　　传统法律教育方式强调教育活动过程的单向性，教育活动从主题、内容、材料的选择到策划与组织，基本上都由教师一方决定，作为学生大多无参与的可能，更不用说决策权，学生在客观上只能处于被动接受者的地位。在讨论式教学方法中，知识的流动由单向变为多向，教师在教学中的主导作用可以得到充分的发挥，而学生也不再局限于自己的观点，可以得知其他同学的观点，通过比较，能将事情的多方面进行分析。在讨论的同时，学生也会看到自身的不足，对自己出现的错误进行反思，并且及时地改正，这能培养学生的自主学习能力和创新能力。

　　这种模式彻底改变了教师讲授内容、学生被动接受的教学方式，既可以保证教学进度按照教师预料的方向发展，又给了学生更多的机会，让他们能够多方面、全方位地学习到知识，在自己思考的同时也能够跟其他人交流。学生也要在讨论的过程中不断提升自己的思维，吸收更好的思想来改善自我，让自己的意识更加完善。将讨论式教学法运用在法律教育中，有助于大学生更好地学会分析复杂的法律现象，有助于使他们学会把纷繁复杂的各种法律现象根据彼此的关联做出综合认知，形成统一的认识。也许学生在课程内容上面做了很充足的准备，但是单个人的法律见解总是有限的。身边人的发言会给学生带来意想不到的启发，集体范围的大讨论会给他们带来全新的认识。在教师对集体见解进行有序点拨后，容易形成富有突破性、创造性的结论，学生今后会更容易地接受他人的观点，喜爱上开放式的学习方式。针对某一法律主题的讨论开始之后，与之相关的法律知识链条都会被呈现在学生面前。这对学生的视野是一种开拓，学生不再局限于自我认知的小圈子内，会得到更新鲜的体验，不仅可以体验到知识，也能体验到他人的长处，从而取长补短，感受彼此的魅力，拉近彼此之间的距离，使集体更团结、有力。当然，讨论意味着思想的碰撞，有时候会产生争论，有时候则会产生明显的分歧，甚至截然相反的观点。矛盾的出现和解决正是为了更进一步地碰到真理、发现真理。在法律课堂上与同学、老师进行热切的知识讨论，可以让学生学会与他人分享思想，也可以让学生体会到主动学习的乐趣，提高学生的学习兴趣，使学生学会尊重他人、包容差异，提高与人交往和合作的能力，从而形成一种民主氛围，推进共识的达成。

在教学实践中，让学生以主体的身份对教学内容进行反思，提出问题，师生共同讨论。在这一过程中，学生能够意识到自己是课堂的决策者，不再是被动接受的"布袋子"，而是主宰和驾驭学习内容的主人。这样，学生对学习会更加感兴趣，会更加主动、积极地开拓思路，也更能够学好所学内容。例如，在讲解《思想道德修养与法律基础》中的知识产权法时，教师应多鼓励学生主动参与，可以让学生在课下搜集与此相关的案例（如论文抄袭、盗版光碟等），让他们能够将法律知识与平时的生活联系起来。教师在此基础上提出话题，与学生交流，互相提出自己的观点。这样学生将会对与知识产权法相关的内容有更深的印象，并能够将其很好地运用到实际中。在具体教学中，要注重培养学生善于发现问题、提出解决方案、做好任务、改善不足等自我教育的意识与能力。教师要做好讨论式教学的负责人和引领者，做到讨论式教学过程的衔接顺畅、富有成效。在法律议题的讨论之前，要让学生有时间和条件去做好各方面的准备，让他们充分利用各种学习信息和资源去充盈自己的发言稿，在讨论过程中要给学生充分表现自己的机会，确保每个人都能有效地参与到教学过程之中。有些学生擅长语言表达，外向活泼，但是在法律知识上可能存在着盲区，或者存在着固执己见的缺点，这时候教师需按情况指出他们表现出来的不足之处，鼓舞他们改正不足。有些学生个性内向，总是把问题和想法留在心里面，教师要着力关注这样的人群，引导他们在关键环节上大胆地说出自己的观点，将自己的学习和思考成果显示给集体。总的来说，教师需建立起平等、民主的气氛，让每个个体都能自由地发言，自信地表现自我，不能使学生受到不平等的待遇，不能冷落学生，不能忘记学生在集体中存在的价值。

相比于其他的教学法，讨论式教学需要教师在面对学生的论述时要及时地做出指导，这更需要教师有一个充足的备课过程，教师需要储备更多的知识，要提升知识表达和演说辩论技能，要学会如何用教学语言将复杂的理论知识传递给学生。深度钻研专业知识是教师必须要认真做的，一些权威性的经典理论、一些名家解读等可以对更好地理解课程内容起到重要作用，教师要广泛阅读、摘录、积累相应的资料资源，对它们有恰如其分的评价，同时也要保持自己的独立性，能够有自己独立的判断和见解，这样才能在课堂讨论中树立起威信，最终征服学生，教给学生如何去全面、辩证地认识和思考问题。教师应当了解到，只是干巴巴地传递教材的内容，学生是不买账的。只有讨论的主题来源于当下生活才能激起学生的热情。所以，教师要注意把握时代性，勇于探究当前时代实践提出的一些难题。师生之间的内容讨论并不一定限定在法律框架内，改变学生的思想、控制学生的言行不是轻而易举之事，教师要抓住课程时机，做到对学生精神层面和情感层面的引导，进行有效的人文教育，促进课堂讨论，起到事半功倍的良好效果。在学习活动中，教师与学生虽有身份角色之别，但是二者是平等的，师生需正确地对待相互之间的关系。教师要理解学生的观点、尊重学生的发言、尊重学生的意愿，不能不合情理地打压学生的发言，不能强力压制学生的思想，不能强制学生做出违背自己心意的事情。当然，学生也应当珍惜每一次参与讨论的过程，勇于表达自己的所感所想，积极回应教师提出的问题，若有能力也要积极为同学解答困惑。课堂讨论的方式是多种多样的，教师可以根据具体的学习能力将学生划分为若干合作小组，各个小组选举组长、副组长和记录员等，由小组的各名负责人引领进行组内讨论，由记录员记录下有代表性的言论，用民主的办法选举出代表本组发言的成员。有了分组讨论做铺垫，教师可以展开班级范围内的大讨论，班级讨论需要遵循特定的秩序和规则，保证每个小组的讨论成果都能有机会展示出来。教师要适当给予鼓励，并尝试将每个学生的发言表现与日常考评制度相挂钩，着重关注学生的知识掌握程度、逻辑思维能力、随机应变能力、语言组织和表达能力等。在专业性较强的课程内容中，小组讨论的模式可以将繁重的学业任务化难为易、逐步攻克，让学生可以较为快速地把握知识点之间的联系，教师及时恰当的点评可以让学生及时巩固学习效果。如果是专业性不强、具有一定普遍性的主题，教师可以打破分组模式，开展整个集体内的自由大讨论。这时，教师需要创设自由、开放的条件，只要学生有所见解就可以抒发出来，随意地表达观点和意见，未发言的学生都是听众，可以根据自己的见解支持或者反驳发言人的观点。教师应当鼓励质疑的声音并将讨论引向深入，在全班同学的共同关注和思考中、在团队合作中圆满地完成讨论课安排。教师还需要对课堂讨论进行收尾，将集体讨论中产生的有效观点集中收集起来，攻克难点、抓住重点，肯定学生正确的观点，赞扬他们的出彩之处，改正一些知识误解和偏差，表扬他们突破自我，用自己教育智慧和语言艺术提点学生的法律认识。课堂评价用语需准确、有力度且精彩，在总结收尾的同时给学生延展开另一片知识园地，为学生创造继续探究未知的环境和条件。对大多数教师来说，讨论式教学法在高校法律课堂上的应用并不是那么成熟。教师在发挥它的教学优势的同时，还要特别注意以下方面的问题：一是课堂讨论需要充分考虑不同学生的不同个性心理特征，有些学生会将讨论课当成一种享受，有些学生可能对公开讨论带有很重的心理压力，有少数学生甚至会排斥和抗拒这种上课形式，每个人都有自己的偏好，对不同事物的适应性也不尽相同。对此，教师需做到循循善诱，注重放慢课堂速率，让学生的态度逐步端正起来。二是注重对课堂纪律的维护，发言和讨论都是紧扣所议主题的，气氛热烈时发言的声音大，教师要注意辨识是否有人在开小差，谈论与课堂无关的内容。如果发现学生投机取巧不守纪律，教师要做出恰当批评。如果有学生不怀好意地多次打断发言人的讲话，妨碍发言人或者教师的探讨过程，那么教师需及时做出评正，以冷静的态度、恰当的方式处理类似的危机。三是分配、掌握好讨论时间，大学法律课堂听课人数众多，即便是划分讨论小组，发言时间也是十分有限的，因此，当学生的发言落不到主题上时，或者学生的发言偏离主题重难点时，或者发言人讲话滔滔不绝占用其他成员的讲话时间时，教师都要及时地掌控好局面，处理好诸多可能的突发状况，促进学生开展有效的论述，以防止对课堂时间的浪费。教师可以根据实际情况，将主题讨论题目布置给学生课下进行，并要求小组负责人向老师汇报小组结论。教师可以顺势转变角色，做主题讨论活动的

"大组长"，及时与各组沟通交流，跟进学生的探讨活动，切实掌握学生的思想动态。讨论式教学法是值得教师选用的好方法，也能适应高校大学生的成长需要，使学生可以做课堂的主人，张扬个性，不再处于被动地位。

5. 多媒体教学法

多媒体教学是指在教学过程中，综合运用计算机的文字、图形、音频和视频媒体进行的教学。高校法律课堂采用多媒体教学法是对传统法律教育的一种革新，也是一种必然的发展趋势。自20世纪90年代以来，多媒体技术因具有丰富的表现力和强大的演示功能（特别是强大的交互功能）而在教学中被应用得越来越普遍，如今，计算机和网络帮助教学已成为高校课程教学建设的一项重要工程。

《思想道德修养与法律基础》课程的教师应该借助多媒体技术进行教学。这样做一是有助于为法律教育课程提供大容量的素材及背景材料，丰富教学内容，增加信息量，能在较短的时间内让学生掌握更多的法律知识，并增强他们对法律知识的掌握和运用能力。无论是教师还是学生，在面对一些复杂的法律难题时都不再需要翻阅大量的法律文本，通过网络检索就能找到自己所需的知识，法律知识库和文献资料可谓是触手可得，加上现在一些法律网站建设已逐渐成熟起来，这些都为教师和学生更广泛、更直接、更便捷地接受法律资源提供了帮助。二是有助于教师借助声像资料阐释比较生涩的理论内容，深入浅出，让学生从这些资料中找到自己的理解。这能够让学生从这些我们身边发生的鲜活的案例中将难懂的法律知识变得简单易懂，同时也便于学生主动思考，让学生有亲身体会的感觉，更容易理解其本质，为师生提供一个双向交流及信息多样化的学习环境，突破课堂教学的局限。现在，计算机模拟的方法对法学教育起到了很大的推动作用，复杂难懂的法律案例、扑朔迷离的案情进展都能用模拟的方法呈现给学生。学生可以在模拟和假设的环境中增进体验，依据老师所讲和自己所学推断最终结论，这就能推进对法律知识的自学与反馈，这是传统教学所无法做到的。随着信息技术的新突破，法律案件模拟、场地模拟等较之以往更加逼真，相关的法律信息和资源更加丰富，轻视信息技术的运用必将造成现代法律教育的落后，只有充分把握好这方面的优势才能使法律教学跟紧时代的要求。三是有助于加强教学效果，它通过声、光、电的综合作用，增强学生的感性认识和形象思维，激发学生的学习兴趣，使学生对教学内容感知鲜明，印象深刻，利于学生思维能力和记忆能力的提高，可以进一步巩固学习成果。

法律多媒体教学有效进行的必要环节是多媒体课件的制作和展示，这是给学生传递法律知识的主要窗口，学生需要从课堂课件中掌握重难点，提高学习效率。教师需研读教材，收集多方面的资料，正确地筛选可用教育信息和资源，紧密结合学生当前的学情，制作出高水准、令学生满意的法律课件。教师需熟练地掌握多媒体设备的操作，对现有办公软件掌握熟练，可以制作网络网页，具备教育资源的下载方法和技巧。教师要将传统的板书授课模式变为多媒体教学的现代技术授课模式，学生体会到一种立体化的讲授过程，在课上能够保持敏锐的注意力、极高的课堂参与兴趣，在紧密衔接的声音、画面、文字中保持学习兴奋状态，晦涩难懂的法理知识、极其复杂的案例案情分析、最为欠缺的法律实践教育都可以在形象新颖的多媒体教学中得以实现，这些可以大大提升法律授课效率。教师还可以有目的地将自认为不成熟的讲演课录制下来，之后再去分析不周到之处，或者积累成功的课堂可取之处，记录下出彩之处。这些具体操作实践可以为教师教学带来全面、及时的反馈，为教师不断取得教学进步提供良好条件。教师还要主动提升自身的业务素养，熟悉和掌握最新的网络法律软件，时常登录主要的法律网站，关注业内法律人士的思想观点，留意最新法律动态，并将这种良好的习惯传递给学生，让学生也能有意识地站在学术前沿思考问题。高校法律教师在多媒体信息技术的运用能力上是参差不齐的，与计算机网络教师的专业所长也是有着明显差距的。为此，法律教师需要竭尽所能踏实掌握和灵活运用计算机网络信息技术，使其服务于自己的教育教学过程，注重同事之间的相互学习与借鉴，邀请专业技术教师传授信息教育技术。法律教师要集结在一起，形成强大凝聚力，推进集体备课，个人与集体智慧连接在一起，致力于实现教育资源的共建共享，促进优质法律教育资源在团队中得到传递，推进法律教育信息技术应用的系统化，发挥教师团队合作的优势。学校须尽力推进网络信息化建设，大力完善基础设施建设，保证为教师和学生提供良好的硬件支撑，建立起一整套的信息技术建设规划，引入更先进、更现代的教学仪器和设备。教师应有更长远的眼光，在时间和精力允许的情况下，推进法律教学课程的多媒体建设，为学生建立起网络课程储备库，做更长远的规划，满足学生线上自学、远程自修的需要，并由此形成本校的办学优势和发展名片，为其他法律院校提供一套可资借鉴的经验和优势。当然，法律多媒体教学法是对传统教学法的创新和突破，使《思想道德修养与法律基础》课与多媒体教育技术实现有机组合，扩宽了课程的教学空间，使之得以更加直观地呈现在高校学生面前。这也要求教师进一步地解放思想，拥有改革者的气魄和姿态，汲取营养精华，破旧立新，用多媒体技术包装自己的课，果断地抛弃不合时代要求、不合学生心意的旧有教学手段，以更大的勇气与时俱进，不光成为多媒体信息技术的熟练应用者，也要试图成长为多媒体教学技术的发明制造者，为高校法律教育实践增资添彩。

6. 模拟法庭审判法

为增强学生对司法审判工作的实际感受，教育者可采取模拟法庭审判的教学方法。这种方法既突出教师的指导作用，又充分体现学生的参与性，提高学生的职业素质水平，在诸多法律教学方法中起到的效果是最为明显的，可以拉近学生与法律工作实践的距离。众所周知，传统法律教育以课堂理论传授为基本途径，欠缺对学生实践操作能力的培养，模拟法庭教学法对于克服这样的不足之处可以起到非常重要的作用，可以让学生在贴近法律实务的过程中接受现实考验，将自己锻造成应用型法律人才。其实，教师在组织模拟法庭活动时，自己也能够得到很多的有益启发，使自己的法律教学和学生的法律学习变得更有价值，克服学生传统法律学习的被动性、机械性，改变课堂授课闭门造车的状况。学生在现场模拟的学习环境中，可以充分地发挥创造力和主体性，让学生对所学知识有一个深入思考，并充分施展自我能力，让学生对法律学习充满热情和兴趣，也在内心深处对自己有一个正确的估量。学生的积极参与有时候会带来意想不到的效果，能促进精彩的课堂生成资源的形成。这样一来，学生在进行法庭模拟表演时，就会形成对法律、对规则规范的强烈体验，越是微小的细节就越能冲击学生的内心，使他们更加牢固地树立起对法律法规的正确认知，这将更有助于增强他们的法治意识。

这种方法具体由教师选出典型案例，将学生分成不同小组，分别在诉讼过程中担任不同角色，严格按照诉讼程序来审理案例，最后由教师点评和总结。高校可以尝试建立模拟法庭教学的常态化机制，在内容上力求做到全面，民事诉讼、刑事诉讼、行政诉讼这三种性质的程序过程都要顾及，还要力求过程模拟逼真形象，各角色扮演都能到位，使座下听众能够紧跟审判过程，使学生都可以在这样的模拟训练中增进对所学法律知识的见解。一次生动、逼真的模拟审判需要一个充分的准备过程，包括典型性案例的选取、各种角色的分配与扮演准备、相关法律资料及法律文书的准备等。学生作为旁听观众也需事先做好功课，积累法律案件审判过程的相应知识，这样才会在案件审理的观摩中得心应手，更好地加深观摩印象。现场模拟审判结束后，教师需要做进一步的指示和点评，一分为二地总结优点与不足，组织学生书写和上交现场观摩感受，也可以设置开放性的研讨题，启发学生智慧。教师的法律业务素养在模拟法庭教学中显得尤为重要，既能纵观全局又能处理好细节。这要求教师的法律理论功底深厚，也要求教师司法经验丰富，如果欠缺这些，那么就可能造成教学场面的失控，所以，教师需在专业成长上更进一步。在条件准许的情况下，高校可以邀请外援来校指导，聘请当地法律从业人员来校兼任授课教师，既可以是律师，也可以是法官、检察官，由此可以增进与司法从业人员的互动和交流，这样可以很好地充实法律教学团队，使学生在模拟审判教学中收获更多。

（二）积极开设法律通识课或选修课

发挥课堂教育对非法学专业大学生法律素质培养的主导作用，还要积极开设法律通识课或公选课。高校学生接触和了解法律知识的途径较为狭窄，因此，增设法律方面的通识课或者公选课是十分有必要的。这样让学生可以得到更多学习法律知识的机会，为将来进入职业生涯和社会生活做好法律知识储备，让学生可以在博闻广智中将自身修养更上一个台阶。法律通识或者选修类型的课不同于精细的专业课学习，它们的设置是为高校学生的全方位发展进步提供条件，学生得到的是基础性、广泛性的法律见解，实现内心法治理念由无到有、由淡薄到强烈的转变，使他们更好地做出对法治的理解。这也是在引导高校学生认识法律原理、培养法治精神，并使之成长为法律素养较高的社会所需人才。今天的高校学生拥有着更扎实的学科功底，接触着更加广博的知识量，但是一些行为失范现象、侵害他人人身权利的现象不时地触碰着我们的神经，大学生在遭遇生活险境时，忘记法律的权威，进而铤而走险，做出违规违法的事情，也折射出当前法律教育的不足之处，这说明高校在搞好专业教育的同时，需要进一步地增进法律通识课设置，更加广泛地给予学生法律通识教育，以促进学生更深刻地通晓和信守现代法律。

高校开设法律通识课、选修课，要具有创新性，在课程构建上要敢于突破和创新，敢于做到与其他院校不同，加重法律课程在全部课业中的比重，加重法律实践教育在总体实践教育中的比重，在学生综合评价中也提升法律教育部分的比重。课程的构建当然也要力求科学、合理，尊重学生的学习规律，不能超出学生的接受度，而是要为他们铺开更广的法律知识面，如果通识、选修课程过于专业、精深，那么就会对学生的学习能力和接受能力造成阻碍，达不到预想之中的效果，课程设置也就失去了意义。课程开设的初衷是增进学生的法治意识，所以在学生的课业学习过程中不能一味地强调知识目标，而是要在主观思想上对学生施加有益影响，学生只有在主观认识上得到深刻改变，才能最终支配自己的行为，学生只有在法治观念上跟进了，才能养成遵守和维护宪法的习惯，法律通识课、选修课的授课内容、课程标准、课程任务量等都需要牢记最初的目标设定，在高校学生的法律修养上更进一步。现在，学生普遍面临较重的课业负担，如果再以分数成绩作为衡量学生法律学习的指标，那么很有可能造成学生的逆反情绪，使学生对法律通识课的安排产生不满情绪，也无法使学生的知识结构变得更为合理，更不能为素质教育加分。既然如此，就需要法律教师对法律通识和选修课的授课方式多加考虑，鼓励学生积极参与，让学生的通识课程变为一种法律技能的历练过程。对一些法律概论知识做出一般介绍即可，在法律基础知识上不需要过于下功夫，关键是教给学生如何去认识和处理复杂多样的法律关系，学会揭示一般法律现象背后所蕴含的本质，多选用一些现实发生的、与高校学生密切联系的法律案例做课例，围绕主题案例鼓舞学生去自我探索，向老师和同学发出自己的心声，让学生自己去获得感受与启迪，增进他们的认同性，使之逐步树立起正确的法律观，增进他们对现代法治的认同。由于具有通识性，课程模式要积极转向实践教学，改变学生对通识、选修类课程的旧有态度，让法律通识教育课堂变得不再枯燥无趣，而是成为学生最喜爱、最乐于参与的课，为学生的法律学习增添兴趣和乐趣。高校的法律通识课与一般的课程有所差异，因为教师面对的是不同专业的学生，各专业都有自己的所长之处，有自己的专业课程要求，也有未来的职业选择差异。基于此，法律教师需要充分切近他们的专业所学来给予法学指导，将法律课程与专业基础课程对接起来，促进专业间的对话，直接与不同专业的学生进行对话和交流，提点他们不断进益，满足不同专业领域对法律法学知识的需要。例如，对于师范类专业，法律教师要多为师范学生教育教学法规提供指导，为他们建立起法律框架中的教师角色，在未来就业后既能把握好教师的规范要求，又能使教师的基本权益得到维护。对于商学院的学生来说，法律教师要多引入一些调节经济活动的法律规范，侧重于对学生介绍对经济关系的法律调节，使他们能够正确处理个体经济利益与集体经济利益的关系，从而合法、合规地参与市场经济运行。随着学科专业被更加细致地划分，法律教师的授课要有更具体的侧重，这将使法律通识教育更加能调动学生的学习热情，从而提高教学效果。法律教师授课还要考虑学生在不同学习阶段的特点：低年级的学生需要对法律法规有宽泛的认识，形成一套有关法的基本原则体系，对法律的基本精神理念能够有所把握；高年级的学生已经具有了一定的知识视野和专业进步，可以对他们进行更深层的法律知识讲解，引导他们掌握更完整的法律体系结构，引领他们迈进更广阔的知识天地。通识课和选修课的讲授也要有改革创新的精神，应多采用一些新颖的教学方式，可将专题式教学法、小组学习法等引入课堂中，可延伸出课下的综合法律实践活动，可组织学生进入司法机关和单位进行观摩学习，也可邀请法律从业者来校为学生做出课堂展示，等等。顾名思义，选修课给了学生可选择的空间，充分顾及学生的学习意愿和兴趣，那么法律选修课的设置和构建就要有出彩之处，要在众多的选修课中脱颖而出，让法律选修课成为学生心目之中的优质课，以便吸引学生去做出选择，也可对法律教育选修课有所限定，适当干预选课情况，规定必须选定几门法律专业的课程作为选修，在法律课程选修学分上也要作出明确要求，要弥补当下法律选修课建设中的不足，使法律选修课的价值充分发挥出来。

总之，高校需集聚方方面面的法律教育资源，推进法律通识教育，不断地有所进取和突破，凸显法律课程的价值，经过长期的准备和努力，化解各种教育难题，为学生法律知识视野的开拓创造条件。各高校可以根据自己的师资条件和专业特色开设一两门全校本科生必修的法律通识课，并且围绕课程设置，努力打造出更多的学习平台，让学生与教师的学习互动不再困难，第一时间来为学生答疑释疑。学校鼓励教师开设法律方面的选修课程，供有不同法律需求的学生选修，鼓励学生多选法律素质类课程；允许非法律专业的学生旁听法律专业的课程，以满足某些亟须法律课程的学生的需求。此外，学校可以聘请校外知名的法学专家或者执法部门的领导来校开设法律专题讲座，介绍法律热点问题，普及法律常识，对于听这种讲座的学生可要求他们撰写报告，合格者也记入法律教育学分。这些教学方法可以联合使用，在课堂上开拓学生的思维，激发学生主动学习的积极性，拓宽学生的法律知识面，也可让学生有条件和机会去感受法律环境，充分体会法治的威严，对法的认识更上一个台阶。

（三）开设法学专业辅修学位

对于很多非法学专业的学生来讲，他们可能对法律有着很高的兴趣，会积极主动地学习法律知识，甚至考虑从事法律工作。大学法律基础教育对于这些学生而言太过浅显，学校应该考虑他们的情况，开设相关法学辅修课程，让这些有兴趣的同学能够有机会对法学有更多的了解和接触；或者提供学生双学位的机会，让学生能够拿到法学学位证，让他们能在将来择业的时候根据自己的兴趣来选择职业，不至于因为专业的限制而无法从事法律岗位，同时也可增强法律教育的有效性。

知识蕴含的价值不可估量，在大学生活中储备丰富的知识可为今后创造力的迸发创设条件，法律知识和技能也是不可或缺的一方面。法律的应用已变得异常广泛，贯穿于各行各业的日常运行和发展中，各领域内都体现出对法律人才的需求，法律问题是每种职业、每类人群都可能会直接遇到的问题，即便不是高等教育群体，也需要具备法律应用能力。现今，很多领域内成绩显著的人都是拥有多种专业背景的人，被称为复合型人才，获得两种或者以上的专业知识背景可以使人获得更大的创造力，在职业竞技场中战胜别人战胜不了的困难，取得别人无法取得的成绩，获得竞争优势。专业技术人才如果具备法学学习经历，就能使自己成为法律复合型人才，就能在自己的专业技术岗位上应用相关法律知识，使法律实务本领在自己的职业平台上发挥出来，这正是现代社会所需要的人才资源。如今，社会上的各行各业都对法律人才有所需求。从法律专业内的发展势头来看，法学学科正与其他专业或者学科不断地融通和综合，医学、力学、农学、经济学等学科专业的人才培养都需要法律学科知识的支持，有些事务必须要由精通法律的人做出合理、合法的处理。当前，法学毕业生选择职业的范围正逐步扩大，已经渗透到了各种社会组织和部门、各类企业和事业单位。也就是说，单一的法学学科毕业生已然不适合社会的就业需要。在社会分工如此细致的今天，人们时常会遇到一些更加紧贴专业方向的复杂案件纠纷，复合型法律人才的社会功用和存在价值在这时候就显示出来了。一个对某专业领域涉入未深的法律从业者是不能很好地为这个行业服务的，一个对本行业相关的法律实务没有掌握的工作者也不能独当一面，法律复合型人才眼下正是社会各领域、各部门都需要的。

　　在这样的背景形势下，高校法律教育需为学生创设更加有利的学习条件和机遇，致力于将越来越多的学生向复合型法律人才的方向去培养，可以引导有兴趣、有条件的学生去跨学科、跨专业。学校可以开设法学专业辅修学位，让更多的学生抓住有利的大学时期，获得双学位，并据此制定出相应的规则章程，使法律辅修可以进一步规范化。为取得更好的教学效果，高校法律工作者可以开发出一系列专业复合性质的课。譬如，外国语学院可以开发出外语与法律相复合的课程，鼓励学生积极报考相关考试；医学院可以开发出医学与法律相复合的课程，培养医事法学人才，掌握医学法律法规；商学院可以开发出经济学与法律相复合的课程，研究经济法律行为，促进经济学与法律的交叉。高校法律教育要把握好关键教学环节，会对复合型法律人才的培养起到十分重要的推进作用，但是，复合型课程的开发需要学校做出很大的投入，这并不是在课程数量上能够取胜的，追求的是教学质量，需要教师付出更多的努力去钻研和储备更加精细的、复合型的教育知识，也需要教师以更加新颖、别致的教学方式将这些传递给学生。也就是说，复合型课程的开发，开设法律辅修学位还需要注重师资队伍建设，扩宽法律教师知识面，增进法律专业教师与其他专业教师的业务交流，实现教学资源与信息的共享。无论是法律教师还是其他领域教师都要致力于知识融合和教学创新，为开设和构建法律辅修学位做出积极、有效的探索。辅修学位并不是要学生减少对原有专业的学习投入，一味地投入到新增的法律课业之中。这种做法实际上是丢弃了矛盾的主要方面，容易顾此失彼，最终造成本专业和辅修专业都学不好的局面，也会离人才的培养目标越来越远。辅修之意本来就指的是在主修学业达到合格、满意的程度之后，再对其他专业知识加以汲取和吸收，让自己在这个过程中获得更大的增益，同时也得到单一专业学习无法实现的效果。所以，教师在辅导学生进行法律学位辅修的过程中，不可让学生偏离正常的学习轨道，也不能机械性地给学生过多过量的学习任务，要讲求适量和适度，以优化学生的知识结构为基本旨要，精益求精，形成双学位学生特有的优势。非法律专业的学生在学习法律知识之前对法律知识可能只是停留在感性认识层面。法律辅修课程开设后，学生应当抓住学习契机，让自己的法律知识和技能与专业学生看齐，根据自己的学习感受主动识别自己的不足之处，也要开动脑筋、多加思考，把两种专业领域的教学知识联结起来，并在头脑中有一个自动加工的过程，让主修专业和辅修专业可以相得益彰，使两种学位证书有充足的分量。

高校需继续建立和完善法学辅修学位制度，从学位的设立、评定、管理等各方面推进改革与创新，使各个环节都可以走向标准化，更好地做到为广大学生服务。在学生选择法学辅修学位之初，教师要对他们做好教育引导，详细告知他们学位申请和修习的总体要求。引导学生合理评估自己的学习接受能力，思考未来的职业选择，让学生能够对法学辅修专业作出正确的估量和认识。在自己的主修课程上都无法很好地完成学业的学生，再进行法律辅修，只会让他们的学习任务变得更加繁重，很难达到预期的效果，这类学生不宜再去申报法律辅修学位。只有对法律有浓厚的兴趣，而且在主修专业取得合格以上的成绩的学生才适合选择法学的辅修。高校需要对学生主修课程与辅修课程的授课时间做好安排，要科学合理，减少重复课程，遵循学生的认知和学习规律。比如，只要主修专业的公共课学分已满，那么法学辅修就不再重复设立公共课，比如，优化法学辅修专业课程设置，在总体设计上突出主干课程所占的比例，保留核心课程，大胆地缩减处在次要地位课程的授课时间和次数。比如，进一步突出实践课程、探究型课程的构建，让学生在把握基础课业内容的基础上，感受到法学课程的生命力，提高综合素质，使他们的学习生活也变得更加丰富多彩起来。对于参加法律辅修专业学习的学生，高校各方面应在他们的日常教学管理上投入更多。他们基本分散于各院系，在集中授课时才坐在同一教室内，且授课时间通常为周末或者晚自修，这正是易出现问题和纰漏的时间。教师需严格做好日常监管，与各院系、各班级负责人沟通顺畅。如果存在违规违纪或者缺课的情况，教师需第一时间与隶属院系取得联系，防止发生一些异常情况。未能遵守日常教学安排、置教学秩序于不顾的学生不可能取得学位认可，未能在规定的教学周期内获得有效学分的学生也不能取得辅修毕业资格。未能在学业评价中顺利通过的学生不能获取双学位的认定。学位是一个人知识和技能的代表，是一个人终身享有的名片，高校应严格法学辅修学位的教学监管。总的来说，高校需保证法学辅修的教育质量，不可以为了扩大办学影响力而虚张声势，不可使授课教学流于形式，要尽一切办法为学生创造条件，使他们成为优秀的复合型毕业生。

二、课堂外大学生法律教育的途径方法

学校在对大学生进行法律教育时，除了必要的公共课程，也应该进行相关的其他课程的建设，让学生能够在更多的地方培养法律意识、接触法律知识。另外，也可以鼓励学生开展相关的特色活动，让学生体会浓厚的法律氛围，让法律教育更加有效地在学生中开展。课堂外的法律教育是指在课堂教育和教学之外，根据法律教育的任务和内容，在法律教育工作者指导下，对受教育者实施的有目的、有计划、有组织的各种有意义的教育活动的总和。

（一）教育管理活动中的法律教育

依法进行学生管理，就是依法管理学生的各项事务，按照《教师法》以及其他相关的规定来管理学生，认真落实国家的教育计划和教学标准，采用合理的课程方式，提升教师本身的法律意识，在学生法律教育的各个管理环节中提升其教学效率。

有条件的学校还可以组织一些与法律相关的活动，让学生切实体会到法律就在身边。在这方面，2016年12月教育部修订通过的《普通高等学校学生管理规定》为高校教育管理实践活动提供了指导。其规定应当尊重和保护学生的合法权利，教育和引导学生承担应尽的义务与责任，并且要鼓励和支持学生实行自我管理、自我服务、自我教育、自我监督。同时，也让学生对其与学校的法律关系有了正确的了解，即学生应该享受接受法律教育的权利，学校应该履行教育的义务，并从身边的实际例子中让学生了解学校教育管理工作中的相关法律知识，受到法律教育。

自学生填报高校招生信息、获得入学资格开始，学生和高校就已经挂钩了，也产生了不可推脱的法律关系。这种法律关系是比较复杂的，直到学生毕业离校、进入社会生活之中才可被终结。高校一方对学生的日常教育管理活动是这种法律关系的一方面体现。我们所讲的"依法治教"四个字可以说就是对这种法律关系的诠释。高校教育管理活动本身就属于法律框架内的活动，高校有权依法行使自身的行政权力、管理权力，这些权力是国家宪法和法律赋予的。自高校以独立的社会组织资格成立，高校就承担起了它应当承担的法律责任。高校教育管理活动渗透于学生校园学习生活中的方方面面，学生在整个高等教育阶段都需要在学校和教师的监督、管理下完成学业。如果学校方面的日常教育管理能够体现法治的理念、采用法治的办法，表现出权利与义务对等及统一的原则，那么学生也能够对此耳濡目染，自觉自主地思考自身为人处世的态度和行为，以校规校纪、法则法规调控自身行为，维护高校日常的教育教学秩序，正视学校所提出的要求，服从相应的法定义务。从这个角度来讲，教学管理本身就十分具有法律教育意义。高校教育工作者需在这方面下够功夫，抓住这个有利契机，变教育管理过程为法治教育过程。如此一来，有效的教学管理必要建立起来，同时，校园安全也可得到保障，高校学生的法治理念也会树立起来。所以，高校应为学生建立起法治化的教育管理平台，向所有教师、所有学生明确地公示高等教育法律法规，落实与高等教育管理切实相关的法律法规，使每项教育举措和教育安排都能在相应法律规定中找到依据。高校也可充分发挥办学自主权，严格依据教育部所颁布的相关准则与规定，研究并制定出有利于学生全面发展的学校规章制度，总结出适用于本校学生的违规处理办法，用学生都认可的约定俗成的措施来实现自我管理和约束。但是，高校应当清楚明确地界定学生的权利与义务，私人的意志不能压过法治力量，校内惩戒性的举措、处罚性的条款不能触及国家法律底线，面对学生应当一视同仁，并且要摆正心态，以对学生的挽回教育为主要目标。现在，高校教育管理中存在着一些违背公平正义的地方，甚至是与现行教育法律法规相悖离的地方。比如，对一些失范学生惩处参考的标准不一致，在处理上显示出的弹性较大，这就极易引发学生的不满情绪，在学生中形成较坏的影响。有些高校在处理学生违纪事件上比较极端，做出的处理结果甚至会违背国家的法律法规。本来是一种教育管理，却因为惩处的随意性，造成了一些适得其反的后果。比如，有些高校本着杀一儆百的姿态，取消在校学生的学籍，对学生作出开除处理，违背学生意愿强制性地勒令退学，这种违规做法给社会带来的消极危害是非常大的，与高校教育的初衷相脱节。处在弱势一方的学生与学校正面沟通失效，往往内心积怨，容易引发一些违法犯罪活动。因此，高校教育管理必须要严守法律红线，每种管理举措都要严守法律依据，严禁出现侵害学生权益的教育管理事故，认真学习和牢记教育部所出台的文件和法规，改进教学管理办法，不可凭教学管理者的个人好恶，侵犯高校学生的受教育权。高校教育工作者要进一步地向学生传递依法维权的理念和知识，构建起开放性的监管平台，鼓舞学生充分开展自我约束和管理，在对学生进行高标准管理的同时，也要严格约束教师的言行，让教师成为学生遵规守纪的表率，把身为师者的责任心牢牢树立在心中，让学校教育管理环节成为带给学生法治启迪的教育组成部分，使其在耳濡目染的氛围中，用法治的眼光去判断是非，以法律规范自身行为，用法律的手段维护自身权益。

大学生基本都已成年，有一定的辨认形势、独立思考的能力，身处高校教育管理中也会有自己独有的见解和倾向。教育管理者如果只是告诉学生什么应该做、什么不应该做，只是向学生告知某些强制性的行为规范，那么，学生可以被动性地遵从，但是却不能保证在遇到情况时都能做出准确的判断和选择。事实上，启发式的教育引导比强制性的严管严控更具有教育效果，如果教育管理者改变日常体现出来的狠角色，不再是强制性地训诫管服，弱化规范性，不再习惯性地发号施令，而是采用富有启迪意义的沟通交流方式，指导而不是指示学生的思想与行为，将学生的自觉性调动起来，使学生不再受教育管理者的干预和控制，仍然能够对规则有清醒的认识，做出正确的选择，承担起应有的责任。

（二）法律宣传教育活动中法律兴趣的培养

当前的教育实践活动愈加凸显出对受教育者学习兴趣的重视。高校应当更加主动地开展一系列的法律宣传教育活动，引导学生以一名负责任公民的身份去参与各类活动，在对法律知识的接触中感受到它在人们社会生活中的影响力，在对社会法治的不断了解和认识中感受到它是社会文明进步必不可少的助

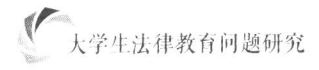

推力，从而持续增进大学生对法律法规的学习兴趣。

要积极借助实践专家的教育作用，通过邀请有实践经验的专家、学者，甚至法官、检察官以及律师来校给学生开讲座、搞座谈、提供法律咨询等，以丰富学生的法律知识。学生若是对法律知识一无所知，也就谈不上对法律的认识，也意味着对其没有什么情感，从而也不会产生浓厚的兴趣。法律实践专家带给学生的是前所未有的法律应用知识，为学生打开了一扇未知的大门，为学生培养起法律学科的兴趣做了基础铺垫。法律实务人员为学生所讲述的法律内容比学生在教材上读到的法律内容更加直观、充满趣味，实践经历总是比生硬的理论知识更能吸引学生的注意力。学生对法律实践人员本身就充满着好奇心，校园内类似活动的开展为学生打开了另一片天地。如果是校内法律教师与学生进行法律知识交流，学生的参与度可能并不会很高，多数学生可能只会将其当成是一种学习负担，在形式上加以配合，但在实质上，身心投入并不够，也不能有较大收获，兴趣也就不易培养起来。

在对法律知识进行宣传的时候，各高校要充分利用大众传媒这一手段，校园广播、电视、电影、网络、多媒体等都可以成为传播法律知识的路径，还可以通过海报、横幅、宣传栏、宣传标语等形式来告知学生相关的法律知识，开展法制宣传日、法制宣传周、法制宣传月活动，使法律教育寓庄于谐，寓教于乐。如利用广播开办法律专题栏目；转播"今日说法"之类的法制节目；播放法律教育电视录像、电影和专题广播等。现今，每个人都被各种形式的媒体所包围，高校学生在校园生活中同样也会接触到各类媒体，这些都可以作为法律知识的传播途径，应当拿来充分地为法律教育实践服务，让学生用事实评辩法律问题、运用所学发出自己的声音、凭实践经验尝试解决法律纠纷。课堂之外的法律教育实践要丰富多彩、活泼新颖，给学生带来一种隐形的吸引力，能够给学生留下鲜明而深刻的印象，使之成为学生的一种知识享受过程，让学生能够以主动、愉悦的心态自觉地投身于多样的实践活动之中。学生对诸种法律主题活动的关注度越来越高，也就意味着学生在其中的投入越来越多、收获越来越多。随着时间的推移，法律学科会逐渐在学生内心中占据重要地位，学生对法律学科的爱好、兴趣也会慢慢地建立起来。校园法律宣传活动需要长期、有效的坚持，要形成稳定的常态机制，注意增进广泛影响力，这样才会对全体同学形成更加持续性的教育影响。如果只是一时兴起、不能持久，那么就无助于法律知识方面的教化培育，学生便不能从中形成对法律的理性思维，使学生对法律知识浅尝辄止。

为满足那些对法律知识有浓厚兴趣的同学的需求，通过举办法律知识竞赛、法律情景剧比赛、辩论赛，组建法律社团，举办模拟法庭，开设法律讲座，设立"法律咨询服务"网站等增进学生的法律感情和学法热情。不同学生对法律学科的认知和理解程度是不同的。对于法律素质较高的学生来说，开办更具有法学专业深度的活动更能够扩展和延伸他们的知识认知，可以促进他们在实践应用中不断检验已获得的知识内容，从而进一步提升他们的能力与素质。

高校还应有序地组织大学生走出校园，在校园外开展一系列的法制科普活动，为社会上一些不懂法的群众宣传法律知识、讲解法律困惑。大学生是站在思想前沿的群体，学习和接触着高层次的文化知识，在完成自身知识储备的同时，有义务、有责任为其他人传递法律信息和知识。其实，知识和思想输出的过程也是自我检测和巩固的过程，这不仅能够加深学生自身对法律知识的掌握，在为别人讲解时改善自身知识体系，也能够提升社会整体的法律意识水平，让之前不懂法的人能够利用法律的途径解决身边的一些纠纷，有时候还能对相关法律知识有所升华，让自己的法律见解更加趋于成熟。这样一来，大学法律教育不仅可以培养学生的公民意识和法律意识，也能够让他们有机会把所学的东西用于提升整个社会的法律意识，帮助国家走向法治社会。

（三）社会执法部门法律实践参与中的法律教育

对大学生进行法律教育是全社会的共同任务，"各级社会治安、综合治理委员会和其他有关部门都要为学生广泛参与社会主义法制建设的实践活动创造条件"。[1]在我国，社会执法部门的范围比较广，包括我国法律、行政法规及规章授权的各类主体。高校法律教学需要变这些部门为教学资源，充分利用地方执法部门，打造实践教育平台，为高校学生近距离感受执法权的行使过程创造机会和条件。这些部门承担着执法的重任，是依法办事、严格执法的"活教材"，学生能从中学到理论课堂上学不来的知识，每个执法部门都是依据国家宪法和法律建立起来的，是为了更好地保障人民利益，整个执法过程都需要在国家宪法和法律许可的范围之内，行为的依据应合法、合情、合理，各执法主体和人员都要在自己的法律职责范围内开展活动。他们必须对自身做出的执法行为担负起相应的执法责任，将自身的职务要求落到实处。因此，在条件许可的情况下，高校可以与地方司法行政部门联手对大学生进行法律教育，参与学习司法行政部门的执法活动。学校要与法院建立起必要的联系，有重点、有目的地选择案件，组织学生到法庭旁听，让学生了

---

[1] 国家教育委员会等：《关于印发〈关于加强学校法制教育的意见〉的通知》，转引自曹义孙、胡晓进、梁文永主编：《三十年中国法学教育大事记（1978-2008）》，中国政法大学出版社2009年版，第187页。

解、熟悉我国法庭审理的程序，了解我国的审判制度，加深学生对法律理论的理解。高校要加强与当地的司法行政机关及其管辖下的一些监狱或者少管所等部门的沟通，定期、分批地组织大学生到这些地方开展实践活动，体验罪犯的生活学习环境，感受国家对罪犯的改造政策，了解罪犯的犯罪历程和服刑的感受以及改造的情况，通过这些反面教材对学生进行法律教育。组织学生到司法行政部门进行短期实习，使学生认识司法行政部门的执法过程，了解他们的法律素质，体会他们的执法水平，认识他们的职业特色，体验他们的工作，促使自己树立自觉守法的意识。除了对执法部门常规执法工作的认识，学生还会接触到一些异常情况。比如，对逃避、拒绝或者妨碍执法进程的单位和个人的处理，多部门联合执法的操作过程等。法学学科毕业生有很大的比例要去社会执法部门任职，因此，这类法律实践活动可以为学生创设更好的学习条件，让学生自己去观察、思考、模仿，从而学到更多的实务操作技能，为将来的就业做足准备。

（四）增强网络法律教育

随着网络社会的到来，网络已经被广泛普及于大学生的生活、学习。互联网的使用主体逐渐变成了当代的大学生，与此同时，大学生利用互联网犯罪的比重也在增加。这些年来，社会对大学生利用互联网进行犯罪活动现象的日渐增多给予了越来越多的关注。与此同时，这一问题也越来越严重。例如，前些年出现的"熊猫烧香"，网络上的诈骗行为以及互联网遭到黑客的入侵，这些都说明大学生的网络法治教育日趋急迫，同时，寻求更加有效的网络法治教育模式已刻不容缓。所以，在现在的大学生法律教育中，应该加强网络法治教育，使学生通过对法律的学习培养起自己的法律意识和法治观念，从而使整体的

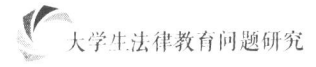

法律素质得到提升。

　　首先，要有针对性地对大学生进行使用互联网的法治教育。大学生应该知道，网络也要受到法律的约束，每个人都要为自己的行为负责。网络已经成为人们离不开的虚拟平台，全面覆盖了大学生生活学习的各个角落。网络虽具有虚拟性，却也是真实的，因为网络只是人与人之间彼此互动的中介，每个计算机的界面操作归根到底都是由人来完成的，网络自己并不会有独立的意志和自觉的举动。如同人的行走会留下脚印一样，任何个体在网络上的踪迹都会被记录下来。恶意的言辞和行为不会在网络世界里自动擦除，有时候，网络信息传递的快速性、网上资源的共享性还会将个人的不良记录迅速传递开来，这样无疑是在放大恶性影响。现代公民与网络系统是密不可分的，如果个人在网上的举动妨害了他人或者公众利益，对社会信息化建设造成了阻碍，危害了网络空间安全，那么便是违反了网络安全法的行为，同样会受到相应法律的制裁。很多在校大学生对这一点的认识并不到位，天真地认为网络会藏匿起自己的失范行为，把网络世界当成了自我放纵、不顾后果的宝地，进而发生了不少的网络违法犯罪行为。网络违法犯罪实施的成本较低，并且极具隐匿性，大学生在互联网世界中碰到不良诱惑的可能性高，同时判断力与可控力又不足。大学生在信息技术的掌握和应用上占有独特优势，综合诸种主客观因素，大学生群体是网络安全案件的高发人群。对于从事网络违法犯罪的大学生来说，互联网的不恰当使用使得他们心理状况扭曲、失掉了宝贵的学习时间、荒废了大学学业。对于社会影响来看，他们的不正当行为引发了公众恐慌，侵害了他人及公众利益，容易引发别有用心者的模仿。实际上，这也体现出了高校法治教育的一些疏忽之处，为此，高校需从学生思想意识上加以预防，让学生明确了解，虚拟的网络空间也是崇尚法治的空间，所有公民的网络应用过程必须讲规则，网络领域是法治社会建设中必不可少的关注点，网络世界同样需要在法治化的轨道上平稳运行。网络违法犯罪行为多发生在精通网络信息技术的学生身上，他们拥有比别人更强的互联网应用能力，本来是自身知识和技能上的优势，但是由于失掉了正确的发展方向，使得优势变成了通向不正之道的引线。高校有责任给予学生正确的互联网使用指导，集中学习网络安全法，指示他们安全、文明上网，在网络上不能做出不道德的和侵权、违法的事情，并且在发现周边存在危害网络安全的行为后需及时加以制止并向老师、学校通报。

其次，加强互联网的监督管理。学校要充分发挥网络管理机构的职能，在人员的配备上，要选择和培养一些具有高素质和具备较高网络技术的工作人员，在对网络信息的处理方面，要建立一套完善的、有效的规章制度和方式，对不良信息进行有效的过滤，使得负面信息无法波及大学生，从而建立起一个良好的网络环境。网络监管工作对网络法治教育来说意义重大。在严格、有效的管控之下，学生一些不端的上网行为就会大大减少，形成一种健康、良好的互联网风气，学生就会自发地在网络交往中尊重他人的合法权益，使网络环境文明、有序。高校应当发挥自己的信息技术资源优势，建立起安全、稳定的高校局域网系统，保证学生能够在纯净、安全的校园网络中积累知识、发展特长。高校需继续下大力气去建设校园网，及时更新各类学习资源，上传更多的前沿成果、教务信息等，学生可以在校园网内获取到其他外网获取不到的资源与信息，使学生可以在校园网内不断受益。高校还需要继续在网络监管技术上有所突破，建立起一道互联网防护屏障，为每一位学生都登记好上网身份，推进校园网络防火墙的建立，能够阻止并反击网络恶意攻击行为，维护公共网络平台的安全、稳定，做好事前预防，让学生失去互联网作案的可能性。高校还应依据国家网络安全法建立起一套专门的网络安全规章制度，使校园网络监管可以有法可依、有章可循，如若查实学生的网络违法犯罪行为，需照章办事，将他们引导到正途上来。

最后，根据需要，组建网络阵地，建设高校法律教育网。高校要充分运用信息化的手段，营造法律教育的新平台，引导学生遵守文明上网公约，利用网络为大学生社会主义法治教育提供服务。高校法律教育网须于第一时间向学生传递相关立法信息，开发特色网页，建立法律网站导航，与各种法律网站链接起来，分建起各种法律主题专栏，全面、详细地向学生展示各类法律内容，建设校内法律教育网络社区，借助网络讨论和对话使学生对社会法治有更深刻的理解。校园网络环境的建设还要遵循网络传播规律、正确引导网上舆论，做大、做强正面宣传，用正确舆论引导学生形成昂扬向上、团结奋进的网络主流舆论。

结束语

　　公民在社会政治或者生活中要充分认识到自己在国家中所处的地位，即公民意识。公民意识的核心内容是：我国的公民要自觉地遵守宪法中的相关法律规定，并且在自己的社会行为中要严格按照相关的法律法规。在我国的社会政治和社会生活中，居于主人公地位的是公民，只有当公民意识到这一点时，才能担负起国家的使命感，对国家安危自觉具有责任感，以及充分认识到公民的合法权利和义务。最主要的是，公民能将这些全部融合在一起，并体现在自己的身上。在公民意识中，中心环节是公民的义务和权利之间的关系，而公民如何看待人与人之间的行为规范、人与社会间的价值取向、人与国家之间道德观点等都是围绕着公民的权利和义务展开的。在公民意识中，公民要充分认识到自己在社会中的一些基本道德关系。在社会生活中，公民对社会活动的参与、对社会活动的监督以及公民自身的责任感、荣誉感和对相关的法律和法规的观点意识，这都是公民意识所强调的。

　　大学生群体代表着一个国家的未来和希望，是即将担负国家各个领域建设和管理重任的人。因此，大学生群体的公民意识对于一个国家的发展走向都有直接的影响作用，是一个非常重要的问题。增强大学生公民意识是一个具有时代意义的话题。如果一个国家中的大学生不能养成公民意识，那么也就说明了这个社会中受教育水平最高的群体缺乏公民意识。如果一个社会中的大学生都不能拥有公民意识，不能运用法制手段有效地维护自己的权益，那么，就很难指望其他的社会群体能做到具有法制意识。大学生是社会的主力军，未来会有人进入领导行列，成为国家的管理者，如果缺乏公民意识，那么就不可能是一个好的领导者。现实生活中的贪污腐败等诸多案例在深层次上可以反映出这些官员在人格方面的问题，进而也是公民意识的问题。贪官为什么贪？就是因为他觉得自己天然地拥有特权，并且可以绕开法律、貌视法律。当贪腐成为一种自然的行为习惯的时候，其对社会所造成的危害便是巨大的，甚至是不可挽回的。凡此种种，在大学生阶段养成公民意识，不仅仅对于大学生个人，而且对于整个国家，都具有举足轻重的作用。

大学生法律教育与公民意识养成在理论、目标、内容和途径上都具有一致性。大学生法律教育为公民意识养成提供了基础和条件。同时，公民意识养成是大学生法律教育发展的内在要求。公民意识养成是大学生法律教育的目标，大学生法律教育是公民意识养成的重要途径。大学生法律教育问题对于法治建设很重要，在建设法治国家的进程中，公民意识养成视阈下的大学生法律教育是一个不容忽视的重要问题。目前来看，我国对这个问题的关注程度和研究力度都有待提高。

本书首先从高校大学生法律教育和公民意识养成的内涵入手，分析了高校大学生法律教育与公民意识养成的关系及其价值。大学生养成公民意识的关键就是法律教育，所以说，法律教育在培养大学生的过程中占有重要的地位。法治社会的最主要特点就是法律拥有至高无上的权力，这也是建设法治社会的关键。法律在一切社会活动中都占有至高地位，其他的任何行为规范都不能和法律发生矛盾和冲突，国家部门和行政机关不能凌驾于法律之上，法律对任何组织机构都是具有权威的，对所有事情的处理都是有效力的。法制建设除了制定完备的法制，还需要有公民对法的权威的认识和对法律至上的信仰。要想使法律得到社会成员的普遍认可和遵守，就必须要求每个社会成员都要遵守法律。反之，良好的公民意识还有助于促进法制建设的必要条件——市场经济和民主政治的形成。公民意识的养成对于社会主义市场经济的健康发展，对于社会主义民主政治体系的完善都是不可或缺的重要内容。公民意识的养成对于发展有中国特色的社会主义道路，对于中国梦的实现，对于贯彻落实科学发展观等都具有重要的价值。

公民意识养成是大学生法律教育的目的，所以，法律教育在大学生教育中占有重要位置。现在，大学生公民意识的养成既有有利的环境也有不利的因素；法律教育取得了一些成绩，同时也存在一些问题和弊端。我国的大学生法律教育与公民意识养成经历了一个并不平坦的发展历程。党的十一届三中全会以后，中国的法制建设迎来重大转机，重新确认了法律在国家和社会生活中的重要地位，高校大学生法律教育也进入了新的发展阶段。自新中国成立以来，大学生法律教育大体上可被分为几个阶段：一是大学生法律常识教育阶段；二是大学生法律意识教育阶段；三是大学生法律素质教育阶段。伴随着大学生法律教育的这几个阶段，公民意识养成也经历了从缺失、觉醒、培养到重视的过程。目前，大学生的公民意识养成有了更好的社会历史条件。随着市场经济的日益成熟、民主化的进程、社会组织的变革以及社会文化的变迁，我国社会中个人与社会的关系发生了很大的变化。现代理性的社会文化成了大学生公民意识养成的良好条件，同时，大学生公民意识形成有了更好的科技条件。在现代社会中，人与人的关系在科技革命的背景下得以改变，特别是互联网的出现，解构了传统的人际关系，也改变了个人与社会的关系。全球化的发展为大学生公民意识的养成提供了宏观条件。通过互联网和全球化的沟通交流，大学生全球化的公民意识能够得到较好的培育。大学生的国家意识和法制意识的养成有了更好的基础。中国传统社会较多地重视"人治"，而忽略"法治"，因此，在社会交往中仍保留着一些旧有规则。在这方面，老一代人更容易受到传统的影响，而新生代则可以更好地摆脱传统因素的桎梏，能够更好地用民主和法治思维来处理日常工作和生活中遇到的问题和挑战。同时，大学生公民意识养成过程中也存在一些制约因素。由于学校在养成大学生公民意识的过程中与我国的传统思想观念、传统文化所固存的惯性之间充斥着矛盾和张力，致使高校公民意识教育依然面临着诸多的困境和制约因素。这些制约因素是造成我国大学生公民意识状况薄弱的一个重要原因。

在学校教育方面，大学生公民意识的养成在很大程度上取决于法律教育。如今，高校大学生的法律教育工作就其发展而言是符合社会发展的潮流的，高校能够充分认识到大学生法律教育与公民意识养成的重要性，大学生对法律知识的学习和法制建设开始表现出兴趣和热情。受种种因素的影响，高校大学生法律教育中的公民意识养成还很薄弱，当前，大学生法律教育从对公民意识养成的认识到教学内容和教学方法都存在诸多问题，使公民意识养成在法律教学中没有得到很好的落实。

在大学生公民意识养成以及法律教育方面，世界各国都有自己的经验。西方民主制度的生长和成熟催生了公民意识教育丰富的理论资源和实践经验。通过借鉴国外高校大学社法律教育与公民意识养成的经验，吸收对方的教育成果，可以为我国高校大学生法律教育提供经验借鉴。我国对大学生的公民意识教育主要是在德育的范畴内进行的，以知识和价值观的传授为主，对学生的实践和参与关注不够。公民意识的养成并非是仅仅在于法律形式上拥有公民权利，而是要求公民要积极主动，配合开展社会化管理。

公民意识养成视阈下大学生法律教育主体的建设，首先需要高素质的师资队伍建设，其次是要有科学的培训体系，最后是要引进优秀的法律教育工作者。做到能够熟知中国传统历史文化，同时了解其他国家的公民意识培养机制，有针对性地开展大学生公民意识教育工作，为大学生公民意识的养成提供人才保障和制度保障。大学生法律教育的内容是根据法律教育的目标确定的，它决定着法律教育的实施效果，是实现法律教育目标和任务的重要保证。法律教育内容是广泛而具体的，是随着时代和社会要求及具体对象的变化而变化的。在新的历史时期，为了提高大学生法律教育的效果，在发挥传统途径和方法优势的同时，开拓一些新的大学生法律教育的途径是现代教学解决的重点问题。在大学法律教育中，所有教育内容的更新最后都要依靠法律教育的途径和方法来加以实现。科学有效的途径和方法将会大大促进学生公民意识的增强，最终实现高校法律教育的育人目标。就大学这一相对于社会具有一定特性的环境而言，大学生法律教育途径的优化可以被分为课堂内和课堂外两个方面。

笔者理论功底的欠缺使得本书存在一定的不足之处：第一，对大学生法律教育的梳理还不够全面；公民意识养成视阈下的大学生法律教育的理论基础还需要进一步夯实；对国外大学生法律教育的理论和实践还需要做进一步梳理和探索，重点研究其对于我国大学生法律教育的启示；对公民意识养成视阈下的大学生法律教育的体系构建应进一步深入；只关注了教育主体建设、内容、和途径方法的探讨，对法律教育的管理、法律教育体制的评估等问题尚未涉及，需要进一步拓展研究。第二，基于选题角度及资料来源的有限性，本书所借鉴的外文资料较少，导致本书的研究视野还不够开阔，对某些问题的论述不够深入、全面。第三，本书从公民意识养成的角度对大学生法律教育问题做研究，尽管笔者力求创新，但某些部分难免会落入窠臼，可能会影响本书整体研究的深入性。

　　作为一名一直从事大学生法律教育的一线教师，面对公民意识养成目标下的大学生法律教育这一具有现实意义的课题，本书的研究无疑仅仅是一个开始，今后还需继续加强对该问题的探索。一是继续深化对高校大学生法律教育及公民意识基本理论的研究。只有切实做好对大学生法律教育及公民意识的内涵、理论基础、原则及价值的深入研究才能更好地为大学生法律教育的实践提供理论指导。二是立足现实，不断研究新问题。随着法治社会的发展完善，大学生法律教育会受到前所未有的关注和重视。然而，由于各种条件的限制，大学生法律教育还会遇到许多问题，而理论研究的使命正在于发现问题并提出解决的对策，所以，不断研究大学生法律教育的新情况，用发展的、创新的理论解决法律教育中的问题是今后法律教育创新研究的一个重要方向。可以说，大学生法律教育与公民意识养成是一项长期而复杂的系统工程，但这是大学生法律教育发展的方向。笔者相信，通过全体高校法律教育工作人员的共同努力，大学生法律教育必将呈现出新的面貌。

参考文献

一、中文著作

1. 《马克思恩格斯文集》（第 1 卷），人民出版社 2009 年版。

2. 《马克思恩格斯全集》（第 1 卷），人民出版社 1965 年版。

3. 《马克思恩格斯全集》（第 44 卷），人民出版社 2001 年版

4. 《马克思恩格斯选集》（第 2 卷），人民出版社 1995 年版。

5. 《列宁全集》（第 12 卷），人民出版社 1987 年版。

6. 《邓小平文选》（第 2 卷），人民出版社 1994 年版。

7. 《邓小平文选》（第 3 卷），人民出版社 1993 年版。

8. 《彭真文选》，人民出版社 1991 年版。

9. 《江泽民文选》（第 3 卷），人民出版社 2006 年版。

10. 《建国以来重要文献选编》（第 9 册），中央文献出版社 1994 年版。

11. 《三中全会以来重要文献选编》（上），人民出版社 1982 年版。

12. 中共中央文献研究室编：《十二大以来重要文献选编》（下），人民出版社 1988 年版。

13. 中共中央文献研究室编：《十六大以来重要文献选编》（上），中央文献出版社 2005 年版。

14. 中共中央文献研究室编：《十六大以来重要文献选编》（下），中央文献出版社 2008 年版。

15. 中共中央文献研究室编：《十七大以来重要文献选编》（上），中央文献出版社 2009 年版。

16. 胡锦涛：《坚定不移沿着中国特色社会主义道路前进　为全面建成小康社会而奋斗——在中国共产党第十八次全国代表大会上的报告》，人

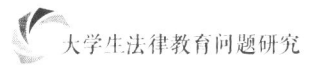

民出版社 2012 年版。

17. 梁漱溟:《东西文化及其哲学》,商务印书馆 1999 年版。

18. 孙晓楼:《法律教育》,中国人民大学出版社 2004 年版。

19. 张文显主编:《世纪之交的中国法学——法学研究与教育咨询报告（1990-2005）》,高等教育出版社 2005 年版。

20. 张文显:《法哲学范畴研究》（修订版）,中国政法大学出版社 2001 年版。

21. 霍宪丹:《中国法学教育反思》,中国人民大学出版社 2007 年版。

22. 霍宪丹主编:《当代法律人才培养模式研究》（上卷）,中国政法大学出版社 2005 年版。

23. 霍宪丹编:《中国法学教育的发展与转型（1978-1998）》,法律出版社 2004 年版。

24. 贺卫方编:《中国法律教育之路》,中国政法大学出版社 1997 年版。

25. 郭道晖:《法理学精义》,湖南人民出版社 2005 年版。

26. 徐显明主编:《中国法学教育状况》,中国政法大学 2006 年版。

27. 李龙主编:《公民意识概论》,武汉大学出版社 1991 年版。

28. 蒋笃运等主编:《公民意识研究》,郑州大学出版社 2009 年版。

29. 秦树理、王东娥、陈垠亭主编:《公民意识读本》,郑州大学出版社 2008 年版。

30. 刘献君、胡树祥主编,湖北省教育委员会组编:《思想道德修养》,武汉大学出版社 1998 年版。

31. 王玄武、骆郁廷主编:《思想教育、政治教育、道德教育比较研究》,武汉大学出版社 2002 年版。

32. 孙国华、朱景文主编:《法理学》（第 2 版）,中国人民大学出版社 2004 年版。

33. 朱晓宏:《公民教育》,教育科学出版社 2003 年版

34. 金一鸣主编:《中国社会主义教育的轨迹》,华东师范大学出版社 2000 年版。

35. 《思想道德修养与法律基础》（2013 年修订版）,高等教育出版社 2013 年版。

36. 张耀灿等:《现代思想政治教育学》,人民出版社 2006 年版。

37. 张静：《哈佛笔记》，高等教育出版社 2005 年版。

38. 龚刃韧：《现代日本司法透视》，世界知识出版社 1993 年版。

39. 马长山：《国家、市民社会与法治》，商务印书馆 2002 年版。

40. 刘少杰主编：《当代国外社会学理论》，中国人民大学出版社 2009 年版。

41. 叶澜等：《基础教育改革与中国教育学理论重建研究》，经济科学出版社 2009 年版。

42. 夏勇主编：《走向权利的时代：中国公民权利发展研究》，中国政法大学出版社 2007 年版。

43. 辛世俊：《公民权利意识研究》，郑州大学出版社 2006 年版。

44. 奚晓明主编：《〈中华人民共和国侵权责任法〉条文理解与适用》，人民法院出版社 2010 年版。

45. 《中华人民共和国宪法》1982 年 12 月 4 日第五届全国人民代表大会第五次会议通过。

46. 郑金洲编著：《案例教学指南》，华东师范大学出版社 2000 年版。

47. 周向军主编：《高校思想政治理论课教学改革与创新》，山东大学出版社 2011 年版。

48. 郝文清主编：《现代思想政治教育学》，合肥工业大学出版社 2008 年版。

49. 洪浩：《法治理想与精英教育——中外法学教育制度比较研究》，北京大学出版社 2005 年版。

50. 汤唯主编：《法学教育模式改革与方法创新》，中国人民公安大学出版社 2009 年版。

51. 劳凯声主编：《中国教育改革 30 年（政策与法律卷）》，北京师范大学出版社 2009 年版。

52. 徐卫东、里赞主编：《问题与进路：中国法学教育研究》，四川大学出版社 2007 年版。

53. 曹义孙、胡晓进、梁文永主编：《三十年中国法学教育大事记（1978-2008）》，中国政法大学出版社 2009 年版。

54. 司法部高等法律职业教育部级科研课题组：《高等法律职业教育研究》，

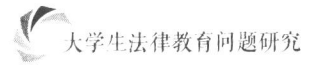

中国政法大学出版社 2005 年版。

55. 周光礼：《教育与法律——中国教育关系的变革》，社会科学文献出版社 2005 年版。

56. 李辽宁：《当代中国思想政治教育意识形态功能研究》，武汉大学出版社 2006 年版。

57. 王瀚主编：《法学教育研究》（第 2 卷），法律出版社 2010 年版。

58. 郭捷等：《中国法学教育改革与法律人才培养——来自西部的研究与实践》，中国法制出版社 2007 年版。

59. 侯强：《中国近代法律教育转型与社会变迁研究》，中国社会科学出版社 2008 年版。

60. 房文翠：《法学教育价值研究——兼论我国法学教育改革的走向》，北京大学出版社 2005 年版。

61. 张丽：《教育法律问题研究》，法律出版社 2007 年版。

62. 佘仰涛：《思想政治工作学研究方法论》，武汉大学出版社 2006 年版。

63. 梁津明主编：《法律教育改革与探索——应用型法律人才培养的新视角》，法律出版社 2010 年版。

64. 孔繁华主编：《法学教育的创新与实践》，人民出版社 2010 年版。

65. 郭锋主编：《全球化背景下的法律实践教学——"法律诊所教育与法律实践教学研讨会"文萃》，知识产权出版社 2008 年版。

66. 梁西、宋连斌：《法学教育方法论——同读者讨论"国际法研究"、"论文写作"和"课堂教学"等问题》，武汉大学出版社 2009 年版。

67. 徐奉臻：《教学改革：理念创新与模式构建》，中国社会科学出版社 2009 年版。

68. 檀传宝等：《公民教育引论——国际经验、历史变迁与中国公民教育的选择》，人民出版社 2011 年版。

69. 唐克军：《比较公民教育》，中国社会科学出版社 2008 年版。

70. 秦梦群：《美国教育法与判例》，北京大学出版社 2006 年版。

71. 苏守波：《美国现代化进程中的公民教育》，山东人民出版社 2011 年版。

72. 李芳：《大学生公民素质教育理论探讨与实证研究》，中国社会科学出版社 2008 年版。

73. 何齐宗等:《青少年公民意识教育研究》,中国社会科学出版社 2011 年版。

74. 王啸:《全球化时代的中国公民教育》,福建教育出版社 2006 年版。

75. 王琪编著:《美国青少年公民教育理论与实践研究》,北京理工大学出版社 2011 年版。

76. 邓世豹:《当代中国公民宪政意识及其发展实证分析》,中国政法大学出版社 2013 年版。

77. 王学俭、宫长瑞:《生态文明与公民意识》,人民出版社 2011 年版。

78. 章秀英:《公民意识评价与培育机制》,中国社会科学出版社 2012 年版。

79. 赵晖:《社会转型与公民教育——中国公民教育目标与内容体系的建构》,人民教育出版社 2007 年版。

80. 沈宗灵、王晨光编:《比较法学的新动向——国际比较法学会议论文集》,北京大学出版社 1993 年版。

81. 朱学勤:《书斋里的革命》,云南人民出版社 2006 年版。

82. 黄稻主编:《社会主义公民意识》,辽宁大学出版社 1987 年版。

83. 罗国杰主编:《伦理学》,人民出版社 1989 年版。

84. 王利明:《民法总则研究》(第 2 版),中国人民大学出版社 2012 年版。

85. [古希腊] 柏拉图:《理想国》,郭斌和、张竹明译,商务印书馆 1986 年版。

86. [法] 卢梭:《社会契约论》,何兆武译,商务印书馆 2003 年版。

87. [美] 丹尼尔·布尔斯廷:《美国人:开拓历程》,中对外翻译出版公司译,生活·读书·新知三联书店 1993 年版。

88. [英] 潘恩:《潘恩选集》,马清槐译,商务印书馆 1981 年版。

89. [美] 伯尔曼:《法律与宗教》,梁治平译,中国政法大学出版社 2003 年版。

90. [英] 戴维·M. 沃克:《牛津法律大辞典》,《牛津法律大辞典》翻译委员会译,光明日报出版社 1988 年版。

91. [英] 洛克:《政府论》(下篇),叶启芳、瞿菊农译,商务印书馆 1964

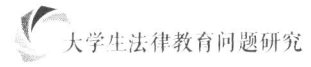

年版。

92. 〔英〕梅因：《古代法》，沈景一译，商务印书馆 1959 年版。

93. 〔德〕马克斯·韦伯：《新教伦理与资本主义精神》，彭强、黄晓京译，陕西师范大学出版社 2002 年版。

94. 〔德〕鲁道夫·冯·耶林：《为权利而斗争》，郑永流译，法律出版社 2012 年版。

95. 〔德〕康德：《历史理性批判文集》，何兆武译，商务印书馆 1990 年版。

96. 〔日〕美浓部达吉：《法之本质》，林纪东译，台湾商务印书馆 1992 年版。

97. 〔日〕川岛武宜：《现代化与法》，王志安等译，中国政法大学出版社 1994 年版。

88. 〔日〕岭井明子：《全球化时代的公民教育——世界各国及国际组织的公民教育模式》，姜英敏编译，广东教育出版社 2012 年版。

99. 〔日〕大木雅夫：《比较法》，范愉译，法律出版社 1999 年版。

100. 〔捷克〕夸美纽斯：《大教学论》，傅任敢译，教育科学出版社 1999 年版。

101. 〔古希腊〕亚里士多德：《政治学》，吴寿彭译，商务印书馆 1965 年版。

二、学术期刊

1. 李慎之："修改宪法与公民教育"，载《改革》1999 年第 3 期。

2. 郭道晖："公民权与公民社会"，载《法学研究》2006 年第 1 期。

3. 郭道晖："社会权力：法治新模式与新动力"，《学习与探索》2009 年第 5 期。

4. 陈翔云："2002 年全国高校'两课'教学部主任研讨会纪要"，载《教学与研究》2002 年第 8 期。

5. 刘胜题、杨和文："理工科大学发展法学教育的若干思考"，载《上海电力学院学报》2001 年第 2 期。

6. 陈建新、袁贵礼："中国当代大学生的法律意识透视"，载《社会科学论坛》2002 年第 4 期。

7. 张淑玲："大学生法律教育的调查与分析"，载《法学杂志》2002 年第 1 期。

8. 叶朱："大学生法律素质的调查和思考"，载《当代青年研究》1998 年第 1 期。

9. 陈大文、陈锦文、吕新："关于大学生法律素质教育的调查与思考"，载《武汉科技大学学报（社会科学版）》2005 年第 4 期。

10. 姚文丹："大学生思想政治教育中的法律精神及其构建"，载《理论观察》2009 年第 2 期。

11. 符成成："法律教育在培养当代大学生公民意识方面的作用探析"，载《法制与社会》2007 年第 9 期。

12. 王颖："法的理性魅力对大学生思想政治教育的作用"，载《教学研究》2007 年第 5 期。

13. 吕途、杨贺男："高校法制教育与大学生法律意识的培养"，载《法制与经济（中旬刊）》2008 年第 12 期。

14. 黄艳群："高校法制教育中大学生法律意识的培养问题"，载《法制与社会》2008 年第 32 期。

15. 李艳馨："法律信仰缺失的原因透视——兼论高校法制教育的开展"，载《山西高等学校社会科学学报》2010 年第 11 期。

16. 戴激涛："法律教育中的德育与法律信仰"，载《江西社会科学》2008 年第 4 期。

17. 吴秋红："论法律教育改革与法律信仰的培植"，载《理论月刊》2009 年第 S1、S2 期。

18. 韩丽纮："现代科技对更新法律教育模式的作用"，载《求实》2008 年第 1 期。

19. 齐维佳："关于我国法律教育的思考"，载《西南政法大学学报》2000 年第 2 期。

20. 吴一平："高校应如何进行社会主义法治理念教育"，载《国家教育行政学院学报》2011 年第 9 期。

21. 贺佐成："大学法治教育的问题与建议"，载《行政与法（吉林省行政学院学报）》2004 年第 10 期。

22. 白云龙："对大学生法律素质教育新途径的探索"，载《思想政治教育研究》2003 年第 2 期。

23. 杨国安："应当重视对大学生法律维权教育"，载《中国高教研究》2010 年第 1 期。

24. 肖宝华、方煜东："论大学生劳动法律教育"，载《思想教育研究》2011 年第 4 期。

25. 金林南、王晓红："论大学公共法律教育"，载《河海大学学报（社会科学版）》1999 年第 2 期。

26. 臧宏："公民意识的蕴涵及思想政治教育策略"，载《教育评论》2009 年第 1 期。

27. 雒自元、黄鲁滨："论公民意识的内涵和特质"，载《法学杂志》2010 年第 5 期。

28. 马瑞萍："改革开放以来我国公民意识研究述评"，载《教学与研究》2008 年第 10 期。

29. 杨宜音："当代中国人公民意识的测量初探"，载《社会学研究》2008 年第 2 期。

30. 宋新海："公民意识的养成及其当代意义"，载《当代世界与社会主义》2009 年第 2 期。

31. 何增科："公民社会与第三部门研究引论"，载《马克思主义与现实》2000 年第 1 期。

32. 李锦峰："论'思想道德修养与法律基础'课教学中法的信仰教育"，载《思想教育研究》2008 年第 4 期。

33. 严燕、陈平："试论在《思想道德修养与法律基础》课教学中加强大学生公民意识教育"，载《经济研究导刊》2010 年第 13 期。

34. 应祖国："论案例教学法——关于《法律基础》课实施案例教学法的若干思考"，载《福建师范大学学报（哲学社会科学版）》2001 年第 1 期。

35. 肖明宪："发挥校规校纪在高校精神文明建设中的教育功能"，载《中国高教研究》1998 年第 1 期。

36. 刘咏梅："中美高校法制教育之比较"，载《前沿》2004 年第 3 期。

37. 陈杰："美日两国高校法律教育的比较及启示"，载《科教导刊（上旬刊）》2010 年第 12 期。

38. 冯留建："公民意识的形成规律论析"，载《云南社会科学》2011 年第 2 期。

39. 曲丽涛："公民意识的生成条件探讨"，载《中共山西省委党校学报》2010 年第 4 期。

40. 马长山："公民意识：中国法治进程的内驱力"，载《法学研究》1996 年第 6 期。

41. 马长山："法治进程中公民意识的功能及其实现"，载《社会科学研究》1999 年第 3 期。

42. 马长山："从主人意识走向公民意识——兼论法治条件下的角色意识转型"，载《法律科学（西北政法学院学报）》1997 年第 5 期。

43. 许章润："论国民的法治愿景——关于晚近三十年中国民众法律心理的一个描述性观察"，载《清华大学学报（哲学社会科学版）》2011 年第 3 期。

44. 姚建宗："当代中国的社会法治教育反思"，载《大庆师范学院学报》2011 年第 4 期。

45. 邹紫云："大学生思想政治教育中的公民意识培养研究"，载《传承》2009 年第 12 期。

46. 赵宇："公民意识教育——大学生思想政治教育的突破口"，载《商业文化（下半月）》2011 年第 1 期。

47. 陈至立："全面提高青少年学生的法律素质，为建设社会主义法治国家奠定基础"，载《青少年犯罪问题》2003 年第 1 期。

48. 陈迅："大学公共法律教育模式创新研究"，载《重庆大学学报（社会科学版）》2004 年第 6 期。

49. 韩世强、陈秀君："中国高校法制教育的现状及改革路径探索"，载《北京航空航天大学学报（社会科学版）》2006 年第 2 期。

50. 王晓虹："论道德自律、道德他律、法律他律——精神文明的三种实现形式"，载《求实》2004 年第 2 期。

51. 莫纪宏："'公民'概念在中国宪法文本中的发展"，载《人权》2010年第4期。

52. 王东虓："把握公民意识教育的主要内涵"，载《人民日报》2009年6月11日。

53. 梅萍："论公民的主体意识与现代公民教育机制"，载《中南民族大学学报（人文社会科学版）》2005年第4期。

54. 魏健馨："论公民、公民意识与法治国家"，载《政治与法律》2004年第1期。

55. 孙国华、管仁林："也谈法与法律的关系——兼与郭道晖先生商榷"，载《湘江法律评论》1999年第3期。

56. 王军："简论社会主义公民意识与宪法意识"，载《东岳论丛》1987年第3期。

57. 朱家明："公民意识的道德培育和法律塑造"，载《江西社会科学》1999年第8期。

58. 王三秀："公民主体意识与建设现代法治国家"，载《广西民族学院学报（哲学社会科学版）》2002年第1期。

59. 中国社会科学院："2008年中国互联网舆情分析报告"，载《人民日报》2008年12月22日。

60. 聂凤峻："论目的与手段的相互关系"，载《文史哲》1998年第6期。

61. 李洁珍："公民意识对法治进程的内在驱动"，载《江西社会科学》2007年第5期。

62. 陈大文、刘一睿："从普及法律常识到提升法律素质的教育——改革开放30年高校法制教育发展回眸"，载《思想理论教育导刊》2009年第4期。

63. 曾宪义："新中国法治50年论略"，载《中国人民大学学报》1999年第6期。

64. 赵飞："中美学校德育实施途径比较研究"，载《思想·理论·教育》2001年第2期。

65. 丁相顺："日本法科大学院构想与司法考试制度改革"，载《法制与社会发展》2001年第5期。

66. 吴金和："中外法律教育比较——法学教育向实践方向改革的建议"，载《当代法学》2002 年第 12 期。

67. 白帆："浅论新加坡规则精神教育"，载《赤峰学院学报（汉文哲学社会科学版）》2008 年第 9 期。

68. 胡俊生、李期："现代化进程中的价值选择——新加坡的'公民与道德教育'及其对我们的启示"，载《延安大学学报（社会科学版）》2003 年第 1 期。

69. 徐志芳："新加坡中小学法制教育现状及启示"，载《班主任》2007 年第 5 期。

70. 王凌皓、张金慧："新加坡中小学'共同价值观'教育探析"，载《外国教育研究》2007 年第 3 期。

71. 陈群辉："国外高校中的法制教育及其启示"，载《荆州师范学院学报》2002 年第 1 期。

72. 李萍、钟明华："公民教育——传统德育的历史性转型"，载《教育研究》2002 年第 10 期。

73. 燕树棠："法律教育之目的"，载《清华法学》2006 年第 3 期。

74. 叶飞："公民意识的内涵及其养成"，载《政工研究动态》2007 年第 21 期。

75. ［日］铃木贤："日本的法学教育改革——21 世纪'法科大学院'的构想"，2000 年 12 月"21 世纪世界百所著名大学法学院院长论坛"国际研讨会论文集。

76. ［日］新堂幸司："'社会期待的法曹像'座谈会"，载（日本）《实用法律学杂志——法学家》1991 年第 984 号。

三、学位论文

1. 朱彩霞："当代中国公民意识问题研究——从自由主义与社群主义的争论谈起"，山东大学 2010 年博士学位论文。

2. 李升元："法治实践的公民意识教育价值研究"，东北师范大学 2010 年博士学位论文。

3. 刘颖：《公民教育中的法制教育及其价值研究》，武汉理工大学 2010 年

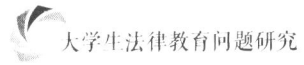

博士学位论文。

4. 李永忠："马克思市民社会理论视阈下的中国公民社会建设"，西南交通大学 2011 年博士学位论文。

四、外文文献

1. Janoski，*Citizenship and Civil Society*，Cambridge：Cambridge University Press，1998.

2. Bryan S. Turner，*Citizenship and Social Theory*，*Newbury Park*，Calif：Sage，1993.

3. Shirley H. Engle，Anna S. Ochoa，*Education for Democratic Citizenship*，Columbia：*Columbia University*，Teachers College Press，1988.

4. P. Anstle Smith，*A History of Education for the English Bar with Suggestions as to Subjects and Methods of Study*，London：Butterworths，7，Fleetstreet，1860.

5. H. S. Richards，*Legal Education in GreatBritain*，Washington，1915.

6. Michael J. Conroy，*We the People：the Citizen and the Constitution*，Center for Civic Education，1995.

7. Amy Raths McAninch，*Teacher Thinking and the Case Method：Theory and Future Direction*，Teacher College Press，Columbia University，1993.

8. Walter，*Teaching Democracy：Unity and Diversity in Public Life*，*From Idiocy to Citizenship*，New York：Teachers College Press，2003.

9. Pratte，*The Civic Imperative*，NY：Teachers College Press，Columbia University，1988.

10. Richard Dagger，*Civic Virtues*，New York：Oxford University Press，1997.

11. Miller David，*Market，State and Community：Theoretical Foundations of Maket Socialism*，Oxford：Clarendon Press，1989.

12. Pratte，*The Civic Imperative*，NY：Teachers College Press，Columbia University，1988.

13. Daniel Weinstock，*Citizenship and Pluralism*，*Forthcoming in Robert*，L Smon，Oxford：Blackwell Press. 2001

14. Somers，"Citizenship and the Place of the Public Sphere"，*American Socio-*

logical Review, 1993 (58).

15. Kahn-Freund, "Reflections on Legaleducation", *Modern Law Review*, Vol. 29, No. 2, 1966.

16. J. Halstead, *Citizenship and Moral Education: Values in Action*, London; New York: Routledge, 2006.

17. DouglasWolfe, "Visions of Citizenship Education", *Oxford Review of Education*, 1999 (25).

18. Elizabeth Frazer, "Citizenship EducationrAnti-political Culture and Political Education in Britain", *Plitical Studies*, 2000 (48).

19. Habermas, "Citizenshipand National Identity: Some Reflections on the Future of Europe", *Prsxis International*, 1992 (5).

20. Micheal Walzer, "Education, Democratic Citizenship and Multiculturalism Journal of Philosophy", 1995, 29 (2).

后 记

《大学生法律教育问题研究》是我在博士论文《公民意识视阈下的大学生法律教育问题研究》的基础上修改完善而成的，也是我在博士生毕业以后的法律教育工作过程中，对这一课题继续思考、完善的阶段成果。

感谢我的导师周向军教授，在攻读博士学位期间，得到周向军教授细致入微的指导。在学习期间，周老师百忙中仍然经常督促、指导论文的构思、写作，从论文的选题到写作再到修改都花费了大量心血。在本书出版的过程中，周老师提出了许多宝贵的意见并为本书做序。周老师严谨的学术态度、开阔的学术视野、深厚的理论功底、敏锐的问题意识、求真求实的作风都使我受益匪浅，对我今后的学习和生活都是一种无形的鞭策和鼓励。

感谢王韶兴教授、徐国亮教授、方雷教授、徐艳玲教授、费利群教授、刘雅静教授、刘明芝教授、马佰莲教授、朱贵昌教授、张志泉教授、张士海教授、郑敬斌教授、夏巍教授等，他们在课程学习、论文写作过程中给予了我莫大的指导和帮助。同时还要感谢盛强老师、孟鹏老师，感谢我的同窗好友王清涛、孙强、孟宪霞、魏连、孙建青、解永照，感谢我的家人，他们在学习、研究期间给予了我大力的支持和无私的帮助，他们的关爱与鼓励是我学习进步的原动力。

特别感谢中国政法出版社的的编辑们，正是他们的大力支持、帮助与指导下，才使本书得以顺利出版。

由于本人能力所限，书中依然存在很多不足与粗糙之处，很多问题的分析还有待于继续深化，在今后的学习和工作过程中，我将以此为起点，继续深入研究，进一步完善和充实本研究课题，并恳切希望得到各位老师、朋友的批评与指导。